山东社会科学院出版资助项目

山东省社会科学规划打造山东对外开放新高地研究专项“RECP背景下深化山东与东盟经贸合作的路径及对策研究”（批准号：22CKFJ17）

山东省社会科学规划研究项目“新形势下进一步提高山东开放型经济发展水平的思路与对策”（批准号：21CJJJ29）

融资约束下的汇率变动与制造业企业出口

周旋 著

中国社会科学出版社

图书在版编目（CIP）数据

融资约束下的汇率变动与制造业企业出口/周旋著．—北京：中国社会科学出版社，2023.6

ISBN 978-7-5227-2092-0

Ⅰ.①融… Ⅱ.①周… Ⅲ.①人民币汇率—汇率波动—影响—制造工业—出口贸易—研究—中国 Ⅳ.①F426.4

中国国家版本馆 CIP 数据核字(2023)第 112721 号

出 版 人 赵剑英
责任编辑 李庆红
责任校对 刘 娟
责任印制 王 超

出 版 中国社会科学出版社
社 址 北京鼓楼西大街甲 158 号
邮 编 100720
网 址 http://www.csspw.cn
发 行 部 010-84083685
门 市 部 010-84029450
经 销 新华书店及其他书店

印 刷 北京君升印刷有限公司
装 订 廊坊市广阳区广增装订厂
版 次 2023 年 6 月第 1 版
印 次 2023 年 6 月第 1 次印刷

开 本 710×1000 1/16
印 张 13
插 页 2
字 数 213 千字
定 价 75.00 元

前　言

中国加入世界贸易组织20多年来，对外贸易快速发展，贸易总量和顺差规模已经升至世界第一位。从贸易结构来看，制造业出口额占总出口额的九成以上，在拉动出口贸易增长上发挥了举足轻重的作用。近年来，随着汇率市场化改革的不断深入，人民币汇率波动幅度逐渐加大，汇率变动对出口的影响，特别是对制造业出口的影响备受关注。

传统国际收支理论认为，一国货币的贬值能够促进出口，升值会抑制出口。21世纪初，国外学者们曾将人民币汇率低估看作中美贸易巨额顺差乃至全球经济失衡的罪魁祸首。然而事实并非如此。自1994年中国实行有管理的浮动汇率制度以来，伴随着中国货物出口总额高速增长，人民币实际有效汇率一直呈升值状态。很多学者将人民币汇率与中国出口这种正向关系称为“中国汇率调整之谜”。在传统国际收支理论框架中，国内外学者试图从中间品贸易、出口汇率弹性、需求供给变动等多种角度寻找“中国汇率调整之谜”的原因，但并未得到一致的结论。21世纪初期，Melitz（2003）开创性地发展了出口选择理论，他将企业异质性纳入了传统国际贸易的经典垄断竞争模型中，从微观角度提出了企业出口选择的理论模型，并由此发展成为新新贸易理论。基于此，汇率变动对国际贸易影响的研究也从传统国际收支理论的宏观视角扩展到了新新贸易理论下的微观视角。国际收支理论从宏观层面完美预期了一国货币变动对出口的影响，但对于企业来说，汇率变动是一种金融现象，其对企业出口的影响更应该从金融的视角去分析。

企业进行出口要在调整产品特征以适应国外消费需求、收集国外市场信息、开拓国外销售渠道等方面投入资金，这些资金往往需要在企业尚未获得出口利润前支付，被称为沉没成本。只有当企业的资金充足时，才有可能克服沉没成本进入出口市场，而用来弥补沉没成本的资金可以来自企业国内生产经营利润（内部融资），也可以来自金融市场的融资

（外部资金）。当企业因为资金限制而无法进入出口市场时，我们称其为出口的融资约束。当考虑了企业的融资约束时，汇率变动对企业出口的影响变得更加复杂，因为汇率的变动不再单纯地表现为出口产品价格的变动，还通过影响沉没成本影响企业的出口决策。越来越多的研究表明，中国出口企业面临着较强的融资约束，政府和各级监管机构也将缓解出口企业的融资约束作为“稳外贸”的重要举措。从中国金融体制的发展过程来看，随着改革向纵深发展，企业的融资环境得到了较大的改善，但是，不同企业仍然会在获得融资的难易程度和融资成本上面临不同的待遇，具体表现在不同所有制类型企业因为与政府目标的差异或自身资本积累的特性，导致其面临的融资约束呈现显著差异。因此，将融资约束的异质性纳入人民币汇率变动对中国企业出口影响的研究中具有重要现实意义。

本书充分考虑了中国出口企业的融资特性，从微观角度建立融资约束条件下的企业出口模型，分析了融资约束下汇率变动对企业出口的影响，并在此基础上，进一步分析了汇率变动对企业出口影响的作用机制和动态选择效应。

本书基本结构和主要内容如下：导论主要介绍本书的研究背景和意义、相关概念、研究方法、研究思路、主要内容、创新点和不足之处。第一章为相关文献综述，主要内容分为三个部分：一是汇率变动对出口的影响研究；二是融资约束对企业出口的相关研究；三是现有文献的总结与评述。第二章为融资约束条件下汇率变动对企业出口影响的理论模型。在考虑中国出口企业融资特性基础上，建立融资约束条件下的企业出口模型，推导出汇率变动影响出口的三种作用机制，即价格竞争、生产率和融资约束机制，其中融资约束机制具有双重效应。第三章为典型化事实描述，利用《中国海关数据库》和《中国工业企业数据库》的合并数据，从总体、国别和行业三个维度详细描述中国制造业企业的出口特征、融资约束特征及出口与汇率关系的典型化事实。第四章到第六章分别对融资约束下汇率变动对制造业企业出口的影响、作用机制和动态选择效应进行了总样本、所有权和行业分组检验，证实了前文理论分析结论。第七章为研究结论、政策建议以及研究展望。

本书通过理论与实证分析、中介效应分析、二值选择模型分析以及多种计量方法的综合运用，得出如下结论。

第一，汇率变动会通过影响出口产品相对价格、企业生产率和融资约束三种途径对企业出口产生作用，本书将其称为汇率变动对出口的三种作用机制。当本币升值时，汇率会通过价格竞争机制和生产率机制对出口产生负效应，这与传统国际收支理论预期相同；本币升值会通过融资约束机制对出口产生正效应，且融资约束机制具有双重效应，一方面，汇率升值通过降低出口企业的融资约束直接促进出口；另一方面，汇率升值会通过融资约束降低企业的出口生产率条件，从而间接促进出口，这与传统国际收支理论预期相反。因此，当汇率通过融资约束对出口产生的正效应大于通过价格竞争机制和生产率机制对出口的负效应之和时，本币升值就会促进出口，从而找到了解释"中国汇率调整之谜"的理论基础。

第二，通过本书对制造业企业面临融资约束的详细测算发现：中国企业面临的融资约束程度与企业的所有权性质有密切关系，国有企业面临的融资约束普遍较小，民营企业面临的平均融资约束是国有企业的5倍，且融资约束具有非常明显的行业差异特征，出口占比前五大行业（电子设备、电气设备、交通运输设备、纺织、服装）中有四大行业（电子设备、电气设备、交通运输设备、纺织）平均融资约束都较高；并且中国制造业企业的出口与企业出口汇率之间并不存在确定的正相关或者负相关关系，从大部分时间来看，人民币汇率变动对出口的影响与传统国际收支理论的预期相反，尤其是在融资约束较高的行业这种现象更为突出。

第三，本书的实证分析支持了理论模型的结论预期，即人民币汇率变动对企业出口的三种作用机制均存在，且融资约束机制双重效应的大小决定了汇率变动对企业出口影响的作用方向，在民营、国有企业和高融资约束行业样本中汇率变动的融资约束机制作用较大，超过了价格竞争和生产率机制作用之和，所以，在民营、国有企业和高融资约束行业样本中，人民币汇率升值会促进出口；在企业出口动态决策选择时，融资约束的中介效应在国有、民营和高融资约束行业企业进入市场选择时起决定性作用，所以，本币升值会提高国有、民营和高融资约束行业企业进入出口市场的概率；实证检验还发现了无论企业的所有权性质和所处行业如何，在已出口企业对是否退出市场选择时，融资约束机制作用均较小。

本书的学术贡献在于从企业个体融资约束视角出发，研究汇率变动对中国企业出口的影响，并探讨汇率变动对出口影响的作用机制，发现融资约束在汇率变动对出口影响中具有的双重效应，正是由于这种双重效应的存在导致了汇率变动对企业出口的影响方向与传统国际收支理论预期相反，从而完善了汇率变动对中国出口影响的理论框架；本书的另一个理论突破在于对融资约束条件下汇率变动对企业在出口市场动态选择中的影响作了详尽分析，从微观层面扩展和丰富了企业出口选择理论的研究内容。本书的现实意义在于为企业出口选择提供依据，使得企业能够根据自身融资约束与（拟）出口目的国货币情况对出口目的国进行合理选择，使得出口企业获得更为稳定的出口市场。当然，由于水平有限，书中疏漏与不当之处难免，敬请指正。

周旋

2022 年 10 月

目　　录

导　论

第一节　研究背景与意义

一　理论背景和意义

自重商主义学派代表学者托马斯·孟（Thomas Mun）提出“汇率变动是国际贸易的重要影响因素”[①] 之后，汇率就被政府当作调节对外市场的一项重要工具，以求在国际贸易中获得对本国有利的地位。汇率变动对出口的影响为20世纪末到21世纪初期的热点话题。综观汇率变动对出口的影响研究主要分为两大方向：传统国际收支理论框架下的系统研究和新新贸易理论的扩展研究。

传统国际收支理论认为，长期来说，本国货币的贬值能够促进本国的出口，升值会抑制出口。但就改革开放后中国出口的发展与汇率变动的关系来看，并不符合传统理论的预期。改革开放以后，我国出口贸易获得了飞速的发展，以克鲁格曼（Paul R. Krugman）为代表的一批学者认为人民币汇率低估是造成美国对华贸易巨额逆差乃至全球经济失衡的关键诱因。而事实上，自1994年我国实行有管理的浮动汇率制度以后，伴随着中国货物出口总额的飞速增长，人民币实际有效汇率基本也处于升值状态，尤其是2008年国际金融危机之前中国出口的大发展时期。如图0-1所示，1995年至2009年中国的年出口总额与人民币年均有效汇率指数，人民币年均有效汇率指数从1995年的77.45上升到2009年的100.74，升值幅度达30%，而中国的年出口总额从1995年的1488.35亿美元增长到

---

① 托马斯·孟是英国晚期重商主义的代表学者，他在《英国得自对外贸易的财富》（1664）一书中提到“汇兑上压低我们的币值是于外人有损而于我们有利的”，他认为控制汇率能够增加出口、限制进口，以达到社会财富增长的最终目的。

2009 年的 12016.10 亿美元，年均增幅高达 58%。我们可以发现随着人民币有效汇率指数的攀升，中国货物出口贸易总额也在飞速增长。很多学者将人民币汇率与中国出口这种关系称为“中国汇率调整之谜”。①

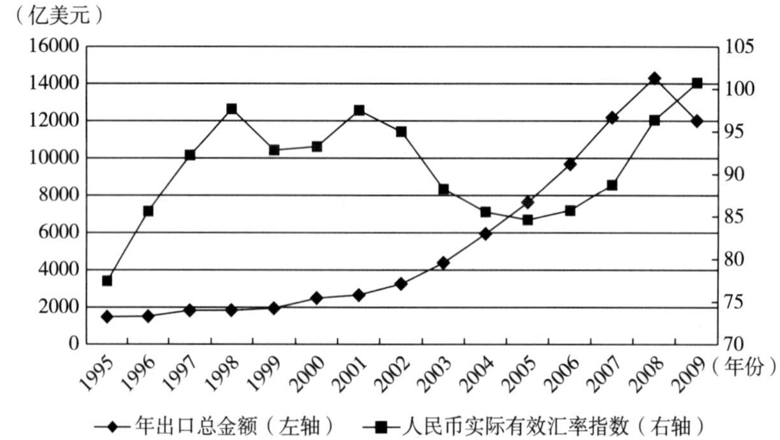

图 0-1 1995—2009 年中国年出口总金额与人民币实际有效汇率指数

注：人民币实际有效汇率指数使用 2010 年作为基期（2010=100）。

资料来源：根据中国海关总署与国际清算银行数据库的相关数据绘制。

在传统国际收支理论框架中有关“中国汇率调整之谜”的研究有很多，均是建立在价格传导机制的基础上，学者们（Thorbecke，2006；Eichengreen and Tong，2015；宋超、谢一青，2017；肖文、潘家栋，2017；张天顶、唐夙，2018）试图从加工品出口汇率弹性、出口品附加值、国内供给变动等方面解释造成这一现象的合理原因：如 Thorbecke（2006）认为人民币汇率变动对中国贸易影响不显著的主要原因在于中国贸易商品的附加值很小，而且存在较高比例来自外资企业的加工贸易商

① 弗里德曼（Milton Friedmann）在 1969 年美国波士顿联储召集的“国际调节机制”（The International Adjustment Mechanism）研讨会上提出“汇率是抵消货币干扰的唯一有效的调节机制”这一观点，受该论断影响，会后几年主要发达国家纷纷转向浮动汇率制，以汇率浮动作为国际收支的调节机制。而 20 世纪八九十年代以来，全球主要发达国家出现了不同程度的“汇率调节之谜”（Exchange Rate Adjustment Puzzle），即汇率并没有像经济学家和政策制定者所愿发挥调节国际收支失衡的作用。具体到中国的出口与汇率，也有学者将出口与汇率不相关的关系称为“汇率不相关之谜”，如赵勇和雷达（2013）。

品出口，这种出口商品的汇率弹性较低；谢建国和陈漓高（2002）认为短期内国内需求变动是影响中国贸易收支的主要原因，长期来看国内供给变动是影响中国贸易收支的主要原因，因此人民币汇率变动对中国贸易收支没有显著影响；张天顶和唐夙（2018）在考虑了全球价值链的因素下，汇率贬值不能促进中国的出口。这些理论均强调了汇率变动对出口的价格传导机制，但其对“中国汇率调整之谜”解释的乏力，说明价格传导机制并不能完全解释汇率变动对出口的影响。

随着全球经济一体化的迅速发展，国际金融和国际贸易理论也获得了突破性进展，其中最重要的就是 Melitz（2003），他将企业异质性纳入了 Krugman（1979）的垄断竞争模型中，从微观角度提出了企业出口选择的理论模型，并由此发展成为新新贸易理论。基于此，学者们开始将汇率变动对出口的影响研究扩展到微观视角上，如 Atkeson 和 Burstein（2008）、Berman 等（2012）、Chaney（2005）、Chaney（2016）、Stefania（2016）等，学者们发现从企业异质性角度能够很好地解释出口对汇率变动弹性偏低的原因。Chaney（2016）从微观角度将企业融资约束纳入了汇率变动对出口的影响研究中，结果发现融资约束条件下汇率变动对出口的影响方向是不确定的，但模型缺少实证检验，且模型中企业仅通过国内销售来满足出口投资的流动性积累这一假设较为极端，现实中出口企业仍可以从银行等金融中介机构获得外源性融资，尤其是转型时期的发展中国家，企业的融资大都来自金融机构的贷款（Silva，2011），中国作为一个转型时期的发展中国家，其出口企业面临着较强的融资约束（林毅夫和孙希芳，2008；Song et al.，2011）。近年来，国内外有关融资约束对中国企业出口的影响研究较多（Feenstra，2013；Jianhong et al.，2018；阳佳余，2012；李志远和余淼杰，2013；刘晴等，2017），而从融资约束角度研究人民币汇率变动对中国企业出口影响的文献目前仍然非常稀缺，谭小芬等（2016）的研究虽然将企业融资环境因素纳入了汇率变动对出口的影响，但其关注的是国家金融发展水平并非个体融资约束。

因此，在这种理论背景下，本书拟从企业个体融资约束出发，研究汇率变动对中国企业出口的影响，放宽前人研究中企业出口不能从外部获得融资的假设，从外源融资满足出口融资约束这一新的视角出发，研究人民币汇率与中国企业出口问题，以期找到解释“中国汇率调整之谜”的理论基础。

二 现实背景和意义

出口作为一国经济的重要组成部分，对经济增长起着巨大的推动作用，汇率作为政府调节对外市场的一项重要工具，其对出口的影响以及作用途径一直都是国内外学者关注的焦点。

在国际金融危机后的10年内，中国出口获得了飞速的发展。自2009年超越德国成为全球头号商品出口国之后，中国出口以5%的年均速度保持增长，而同期全球出口年增长率不足2%①。其中制造业的飞速发展成为带动出口增长的主要因素，2005年以来中国制造业出口占出口总份额的90%以上，如图0-2所示。中国制造业企业出口在全球的份额也从2007年的12%增加到2017年的18%②。

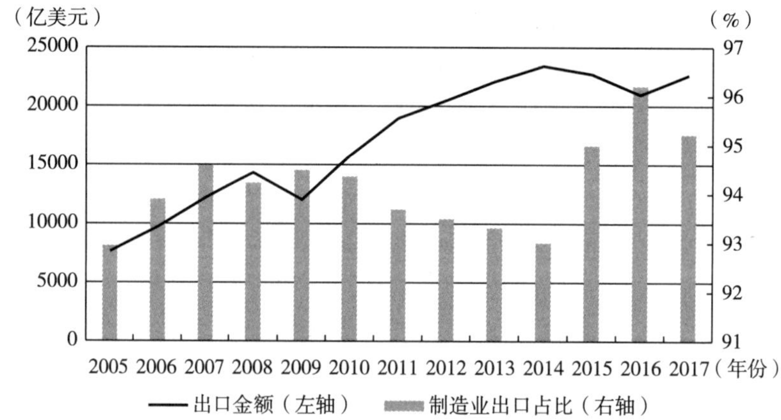

图0-2 2005—2017年中国年出口总额与制造业出口占比

资料来源：根据中国海关总署相关数据并由作者整理绘制。

近年来，随着人民币汇率市场更加开放、国际化程度不断提高、汇率弹性逐步增强，汇率变动的不确定性加大，以往的单边升值或单边贬值的预期逐步退出历史舞台，双向波动已成为常态。如图0-3所示，2005年汇改之后，人民币汇率曾经历了长达十年的升值，在2015年5月

① 摘自美国国家科学基金会（National Science Foundation，https：//www.nsf.gov/）发布的《美国科学与工程指标2018》数据。

② IHS全球洞察力（https：//www.ihs.com/）和中国海关总署（http：//www.customs.gov.cn/）。

以后进入了双向波动的状态，而且波动幅度和频度都有所增加：2005 年 7 月至 2015 年 7 月美元兑人民币汇率从 8. 2765 降低为 6. 1167，十年的时间人民币升值幅度为 26. 10%，年均波幅为 2. 61%，而 2015 年 7 月至 2016 年 12 月间美元兑人民币汇率从 6. 1167 升高到 6. 9182，年均波幅为 8. 7%，甚至从 2018 年 4 月至 2018 年 9 月美元兑人民币汇率就在短短五个月内下降了 8. 7%。

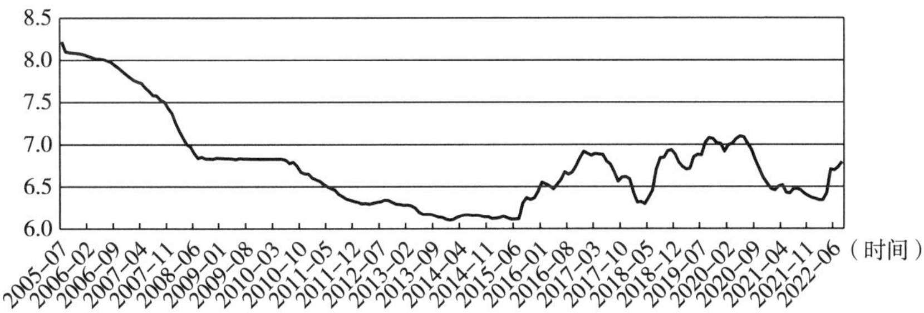

图 0-3　2005—2022 年银行间外汇市场美元兑人民币月平均汇率

资料来源：根据中国人民银行相关数据并由作者整理绘制。

随着人民币汇率波幅加大、频率加快，汇率变动对出口的影响成为政、学、商界共同关注的现实课题。企业异质性理论的发展开启了从微观（企业）角度分析出口问题的新视角。而对于出口企业来说，汇率变动是一种金融现象，从金融的视角去分析汇率变动对其影响将更加具有现实意义。

根据 2012—2015 年世界银行对 61 家发展中国家的企业调查结果显示，有 65. 26%的企业发展受限于融资约束，其中 37. 43%的企业表示，融资约束对其自身发展尤其是国际化发展形成了严重的障碍①。中国作为一个转型时期的发展中国家，无可避免地会存在金融发展滞后和金融压制体制问题，这将导致企业因缺乏资金无法进入出口市场（King and Levine，1993；Levine，2002；孙建波和吴迪，2012），越来越多的学者发现融资约束的存在会让企业在金融摩擦中更容易放弃出口市场（Caggese and Cunat，2013），尽管 2008 年的金融危机中国经济表现强劲，但出口

① 世界银行网站，http：//www. enterprisesurveys. org/。

企业仍然受到了重创，如图 0-4 所示，国际金融危机造成了大量企业退出了出口市场，从而导致制造业企业年出口总额大幅下降。

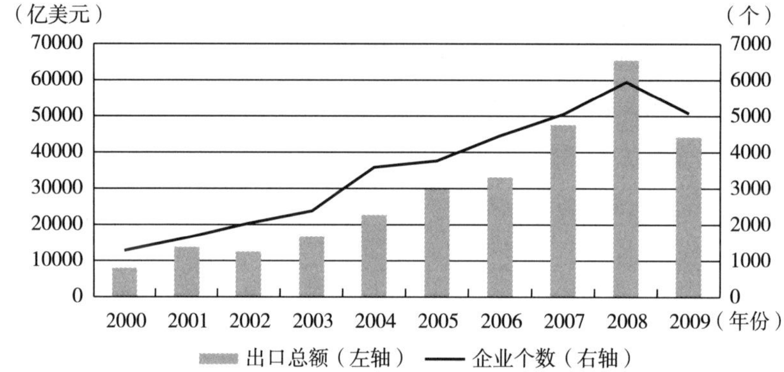

图 0-4　2000—2009 年样本工业企业年出口总额与出口企业个数

资料来源：根据《中国海关数据库》《中国工业企业数据库》整理绘制。

就我国制造业企业来说，出口占比前五大行业中，有四大行业都存在较为严重的融资约束问题。如图 0-5 所示，在样本分析中我们发现，2009 年我国出口占比前五大行业中除纺织服装、鞋、帽制造业外，其他四大行业平均融资约束都较高，其中出口额占比最大的电子及通信设备制造业企业（约占总制造业企业出口的 43%）融资约束为 2.3 左右，远高于总体平均值。

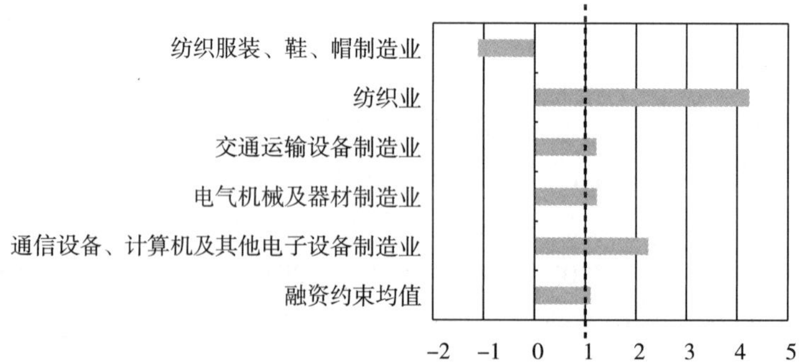

图 0-5　2009 年中国制造业出口前五大行业融资约束情况

资料来源：根据《中国海关数据库》《中国工业企业数据库》整理绘制。

因此，在当前中国制造业企业普遍面临融资约束的制约下，将融资约束异质性纳入汇率变动对中国企业出口影响的研究，具有现实指导意义。本书选取 2000—2009 年涵盖两个完整的人民币汇率变动周期（2001—2005 年的贬值周期和 2005—2009 年的升值周期）和受融资约束最为严重的私营企业的出口飞跃期（从 2004 年全面放开进出口经营权到 2008 年发生国际金融危机）的企业出口数据作为观测样本来源，来分析融资约束下汇率变动对企业出口的影响。本书更进一步地分析了汇率变动对企业出口影响的三种作用机制，即价格竞争机制、生产率机制和融资约束机制。在随后分析中，本书重点关注了融资约束机制，研究发现融资约束在汇率变动对出口的影响中具有双重效应，即汇率变动不仅通过改变出口企业面临的融资约束直接对出口产生作用，而且通过融资约束影响企业的出口生产率条件，从而对出口产生间接影响。在此基础上，本书建立中介效应模型对融资约束的这种双重效应进行了实证检验，发现不同所有权性质和不同行业的企业的融资约束机制作用大小不同。从而导致了汇率变动时不同所有权性质和不同行业企业对出口市场的动态选择呈现出不同特征。所以，本书的结论可以从微观层面上为企业对出口市场的选择提供依据，使企业根据自身融资约束与（拟）出口目的国货币情况对出口目的国进行合理选择，以期改善中国制造业企业的出口环境，获得更为稳定的出口市场。

第二节　相关概念界定

一　汇率

汇率亦称“汇价”“外汇行市”。一国货币单位兑换他国货币单位的比率。即用一种货币表示的另一种货币的价格。基于不同的研究视角，可得出关于汇率的不同定义：根据汇率标价方式的不同可以将汇率定义为直接标价法汇率和间接标价法汇率；根据名义变量和实际变量不同可以将汇率区分为名义汇率和实际汇率；根据双边还是多边贸易，可以将汇率定义为双边汇率和有效汇率，本书所使用汇率为实际有效汇率计算的相对汇率。

实际有效汇率是指经过国内外物价水平调整的有效汇率。根据加权的国内外通货膨胀率的差异计算。由于剔除了通货膨胀因素，能够更客观地反映一国的商品在国际市场上的实际竞争力，一般以指数形式表示。实际有效汇率上升代表本国货币相对价值的上升，即本币升值，下降表示本币贬值。本书使用以 2010 年为基期的出口目的国实际有效汇率指数（Real Effective Exchange Rate Index）相对于中国实际有效汇率指数的比率来衡量企业出口到目的国的实际有效汇率，这样计算的汇率相当于直接标价法汇率，即该比率上升代表人民币相对于出口目的国货币贬值，该比率下降代表人民币相对于出口目的国货币升值。

二 融资约束

最早的融资约束定义来自 Modigliani 和 Miller（1958）提出的经典财务理论，该理论指出在理想的金融市场中，企业所做的投资一般只会考虑其投资需求，不会考虑公司的财务状况，即当金融市场完全理想时，企业的融资情况不会影响企业投资行为。究其原因，在完全理想的金融市场中，企业不存在融资约束问题，其内外部资金筹集成本是相同的（Greenwald et al.，1984）。而事实上这种完全理想的金融市场是不存在的，Myers 和 Majluf（1984）率先打破了完美资本市场假说，他们认为，信息不对称使得企业获取外部资金的成本高于内部资金，因此，在企业进行投资决策时要受到融资情况的限制，即为融资约束。

学者们利用发达国家的样本数据（Fazzari et al.，1988；Greenaway et al.，2007；Berger et al.，2017）和发展中国家的样本数据（Harrison and Mcmillan，2003；Hericourt and Poncet，2009；Fauceglia，2015；Angelucci，2017）对这一观点进行了验证，结论表明融资约束确实存在。Melitz（2003）模型中有关企业进入出口市场固定成本的假设成了将融资约束与企业出口联系在一起的开端。许多文献研究也表明，企业从事出口业务，需要支付一笔较大的初始固定成本，即沉没成本，其中包括为开拓国外市场收集市场信息、调整产品特性以符合国外消费者需求以及与国外政府机构合作等支出的费用，这笔费用往往很高而且需要在企业尚未获得出口利润之前支付（Matthew et al.，2010），只有当企业的资金充足时才有可能进入国外市场，因此沉没成本的存在也会影响企业的出口决定（Bugamelli and Infante，2002）。具体到企业出口的融资约束是指企业对出口投资的决策受到企业融资情况的限制程度。企业的融资选择可以是内部融资也可以是外部融资，内部融资的主要来源为企业的自有资金和生产销售带来的流动性积累，外部融资的主要来源为企业在一级市场上的股权融资（直接融资）或来自金融机构的贷款（间接融资）。

三　企业出口选择

在以往的文献中，对企业出口选择行为的界定可以分为三类：企业是否进入出口市场、企业是否退出出口市场、企业出口量的多少。在这三类方法中，使用第一种方法对企业出口行为的研究较为频繁。很多学者研究了企业的出口选择行为和异质性的关系。

Bernard 和 Jensen（1999）以是否进行出口活动定义虚拟变量对1984—1992 年美国企业数据的研究发现在同一行业内，仅有少数规模较大、生产率较高的具有较强竞争力的企业才从事国际化经营。Bernard 等（2007）根据企业是否出口比较美国 2002 年制造业企业的特征，发现与非出口企业相比出口企业的就业率、销售额以及人均增加值均较高。Aw 等（2000）对韩国和中国台湾的微观企业数据研究中也得到相似的结论，他在研究中将企业的进入和退出状态分为出口企业、进入企业、退出企业和非出口企业四类，发现出口企业和进入企业各项经营指标都优于退出企业和非出口企业。还有很多学者采取多种方法组合衡量企业的出口选择状态，如 Clerides 等（1998）在研究哥伦比亚、墨西哥和摩洛哥三国的出口企业时，使用企业进入、退出出口市场的平均概率，出口企业数量以及出口强度来衡量企业的出口行为。Bernard 和 Jensen（2004）在研究美国出口繁荣原因的时候采用了企业是否为出口状态来区分是否出口企业，并且辅助以企业的进入和退出机制来衡量持续出口的企业。许多国内学者也从企业的出口角度研究了企业的异质性，如李春顶（2010）以出口值是否为零来区分出口企业与非出口企业，发现我国出口企业的生产率水平普遍低于内销企业。赵伟、赵金亮和韩媛媛（2011）、包群等（2021）、何暑子等（2022）也以出口交货值是否为零来界定企业的出口状态。

本书采用《中国海关数据库》中出口量数据定义三组企业的出口选择行为，考察融资约束下人民币汇率变动对企业出口选择行为的影响。具体地，我们将前一期出口量为零、本期出口量大于零的企业定义为选择进入出口市场的企业，将前一期出口量为零、本期出口量亦为零的企业定义为选择不进入出口市场的企业，建立企业进入或不进入出口市场组；将前一期出口量大于零、本期出口量为零的企业定义为选择退出出口市场的企业，将前一期出口量大于零、本期出口量也同样大于零的企业定义为选择不退出出口市场的企业，建立企业退出或不退出出口市场组；将不退出出口市场的企业中前一期出口量比本期出口量小的企业定义为对出口市场增加出口量的企业，将前一期出口量比本期出口量大的企业定义为对出口市场减少出口量的企业，建立对出口市场增加或减少出口量的企业组。

第三节　研究思路、技术路线与主要内容

一　研究思路

本书拟从企业个体融资约束出发，研究汇率变动对中国企业出口的影响，放宽前人研究中企业出口不能从外部获得融资的假设，从外源融资满足出口融资约束这一新的视角出发，研究人民币汇率与中国企业出口问题，并在此基础上重点分析汇率变动对出口的融资约束机制，从而更进一步地分析汇率变动对中国不同类型企业、不同行业企业出口的作用方向和深层原因。因此，本书将按照理论分析—事实描述—实证检验三个步骤对这一问题逐步分析和解读。

首先，在前人研究的基础上考虑中国出口企业融资特性，放宽Chaney（2016）对企业出口的融资不能从外部获得资金的假设，从外源融资满足出口融资约束这一新的视角出发，建立融资约束条件下的企业出口模型研究人民币汇率与中国企业出口问题。在此模型基础上，推导出融资约束条件下汇率变动影响出口的作用机制，发现汇率变动能够通过价格竞争、生产率和融资约束三种作用机制影响出口，其中融资约束机制具有双重效应，即一方面，汇率升值通过降低出口企业的融资约束直接促进出口；另一方面，汇率升值会通过融资约束降低企业的出口生产率条件，从而间接促进出口。而汇率变动对企业出口的影响方向取决于融资约束机制的双重效应大小，当融资约束机制的双重效应较大时，人民币汇率升值就会促进企业出口，这时汇率变动对企业出口的作用方向与传统国际收支理论预期相反，从而找到解释“中国汇率调整之谜”的原因。

其次，利用《中国海关数据库》和《中国工业企业数据库》的合并

数据，筛选出2000—2009年中国制造业企业的“企业—国别—年份”维度的3137153条数据，运用投资—现金流敏感系数和主成分分析两种方法构建衡量企业融资约束的指标，并从总体、国别和行业三个维度详细地描述了中国制造业企业的出口特征、融资约束特征及企业出口与汇率的关系的典型化事实。发现中国制造业出口中，以外商投资企业为主，国别集中度较高，且劳动密集型占主导地位；其中，国有企业面临的融资约束普遍较小，私营企业面临的融资约束较大，且融资约束具有非常明显的行业差异特征，出口占比前五大行业中有四大行业平均融资约束都较高；中国制造业企业的出口与出口汇率之间并不存在确定的正相关或者负相关关系，且大部分时间呈现与传统理论预期相反的正相关关系，尤其是在融资约束较高的行业表现更为突出。

最后，基于以上理论和现实分析，本书构建融资约束下汇率变动对企业出口影响的基本回归方程并采用2000—2009年111177个制造业企业的“企业—国别—年份”层面数据分别做了总样本和分组（按所有权性质和行业分组）检验，得到融资约束下汇率变动对中国制造业企业出口影响的总体特征，即人民币汇率升值会从整体上抑制中国制造业企业的出口，但却会在一定程度上促进国有企业及私营企业的出口，人民币升值会抑制中、低融资约束行业的企业出口，却会增加高融资约束行业的企业出口。在此基础上，本书构建中介效应模型重点检验和分析了融资约束机制在人民币汇率变动对企业出口影响中的双重效应，即在私营、国有企业和高融资约束行业样本中汇率变动的融资约束机制作用较大，超过了价格竞争和生产率机制作用之和，所以在私营、国有企业和高融资约束行业样本中，人民币汇率升值会促进出口。本书更进一步地研究了在汇率变动时，融资约束的异质性对企业出口市场动态选择的影响，发现融资约束的中介效应在国有、私营和高融资约束行业企业进入市场选择时起决定性作用，所以本币升值会提高国有企业、私营和高融资约束行业企业进入出口市场的概率，而无论企业的所有权性质和所处行业如何，在已出口企业对是否退出市场选择时，融资约束机制作用均较小，所以本币升值均会使得已出口企业退出市场的概率升高，并且融资约束的中介效应在私营和高融资约束行业企业增减出口量选择中起主导作用，导致本币升值会促进私营和高融资约束行业企业增加出口量。

二　技术路线

本书研究的技术路线如图 0-6 所示。

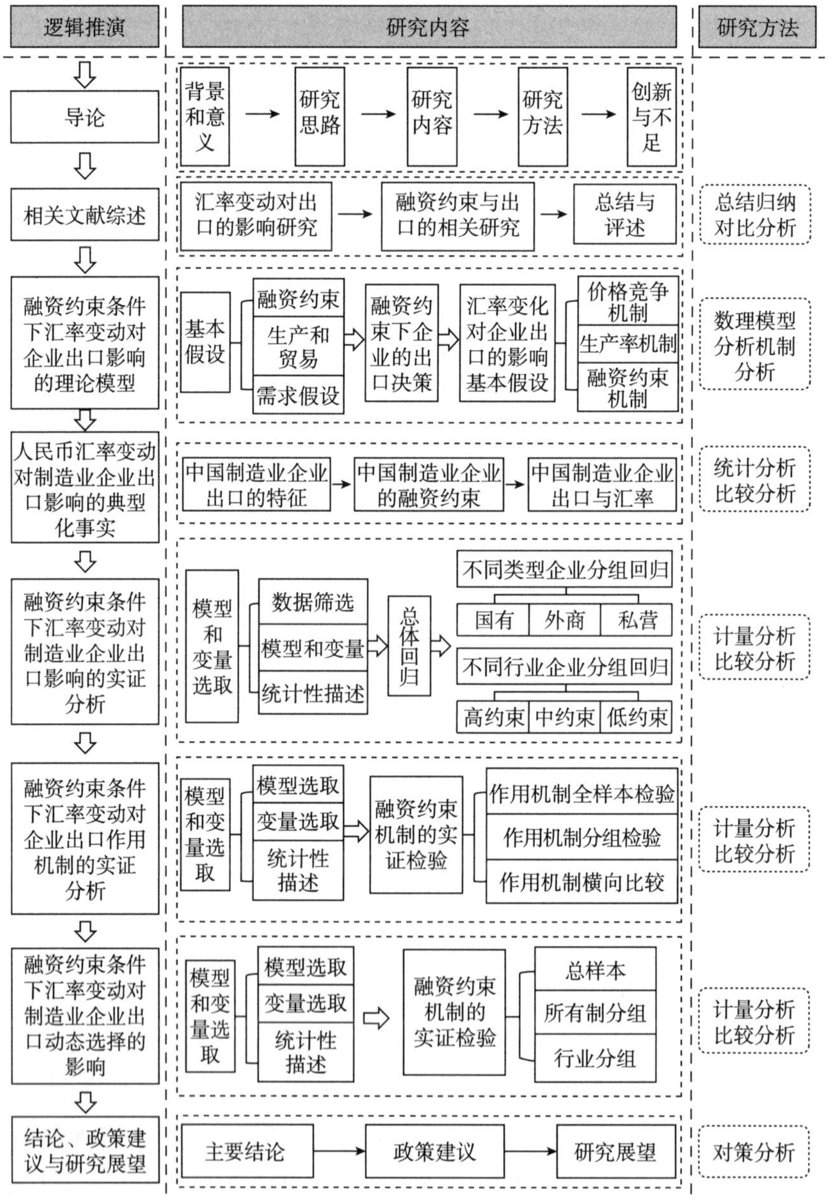

图 0-6　本书研究的技术路线

三 主要内容

本书的研究内容共分为八个章节，核心内容如下。

导论。这一章主要介绍了本书的研究背景和意义、相关概念、研究方法、研究思路、主要内容和创新点。

第一章是文献综述，主要分为三个部分。第一，从传统国际收支理论和新新贸易理论两个框架下梳理了汇率变动对出口影响的理论和实证研究，并分出口价格和生产率两个方面整理了汇率变动对出口影响机制的研究；第二，总结了融资约束的事前和事后效应研究，并将融资约束对企业出口的影响研究分为对出口规模和出口二元边际两个方面进行了梳理；第三，在梳理文献的基础上，对现有文献进行了总结与评述，结果发现早期建立在传统国际收支理论上的研究较为系统，但不能很好地解释人民币汇率变动对中国出口的影响，而基于新新贸易理论的国内研究主要使用了企业微观层面的数据检验汇率变动对出口量的静态影响，并没有扩展到企业出口的动态选择中，而且国内的研究考虑的是国家层面的金融环境，并非企业个体融资约束，这些也是本书拟解决的关键问题。

第二章是理论分析。在 Chaney（2016）研究的基础上考虑中国出口企业融资特性，放宽其对企业出口的融资不能从外部获得资金的假设，从外源融资满足出口融资约束这一视角出发，建立融资约束条件下的企业出口模型研究人民币汇率与中国企业出口问题。在此模型基础上，推导出融资约束条件下汇率变动影响出口的作用机制，发现汇率变动能够通过价格竞争、生产率和融资约束三种作用机制影响出口，其中融资约束机制具有双重效应，即一方面，汇率升值通过降低出口企业的融资约束直接促进出口；另一方面，汇率升值会通过融资约束降低企业的出口生产率条件，从而间接促进出口。而汇率变动对企业出口的影响方向取决于融资约束机制的双重效应大小，当融资约束机制的双重效应较大时，人民币汇率升值就会促进企业出口，使得汇率变动对企业出口的作用方向与传统国际收支理论预期相反，从而找到解释“中国汇率调整之谜”的原因。而且通过理论研究我们发现汇率变动对出口的影响与行业竞争程度有关，具体地，当竞争温和时（商品的替代弹性为 1）本币升值对出口有正的促进作用。

第三章是典型化事实描述。本章利用《中国海关数据库》和《中国工业企业数据库》的合并数据，筛选出2000—2009年111177个中国制造业企业“企业—国别—年份”维度的3137153条数据，从总体、国别和行业三个维度详细地描述了中国制造业企业的出口特征、中国制造业企业面临的融资约束特征及中国制造业企业出口与汇率的关系的典型化事实。具体地，有关中国制造业企业出口特征：中国制造业企业出口企业以外商投资企业为主，国别集中度较高，且劳动密集型占主导地位；有关中国制造业企业面临的融资约束：国有企业面临的融资约束普遍较小私营企业面临的融资约束较大，且融资约束具有非常明显的行业差异特征，出口占比前五大行业的行业中有四大行业平均融资约束都较高；有关中国制造业企业出口与汇率关系：中国制造业企业的出口与企业出口汇率之间并不存在确定的正相关或者负相关关系，且大部分时间呈现出与传统理论预期相反的正相关关系，尤其是在融资约束较高的行业表现更为突出。

第四章是融资约束条件下汇率变动对制造业企业出口影响的实证分析。本章在理论研究的基础上，运用2000—2009年111177个制造业企业的“企业—国别—年份”出口数据构建基准模型对第二章理论模型中的结论分别做了检验，进而得到融资约束下人民币汇率变动对中国制造业企业出口影响的总体特征。在此基础上，根据企业所有权类型和行业进行了分组检验，进一步分析各因素在不同类型企业中的差异性影响，结果表明：本币贬值能够从整体上改善中国制造业企业的出口，且企业生产率、企业规模、市场占有率越高，企业的出口越多，出口目的国的关税水平和出口的可变成本越低，企业的出口越多，而出口目的国的居民消费能力对企业出口的影响存在不确定性；行业竞争越温和（市场占有率越大），本币贬值对出口的促进作用越小，当市场占有率增大到一定程度时，本币贬值反而会抑制出口，相反本币升值却能够促进出口；人民币汇率升值会抑制外商投资企业的出口，但却会在一定程度上促进国有企业及私营企业的出口；人民币升值会抑制中、低融资约束行业的出口，但却会增加高融资约束行业的出口。

第五章是融资约束条件下汇率变动对出口作用机制的实证分析。本章通过建立逐步回归中介效应模型检验融资约束下汇率变动对出口的作用机制，并重点分析融资约束机制的双重效应，在此基础上，根据企业所有权类型和行业进行了分组检验，进一步分析融资约束机制的双重效应在不同类型企业中的差异性表现，结果发现，汇率变动对出口的融资约束机制明显存在，且汇率变动对出口的融资约束机制在不同所有制和不同行业企业中呈现出不同的特点。在总样本回归中，汇率变动对出口的三种作用机制均明显存在，本币升值会通过价格竞争机制和生产率机制抑制出口，通过融资约束机制促进出口，且融资约束机制的双重效应较小，所以本币升值会从总体上抑制中国制造业企业的出口；在股权性质分组中，汇率变动对出口的融资约束机制作用在国有企业和私营企业中较大，从而导致本币升值对国有企业和私营企业出口的影响为正；在行业分组回归中，汇率变动对出口的融资约束机制作用在高融资约束行业较大，从而导致本币升值对高融资约束行业的企业出口影响为正。

第六章是融资约束条件下汇率变动对制造业企业出口动态选择的影响。本章使用 probit 和 logit 模型研究在汇率变动时，融资约束的异质性对企业出口市场动态选择的影响，具体分三种策略选择：汇率变动时企业对出口市场是否进入、已出口企业对出口市场是否退出，留在出口目的国市场的企业增加还是减少对该国出口量的动态选择。总样本回归中发现汇率变动的融资约束机制效应在企业是否进入出口市场决策时最大，而在已出口企业是否退出出口市场决策时并不显著。更进一步地，分组回归中发现本币升值会促进国有、私营和高融资约束行业的企业进入出口市场，并且会促进私营和高融资约束行业企业增加出口量。

第七章是结论、政策建议与研究展望。在归纳概括全书研究结论的基础上，分别从宏观方面和微观方面为我国完善人民币汇率形成机制、改善民营企业融资环境、企业在融资约束下对出口市场的动态选择和规避汇率风险等提出了相关的政策建议，并指出了现有研究的不足及未来的研究方向。

第四节 主要研究方法

一 理论分析与实证检验相结合

在理论分析方面，本书在前人研究的基础上结合中国出口企业融资特性，放宽前人研究中对企业出口的融资不能从外部获得资金的假设，从企业个体面临的融资约束角度出发建立了一个微观企业出口模型，在此模型基础上推导出融资约束下汇率变动对企业出口的影响以及作用机制，并重点关注了融资约束机制的双重效应；在实证分析方面，本书采用2000—2009年《中国海关数据库》与《中国工业企业数据库》的海量合并数据运用基准模型和逐步回归中介效应模型对理论分析的结论进行总样本和分组检验，重点分析了人民币汇率变动对中国制造业企业出口的影响和融资约束机制的双重效应大小，更进一步地分析融资约束机制在汇率变动对制造业企业出口动态选择中的影响。

二　统计分析与比较分析相结合

本书从2000—2009年《中国海关数据库》与《中国工业企业数据库》的海量合并数据中筛选出111177家中国制造业企业对269个国家或地区的3137153条“企业—国别—年份”维度的数据作为统计分析样本，利用两种不同的测算方法：资产增长率对现金流的敏感性系数和主成分分析法测算中国出口的融资约束指标，对融资约束下人民币汇率变动对中国制造业企业出口的影响及作用机制进行实证分析，并在此基础上，对不同所有权性质和不同行业企业的融资约束统计数据和分组实证结果进行了比较，比较国有、外商和私营（融资约束高、中、低行业）企业所面临的融资约束差异特征、汇率变动对企业出口影响的不同、融资约束机制双重效应的大小，最终得到对现实更具指导意义的结论。

三　主成分分析法和中介效应分析法相结合

在融资约束指标的测算方面，为了全方位、多角度地对融资约束指标进行分析，我们选取了多个能够反映融资约束指标的变量：固定资产合计、经营活动现金流、流动比率、总资产负债率、营业利润率、营业收入增长率；虽然这些指标在不同程度上能够反映企业面临的融资约束，但这些变量之间存在严重的相关关系，如果进行简单的线性综合会对回归结果造成偏差，在这种情况下，本书选择主成分分析法对存在相关性的多个变量进行降维处理，此种方法能够在尽可能还原变量信息的基础上提取出数量较少且互不相关的综合变量，以期获得更准确和全面的代理综合变量。在检验汇率变动对企业出口影响的作用机制方面，我们参考Baron和Kenny（1986）构建多步回归中介效应模型考察融资约束机制的双重效应方向和大小，并在此基础上按不同所有制、不同行业进行了分组检验，进一步分析融资约束机制在不同类型企业中的差异性表现。

第五节 研究创新点和不足之处

一 研究创新点

本书在前人研究的基础上，尝试从以下三个方面实现突破与创新。

1. 理论框架的完善

通过对前人研究的文献梳理我们发现，早期建立在传统国际收支理论上的研究较为系统，但这不能很好地解释人民币汇率变动对中国出口的影响，而基于新新贸易理论的研究假设出口融资不能从外部获得，这与国内实际情况不符，并且国内的研究考虑的是国家层面的金融环境，并非企业个体融资约束。因此，本书在前人研究的基础上结合中国出口企业融资特性，放宽前人研究中对企业出口的融资不能从外部获得资金的假设，从企业主体角度建立了一个融资约束下微观出口模型，在此模型基础上推导出融资约束条件下汇率变动对企业出口的影响以及作用机制，并重点关注了融资约束存在的双重效应：一方面，汇率升值通过降低出口企业的融资约束直接促进出口；另一方面，汇率升值会通过融资约束降低企业的出口生产率条件，从而间接促进出口。这与传统国际收支理论预期相反，当融资约束机制双重效应足够大时，本币升值就会促进出口，从而在微观方面找到了解释"中国汇率调整之谜"的理论基础。

2. 研究内容的扩展

新新贸易理论出现之后，国外学者开始使用其理论从微观视角分析研究汇率变动对贸易的影响，而国内学者建立在新新贸易理论框架下的研究主要使用了企业微观层面的数据检验了汇率变动对出口量或出口值的静态影响，其研究内容并没有从研究贸易量扩展到微观企业出口的动态选择，而企业主体基于自身规模、生产率、融资约束等异质性对出口市场的动态选择恰是新新贸易理论的核心内容，本书在对理论模型的基本结论进行实证检验的基础上，更进一步地对融资约束条件下，汇率变动对企业在出口市场动态选择中的影响进行了详尽的分析，不仅研究了汇率变动对已出口企业贸易量的影响，同时将融资约束条件下企业因汇率变动对出口市场的进入和退出选择纳入实证研究，从微观层面扩展和丰富了汇率变动对企业出口影响的研究内容，以期为我国微观企业主体在当前汇率市场急剧波动情况下的出口决策选择提供政策建议。

3. 核算方法的改进

在梳理国内对融资约束与出口的关系研究时，我们发现，有关中国企业的融资约束的度量尚未形成一致的看法。而且较之于发达国家完善的金融信贷体系，中国金融系统的“压制特征”显著，具体表现在不同所有制类型的企业因为与政府目标的差异或自身资本积累的特性，导致它们面临的融资约束具有显著的差异，其中民营企业更容易遭受金融机构贷款歧视和信贷配给问题，因此在这种情况下，使用正规金融信贷状况的指标来衡量企业融资约束是有偏的，且基于这种正规金融信贷状况的指标无论是单一指标还是综合性指标都存在一定的滞后性。基于此，本书建立了一个可以衡量未来盈利能力的指标来刻画中国制造业企业出口面临的融资约束，一方面，本书借助 Fazzari 等（1988）企业融资约束与投资行为研究方法，利用企业资产增速对现金流的敏感性指标（CFS）作为衡量融资约束的指数测算中国企业面临的融资约束进行实证检验；另一方面，本书选取了多个能够反映融资约束指标的变量并采用主成分分析法对其进行降维处理，得到一个能够更准确和全面反映融资约束的综合变量进行对比分析，以期为我国企业融资约束的度量提供新的方法。

二　不足之处

在企业个体融资约束视角下分析汇率变动对企业出口的影响，是一个比较新的研究领域，本书虽然尝试在理论框架、研究内容和核算方法上有所贡献，但囿于理论和实证分析能力有限，仍然存在以下两点不足。

第一，对企业外源融资的渠道仅限于境内融资。本书放宽了 Chaney（2016）对企业出口的融资不能从外部获得资金的假设，增加了外源融资弥补企业出口投资流动性的方式，这使得理论模型更贴近现实。但本书对外源融资来源仅考虑企业在国内的本币融资，而现实中，出口企业的融资渠道多种多样，尤其是大型出口企业，往往选择境外上市、境外发债、内保外贷等形式获得利率较低的海外市场融资。这些融资以外币计价，本身会受到汇率变动的影响，这使得模型的设计更加复杂，可能需要更加复杂的计量方法处理汇率变动对融资约束的影响。

第二，实证数据和研究方法不够完善。本书选取 2000—2009 年制造业企业的出口数据作为观测样本来源，是因为其涵盖了两个完整的人民币汇率变动周期和融资约束最为严重的私营企业的出口飞跃期，虽然数据选取具有一定的合理性，但2010年之后，尤其是2015年汇率双向波动后的企业出口与汇率变动的关系是否会呈现出新的特征还有待进一步检验。在内生性处理上本书参照Groves等（1994）中面板数据常用的工具变量方法，将内生变量的滞后一期作为内生解释变量的工具变量做了面板GMM处理，这种方法虽然能够在技术上解决模型内生性问题，但模型内生性的存在原因尚需进一步讨论，寻找有效的遗漏变量纳入模型是值得进一步探索的问题。

第一章　相关文献综述

从经济理论的发展过程来看，学者们依据不同时期经济运行中存在的问题，不断完善和细化假设条件，解释经济运行规律。综观汇率变动对出口影响研究的发展无不建立在国际贸易理论发展的基础之上。21世纪初，国际贸易理论发展中最著名的当数异质性企业贸易理论的崛起，该理论以Melitz（2003）为代表，打破了以往研究从国家或产业层面解释贸易产生和贸易量多少的传统思维模式，开创了从微观企业层面研究贸易的新视角，相较于基于要素禀赋和比较优势的传统国际贸易理论和解释产业内贸易的新贸易理论，该理论被称为“新新贸易理论”。汇率变动对出口的影响研究也经历了从传统国际收支理论到新新贸易理论的不断扩展。21世纪初期，伴随着发展中国家经济和贸易的飞速增长，其普遍存在的金融发展滞后和金融压制体制就引起了国外许多经济学家的关注（Levine，2004；Silva，2011；张微微，2017；赵玮璇等，2021），融资约束对企业出口的影响也得到了较为深入的研究。在此基础上，学者们尝试将融资约束纳入汇率变动对出口的研究（Chaney，2016；谭小芬等，2016），因此，从融资约束角度研究汇率变动对企业出口的影响成为一个新的研究方向。本章从汇率变动对出口的影响研究和融资约束与企业出口的相关研究两个方面总结归纳已有文献，并在此基础上对现有文献进行总结与评述，为后文的分析提供理论依据。

第一节　汇率变动对出口的影响研究

国内外关于汇率变动对出口影响的研究主要分为两大方向：建立在传统国际收支理论框架下的系统研究和新新贸易理论的扩展研究。

一　传统国际收支理论框架下的研究

1. 理论研究

最早提出汇率变动是国际贸易的重要影响因素的是英国晚期重商主义的代表学者托马斯·孟（Thomas Mun），他在《英国得自对外贸易的财富》（1664）一书中提到“汇兑上压低我们的币值是于外人有损而于我们有利的”，他认为控制汇率能够增加出口、限制进口，以达到社会财富增长的最终目的。托马斯·孟的思想对金本位制度下的国际贸易产生了重要的影响，但受制于当时的历史环境并没有深入地研究汇率对贸易的具体作用渠道。之后大卫·休谟（David Hume）进一步深化了汇率变动对国际贸易影响的理论研究，提出了“价格—现金”流动机制理论，休谟认为一国出现贸易顺差时，货币供给随着国际储备的增加而增加，从而提高本国的物价水平，这会使得出口下降从而导致本国的贸易盈余减少。该理论的核心思想是通过价格的自动调节机制，贸易收支会随着汇率的变动自动恢复到均衡状态，该思想和托马斯·孟重商主义理论一样在金本位制度时代盛行，并且对后续的理论研究产生了深远的影响。

Marshall（1923）扩展了“价格—现金”流动机制理论，提出了传统国际收支理论中有关汇率变动对出口影响的最具代表性的研究结论，即著名的“马歇尔—勒纳条件”（Marshall-Lerner Condition），它是指当进出口商品的供给弹性无穷大时，只有在进出口需求弹性之和的绝对值大于 1 时，货币贬值才会改善一国或地区的国际收支。之后，Robinson（1937）进一步扩展了“马歇尔—勒纳条件”考虑了进出口供给弹性；Metzler（1948）放宽了供给弹性无穷大这一假设条件，分析认为进出口供给弹性和需求弹性对汇率变动与贸易收支的关系具有较强的约束力，Robinson（1937）与 Metzler（1948）的研究被人们称为“罗宾逊—梅茨勒条件”（Robinson-Metzler Condition）。

以 Magee（1973）为代表的时滞理论认为本国货币贬值对贸易收支的调节作用不是一蹴而就的，而是存在一定的滞后性的，具体地，货币贬值后，由于出口供给和进口需求的调整需要一定的时间，所以贬值短时间之内可能会使贸易收支进一步恶化，一段时间后，随着出口供给和进口需求调整的结束，贸易收支才会得到改善，整个调整过程类似于字母 J，因此时滞理论又名 J 曲线效应。上述研究进一步深化了汇率与贸易之间关系的理论研究，被称为弹性分析法。

弹性分析法是基于特定市场中进出口贸易和既定供需曲线的局部均衡分析，对需求和供给函数有较为严格的假设，存在整体考虑欠缺问题，从而建立在一般均衡基础上的收入分析法和货币分析法应运而生。

凯恩斯宏观经济学理论诞生后，经济学家开始使用该理论分析国际收支，就是所谓的收入分析法，其最重要的两个分支为乘数分析法和吸收分析法，收入分析法的核心是汇率变动不仅会通过影响进出口商品的价格来影响国际收支，也会通过国民收入变化来影响国际收支。

其中，乘数分析法认为一国汇率变动对其国民收入具有乘数效应，进而通过国民收入对贸易收支产生影响：一方面，进口支出是国民收入的函数，进口支出的变动通过乘数效应作用于国民收入；另一方面，进出口的变化会影响贸易差额，从而与国民收入产生密切联系。在此基础上，Harberger（1950）重新扩展了“马歇尔—勒纳条件”形成“哈伯格条件”。Alexander（1952）首次提出了“吸收分析方法”，其核心思想为汇率变动会通过一国国民收入与其国内吸收的差额也就是贸易差额来影响贸易收支，若贸易收支的差额大于零，说明一国国内吸收小于收入，吸收不足，反之则说明吸收大于收入。总体来看，收入分析法从一般均衡的视角研究了汇率变动与国际收支状况，打通了汇率与宏观经济的联系，对弹性分析法的局部均衡有了较大的补充，但其中暗含了贸易收支即为国际收支的假设，忽视了本国资本账户在国际收支假设中的作用，导致了分析存在一定的局限性。

19 世纪 60 年代，蒙代尔（Robert A. Mundell）、约翰逊（Harry Johnson）和弗兰克尔（Jacob A. Frenkel）等经济学家创立了货币学派，Mundell（1961）认为国际收支不平衡本质上是一种货币现象，所以应从货币层面来分析国际收支不平衡，如果本国金融机构提供的货币供给与货币需求不一致，就会形成国际收支不平衡，具体的，如果货币供给大于货币需求，就需要通过外汇储备下降来消除，从而出现国际收支逆差；如果货币供给小于货币需求，就需要通过增加外汇储备来弥补，从而出现国际收支顺差。货币分析法由于考虑了本国货币当局的货币供给，对货币政策调节国际收支均衡具有很强的现实指导意义。

2. 实证研究

在传统国际收支理论框架下，国内外学者围绕“马歇尔—勒纳条件”以及 J 曲线效应是否成立进行了大量的实证检验，但由于各自研究的对象、样本区间和计量方法存在差异，并没有得到较为一致的结论。

Boyd（2001）检验了经合组织国家的汇率水平和贸易之间的关系，结果表明大部分国家满足“马歇尔—勒纳条件”，也存在J曲线效应；Hacker和Abdulnasser（2003）利用北欧国家的数据检验了汇率变动对贸易的影响，发现汇率贬值能够促进出口；Abdul和Shahid（2017）运用两步系统广义矩估计方法研究了汇率变动对巴基斯坦221家制造业企业出口的影响，发现实际汇率贬值对企业出口有正向作用。而Asteriou等（2016）采用GARCH模型和格兰杰因果检验模型对墨西哥、印度尼西亚、尼日利亚和土耳其1995—2012年的汇率与进出口数据进行了实证检验，结果发现汇率变动从长期来说与进出口贸易并没有必然联系；同样的，Bahmani-Oskooee和Gelan（2018）对非洲12国的相关研究也表明，汇率变动对一国进出口贸易的影响并不显著，国内外经济水平才是其决定性因素。

具体到人民币汇率与贸易的关系研究，一些学者发现二者之间有明显的相关关系，即人民币升值会对中国出口产生负效应，贬值会对出口产生正效应。如Marque和Schindler（2007）使用1997—2004年的月度数据运用中国占世界总进出口的份额作为进出口数量的代理变量，检验了人民币汇率与中国出口贸易之间的关系，发现人民币实际有效汇率升值10%，中国的长期出口会下降0.5%左右；更有意思的是Saang（2008）使用协整方法分析了1986—2006年人民币兑美元实际汇率对中美贸易的影响，结果发现1994年第一季度数据存在结构突变，在1994年第一季度之前人民币兑美元实际汇率与中国对美国出口贸易间不存在协整关系，在1994年第一季度之后人民币兑美元实际汇率会显著影响中美间贸易，具体来说，当人民币兑美元实际汇率贬值1%，中国向美国出口会上升1.7%；美元兑人民币实际汇率贬值1%，美国向中国出口会上升0.4%。Roach（2010）和Stiglitz（2010）对中美贸易和人民币兑美元汇率关系的研究也发现人民币对美元升值会阻碍中国出口贸易的增长；Mohammed和Hossain（2015）利用中国与东盟之间的双边贸易数据研究了汇率变动对贸易的影响，结果发现，汇率升值会使出口额下降。

在国内，李建伟和余明（2003）利用国务院发展研究中心建立的中国月度宏观经济计量分析模型分析了1995—2002年人民币实际有效汇率的波动特征和原因、人民币汇率变动对中国进出口贸易和FDI的影响以及人民币大幅升值对中国经济增长的长期影响，结果发现人民币实际有效汇率是影响进出口贸易的重要因素，从 1995 年开始人民币实际汇率基本处于升值状态，且人民币汇率大幅升值会阻碍进出口贸易增长，从而严重阻碍中国经济增长；卢向前和戴国强（2005）运用协整方法分析了 1994—2003 年中国进出口贸易对人民币实际有效汇率的弹性，结果发现人民币实际有效汇率对中国进出口贸易影响显著，“马歇尔—勒纳条件”成立，J 曲线效应也成立，并且详细计算了人民币实际有效汇率贬值对中国出口贸易影响的时滞为 5 个月；马丹（2007）从两个方面考察了人民币实际有效汇率与中国对外贸易的关系，即人民币实际有效汇率对中国贸易收支的影响和人民币实际有效汇率对中国贸易结构的影响，结果发现人民币实际有效汇率升值会恶化中国的贸易收支，而中国的出口结构与人民币实际有效汇率间存在协整关系，中国的出口结构是人民币实际有效汇率变动的 Granger 原因，可解释人民币实际有效汇率的大部分变动。陈学彬等（2007）在考虑 FDI 和加工贸易的基础上分析了人民币汇率变动对中国进出口贸易的影响，结果发现人民币实际汇率升值会使出口贸易下降，汇率的 J 曲线效应存在，时滞也为 5 个月；陆前进和李治国（2013）、杨丽莹（2019）等在考虑汇率权重分解的基础上检验了“马歇尔—勒纳条件”，发现人民币贬值能够对我国进出口贸易收支产生正向作用，而人民币汇率在美元汇率中占的权重越高，其贬值对中国的进出口贸易产生的正面作用越大；邹宏元和崔冉（2020）基于 2002—2014 年中国与 233 个贸易伙伴双边进出口数据，研究了人民币实际汇率对中国进出口贸易的影响，发现人民币汇率贬值会促进中国的出口。

而有些学者发现人民币汇率变动对中国向某些国家的出口影响显著，如孙霄翀和宋逢明（2008）使用协整模型研究了中国向美国、欧盟、日本和韩国的出口贸易与人民币汇率波动的关系，并在此基础上使用 Granger 因果检验、脉冲响应函数和方差分解做了进一步分析，结果发现人民币汇率变动是影响中国向欧盟、日本和韩国出口贸易的主要因素，且中国对欧盟、日本和韩国的出口的汇率弹性为负，但是人民币汇率变动并不是影响中国向美国出口的 Granger 原因；曹伟等（2016）将邻国效应引入汇率与贸易关系理论框架研究了人民币汇率变动对中国与“一带一路”沿线国家间贸易的影响，发现当期人民币升值会使中国自“一带一路”沿线国家的进口贸易减少，但滞后一期的升值会促使进口增加，而当期和滞后一期的人民币贬值均有利于我国的出口贸易；同样，王小雪和王艳芳（2018），采用面板数据分析了人民币汇率变动对中国向“一带一路”沿线国家出口贸易的影响，发现人民币贬值有利于中国向“一带一路”沿线国家的出口。

更有甚者，许多学者发现二者并不存在显著的相关性，如 Eckaus（2004）研究了在 1985—2002 年人民币汇率水平与中美贸易间的相互关系，结果发现人民币兑美元的汇率变动对中美间的贸易不平衡并不存在显著影响；Thorbecke（2006）在使用引力模型分析亚洲国家汇率变动对各国贸易影响之后，发现人民币汇率变动对中国的贸易影响并不显著，更进一步解释了这种不显著的主要原因在于虽然中国对美国贸易顺差很大，但贸易商品的附加值很小，而且由于加工贸易商品主要来自外资企业，加工贸易进口对加工贸易出口具有重要影响，因此加工贸易出口的汇率弹性要小于一般贸易商品出口的汇率弹性；Groenewold 和 He（2007）分析了人民币汇率变动对中美间贸易余额的影响，估算出了人民币汇率与中美贸易余额间的长期关系，并对人民币升值 10%—50% 的不同情况进行了模拟，结果发现人民币升值并不能有效改善中美间的贸易不平衡。

在国内，陈彪如（1990）分析了在 1980—1989 年人民币汇率对中国进出口贸易的影响，结果发现中国出口商品需求的价格弹性和进口商品需求的价格弹性之和约等于 1，因此人民币汇率变动对改善中国贸易收支的作用不大。谢建国和陈漓高（2002）以 1978—2000 年贸易收支与人民币汇率变动关系进行了协整分析，研究人民币汇率变动是不是中国贸易收支变化的主要原因，结果发现：短期来看国内需求变动是影响中国贸易收支的主要原因，长期来看国内供给变动是影响中国贸易收支的主要原因，因此人民币汇率贬值对改善中国贸易收支没有显著影响。张天顶和吕金秋（2018）研究了人民币汇率变动对中国上市公司出口的影响，得到了与传统国际收支理论预测不一致的结论：人民币实际有效汇率贬值并不会改善中国上市公司的出口。还有许多学者尝试从全球价值链角度解释了汇率变动对出口贸易影响的弱化现象，认为大量加工贸易的存在使得汇率变动对出口的影响与国际收支理论的预期不符，如逯宇铎等（2017）、印梅和张艳艳（2018；2019）、张天顶和唐夙（2018）等。

二　新新贸易理论框架下的研究

新新贸易理论是在 20 世纪中后期的大量实证研究基础上发展并形成体系的微观层面的贸易理论，其代表为 Melitz（2003），他将企业异质性纳入了 Krugman（1979）的垄断竞争模型中，从微观角度提出了企业出口选择的理论模型。Melitz（2003）的理论建立在两个关键性假设的基础上，一方面，企业进入出口市场需要付出一定的固定成本，即沉没成本，包括企业进入出口市场的营销费用、广告费用，为与当地政府建立联系、建立市场渠道、改良产品以及市场调研等花费的支出，一些企业可以克服出口固定成本，进行出口，获得出口利润，而有的企业无法支付固定成本，无法进入国外市场获得出口利润，正是由于固定成本的存在给贸易扩展边际的分析提供了可能性；另一方面，企业的生产率存在差异，按照生产率从高到低，企业被划分成三种类型：出口企业、只供给国内市场的企业和退出市场的企业，企业生产率水平越高，出口的可能性越大。在此基础上，Melitz（2003）模型还推导出了企业出口的最低生产率，只有高于这个最低生产率的出口企业才能进入出口市场，而低于出口生产率条件的企业只能供应国内市场甚至退出市场。因此，出口固定成本的存在和企业生产率的差异导致了企业出口自我选择行为，之后的众多文献也证实了企业生产率的异质性是企业出口参与的重要因素。

Melitz（2003）模型是异质性企业贸易模型研究领域的代表，此后很多异质性企业贸易模型都建立在 Melitz（2003）模型基础上不断完善和拓展，如 Helpman 等（2004）将水平 FDI 引入 Melitz（2003）模型，构建了一个多国、多产业的国际贸易和投资模型，考察在生产率异质性的条件下，企业选择以出口还是直接投资形式进行国际化。他们采用利差分析方法提高模型的预测能力，假设出口存在沉没成本，所以出口企业的固定成本（含出口沉没成本和国内固定成本）高于非出口企业，而 FDI 企业需要在国外建立分厂，他们假设 FDI 企业在国外建立分厂的固定成本是在国内建立分厂的两倍，但由于国外分厂的生产可以满足当地市场，其可变成本较出口更低。Helpman 等（2004）的研究表明，企业由于生产率水平存在差异，选择不同贸易模式或组织形式，只有生产率高于最低出口生产率的企业才能够选择在国内和国外两个市场销售，但其组织形式会因为生产率不同而不同，生产率最高的企业选择以直接投资模式进入国外市场，生产率次之的企业则选择出口。Helpman 等（2004）模型将异质性企业模型扩展到解释跨国经营的两个方面：出口和直接投资，对异质性企业贸易理论研究做出了杰出的贡献。

Antrans 和 Helpman（2004）在 Melitz（2003）研究的基础上，建立

了一个南北贸易模型考察企业的生产率、总部密集度、工资水平和所有权优势差异等因素与企业选择以出口、外包还是垂直 FDI 等组织形式进行国际化生产；Melitz 和 Ottaviano（2005）利用水平产品分化线性需求方法，将内生加成因素引入 Melitz 模型，构建了一个市场竞争激烈度内生的异质性企业垄断竞争贸易模型，考察了市场规模、生产率与出口决策之间的关系。

在各种对 Melitz 模型扩展的文献中，尤为重要的一篇文章是 Helpman 等（2008），这篇文献进一步将两国之间发生的贸易量分解为扩展边际和集约边际，这也是区别于传统贸易理论仅仅对贸易流量测度和分析的一个重要方面。模型还推导出了非对称的引力模型，有效地解释了双边贸易中的不对称和零贸易值现象，为此后学者们对异质性企业模型的研究提供了一个新的视角。

以 Melitz（2003）模型为基础的异质性企业贸易理论丰富发展起来以后，国际学者开始用其理论从微观视角分析研究汇率变动对贸易的影响（Berman et al.，2012；Stefania，2016）。这些理论主要强调企业的异质性、企业进入国际市场的沉没成本和固定成本以及产业内企业市场份额和生产资源的重新分配的重要作用。Berman 等（2012）在 Melitz（2003）模型的基础上研究了出口厂商应对汇率变动时在出口价格、出口数量、进入或退出出口市场的反应，发现企业异质性可以较好地解释汇率变动对出口总量的影响，即出口对汇率变动弹性偏低的原因：大部分出口企业都是绩效较高的公司，它们易于通过提高出口产品的价格加成来吸收汇率的波动，此时汇率波动主要是从集约边际来影响出口公司的行为，它们会通过改变出口价格来吸收汇率波动，而不是增加其出口数量。Stefania（2016）研究发现当汇率升值时，生产率最高和最低的企业的汇率传递效应最大，而处于中等生产率水平企业的汇率传递效应相对较小。

因此，亦有不少国内学者在新新贸易理论框架下用微观数据来探讨人民币汇率变动对企业出口的影响。李宏彬（2011）首次使用中国进出口企业面板数据进行研究，发现人民币实际有效汇率升值会导致企业出口值和进口值的减少，并且进口值减少略低于出口值减少。陈婷（2015）从企业—出口角度分析了汇率变动对企业出口产品的影响。田朔等（2015）将企业类型、贸易方式、出口强度、行业类型等引入模型，研究汇率变动对异质性企业出口边际拓展的影响。许家云等（2015）采用

2000—2007 年中国制造业企业微观数据和海关数据库，对微观企业层面实际有效汇率对中国制造业企业生产率影响进行了深入研究，发现人民币实际有效汇率升值对制造业企业生产率有正向影响，汇率变动对制造业企业生产率的影响因企业出口、技术水平和所有制的不同而具有显著的异质性，汇率变动对制造业企业生产率的积极影响随企业融资能力增强而上升。佟家栋等（2016）使用 2000—2007 年工业企业和海关数据研究了人民币实际有效汇率对中国工业企业出口行为的影响，发现人民币实际有效汇率升值会显著抑制中国工业企业的出口，而且人民币实际有效汇率对企业出口行为的影响因企业生产率水平、规模、融资约束、所有制和贸易方式的不同而具有显著的异质性。更有意思的是，谭小芬等（2016）研究发现金融市场化的提高能够降低企业出口对汇率波动的弹性，从而将企业融资环境因素纳入了汇率变动对出口的影响研究。需要指出的是，谭小芬等（2016）虽然将融资约束因素引入了汇率对企业出口的影响研究，但其考察的是国家层面的金融环境而非企业个体层面的融资约束。易靖韬等（2019）基于 2000—2013 年企业层面的海关数据研究发现，人民币汇率下降对产品出口量产生正向的促进作用，且产品质量越低促进作用越大，人民币汇率上升可能会对产品出口量产生负向影响，但可以适当促进贸易结构的调整。宁密密和綦建红（2021）使用 2000—2013 年中国细分投入产出表、世界投入产出表、海关数据库和工业企业数据库的匹配数据，分析了企业 GVC 位置对汇率传递效应的影响，从企业在价值链中嵌入位置的异质性很好地解释了“中国汇率不相关之谜”。

三　汇率变动对出口的影响机制研究

汇率变动对出口的影响机制研究目前以实证居多，较成体系的主要有两个方面。

1. 汇率变动对出口价格的影响研究

Dohner（1984）认为汇率发生改变的时间长短会影响到厂商对产品进行价格调整的过程。当汇率的冲击是暂时的，出口厂商出于维持市场份额的考虑会选择保持原来的价格不变。同时汇率冲击的时间越短，出口厂商越不会轻易地改变出口价格；而当汇率冲击是长时间的，厂商就会主动降低出口产品的价格来尽可能多地博取市场份额。Dornbusch（1987）在美元持续升值的背景下，基于汇率变动对出口价格传递的理论模型，指出在汇率变动与缺乏弹性的工资水平共同冲击下，生产企业的成本会发生相应的变动，从而改变了出口产品的价格。Krugman 和 Baldwin（1986）通过建立沉没成本模型指出，由于巨额的不可逆转的事前投资，使得出口厂商在面对较大的不利汇率变动时，对产品的定价会更加谨慎小心，避免因价格劣势而失去原有的市场份额，严重时甚至会造成沉没成本的损失。Corsetti 和 Pesenti（2005）发展了一个包括垄断性企业和价格黏性、经济体相互依赖的一般均衡模型，货币政策影响汇率变动，由于出口市场上定价的不确定性，国外出口商索取更高的价格。由于更高的进口价格减少了本国消费者的购买力，最优货币政策需要在较大的本地产出缺口和较低的消费者价格之间做出权衡。Atkeson 和 Burstein（2008）的研究发现，当汇率变动时，出口企业会为了维持市场份额，通过改变价格加成来抵消汇率变动带来的影响，而出口企业在不同的出口目的国会实施不同的成本加成策略，使相同的商品在不同市场上的价格不同，而其价格调整幅度则取决于出口产品在各出口目的国市场的竞争力。Chatterjee 等（2013）和 Amiti 等（2014）的研究则发现，当出口企业的中间投入品是进口品时，汇率变动对企业边际成本的影响会弱化，进口比例越高，汇率变动对其出口产品价格的影响越小。Hongbin 等（2015）、Chen 和 Juvenal（2016）的研究指出，生产率越高的出口企业，其对加成率的调整范围越大，汇率对出口价格的传递效应越不完全。之后国外学者的很多实证研究也发现了汇率的价格传递具有不完全性，如 Cheng 等（2016）和 Fauceglia 等（2018）。

而众多的国内研究也认为，价格传递机制是人民币汇率变动影响出口贸易的重要渠道（杨凯文、臧日宏，2015；易靖韬等，2019）。曾利飞（2008）延续李嘉图的理论框架，从两国企业最优定价出发构建模型，探讨汇率变动的出口价格传递效应，认为两国市场需求、贸易摩擦与两国企业边际成本等因素皆影响着汇率的出口价格传递效应。就出口厂商价格调整而言，陈斌开（2010）、何大安（2012）等学者的研究从理论层面和实证层面验证了这一点，认为人民币升值能够作用于出口厂商定价策略，从而转嫁一部分人民币升值的价格传递效应，而且通过这一路径还深刻影响着我国出口产品的国际竞争力。项后军和许磊（2013）应用多个行业的面板数据，考察人民币汇率对出口价格的传递效应，结论表明人民币汇率升值对于出口价格具有长期影响，而且出口厂商会通过调整成本加成的形式来将人民币升值的效应转嫁到自身利润上来，从而使得人民币汇率升值不能完全传递到出口价格上。曹伟和倪克勤（2010）的研究还证明了汇率变动对出口价格影响的非对称性，即人民币汇率贬值和升值对于价格的传递程度并不一致，呈现出非对称的特征。宋超和谢一青（2017）的研究还表明汇率变动对出口价格的影响在不同贸易类型中也有所差异，即加工贸易企业的出口价格对汇率波动比一般贸易企业更为敏感，这是因为相比于一般贸易企业，参与加工贸易的企业存在明显的税收优惠，其在面临汇率波动冲击时，对进口要素边际成本的调节机制与一般贸易企业存在显著差别。之后许多国内学者的研究表明，企业在生产率、市场结构、所有制等方面的异质性也会影响汇率变动对出口商品的价格传递，如盛丹和刘竹青（2017）、张会清和翟孝强（2019）、鲁晓东等（2019）、黄倩等（2020）。其中黄倩等（2020）基于2000—2010年企业—产品层面的微观数据研究发现，人民币升值会导致企业主动降低出口产品价格，而进口中间品投入的增加导致企业更大幅度地调整出口产品价格从而使得其汇率弹性增加，并且企业的汇率弹性会受到所有制、出口方式、产品技术以及出口目的地的影响。

2. 汇率变动对生产率的影响研究

最早研究生产率与企业出口之间关系的是Clerides等（1998），在此基础上提出了出口的“自我选择效应”（Self-selection Effect）这一概念，企业的“自我选择效应”主要是由于出口市场存在诸多的贸易进入壁垒，包括市场的宣传、营销渠道的建立、运输成本等。企业在出口过程中必然会支付相应的沉没成本，企业的出口量大，生产率水平较高，赚取的利润较多，才能够在维持盈利的情况下支付沉没成本，而另一部分企业则可能因为无法支付相应的沉没成本而退出市场，这类企业的生产率水平往往较低，总的来说只有生产率水平较高的企业才会进入出口市场。Clerides等（1998）的研究还发现，企业的出口并不能够显著地提升企业的生产率。Bernard和Wagner（2001）在研究中建立了动态企业出口决策模型，认为企业的出口决策受到企业生产率的影响，且企业生产率与出口呈现出正相关关系。

Melitz（2003）建立新新贸易理论之后，许多学者开始从企业异质性角度关注出口企业的生产率，汇率变动与企业生产率问题的研究作为一种影响机制研究日益丰富起来。Leung和Yuen（2005）利用加拿大制造业的出口数据进行了实证分析，结果表明，加元每贬值 10%将导致制造业资本劳动比例下降 1.7%，在 1991—1997 年，加元的贬值导致制造业资本劳动比例下降了 2.7%，这对加拿大制造业企业生产率产生了巨大冲击。Landon 和 Smith（2007）基于美国和加拿大数据的研究发现，加拿大汇率贬值会导致其从美国进口的设备减少。另外，McCallum（1999）和 Harris（2001）对加拿大的研究也得出了类似的结论。田素华（2008）使用中国 2000—2006 年企业层面的季度数据研究了汇率变动对企业投资的影响，结果表明人民币兑美元汇率波动程度提高对大多数企业固定资产投资的增加有显著影响，但该效应受到企业投资资金来源和企业结构特征等因素的制约。但是也有学者研究发现上述资本劳动要素配置效应可能受到企业定价能力和出口导向程度的影响（Campa and Goldberg，1995；1999）。

还有一些学者认为汇率变动会加大境内市场的竞争并由此加速企业在市场上的进入和退出，本国（地区）货币升值使境外竞争者相比本国（地区）企业在境内市场更有竞争力，市场竞争压力的增强会迫使一部分低效率的企业退出市场，而新进入市场的企业和生存下来的企业将更有效率。Aw 等（2001）使用中国台湾企业数据进行了实证检验，结果发现，在 1981—1991 年企业对市场的进入和退出是影响制造业企业生产率的重要因素，其对整体制造业生产率增长的贡献高达 40%。无独有偶，Foster 等（2001）使用美国 1977—1987 年服装制造业数据的研究表明，企业进入和退出对美国生产率增长的贡献高达 40%—50%。Lafrance 和 Schembri（2000）提出的“汇率掩体假说”（Exchange Rate Bunkers Hypothesis）指出，汇率低估的作用类似于本国关税的提高，面对国外企业竞争，本国低效率的企业会利用“汇率掩体”持续生存并占有稀缺的资源，这导致资源配置的低效率和行业整体生产率的下降。Harris（2001）对加拿大的研究发现，20 世纪 90 年代加拿大汇率的贬值使加拿大企业破坏性创新能力下降，并且由于加拿大拥有较大比例的小企业，这部分小企业因面临较大的融资约束而往往无力进行技术创新和产品升级，最终阻碍了加拿大整体经济结构的升级。在这之后，Tomlin（2010）围绕汇率变动和生产率的关系问题，使用 1973—1997 年加拿大农业机械设备制造行业的数据进行了研究，他们发现本国货币升值会加速企业之间的优胜劣汰，最终在市场上生存下来的企业往往具有较强的竞争力，因而有益于行业整体生产率的提高。除此之外，Jeanneney 和 Hua（2011）就人民币汇率和生产率关系进行的研究发现，本国货币升值会提高出口商品的相对价格，价格优势的削弱有利于优势企业兼并劣势企业，从而通过企业之间的优胜劣汰最终促进企业生产率水平的提高。Fung（2008）认为规模经济可以降低企业的生产成本和提高其资本使用效率，从而进一步促进企业生产率的提高。国内许多学者的研究也证实了人民币汇率升值能够提高企业生产率，如余静文（2018）、何暑子和华维（2018）、刘成和向鹏飞（2018）、刘明等（2018）、何暑子等（2022）。其中何暑子等（2022）认为人民币汇率的升值虽然有利于企业生产率提升，但必须以消除国内市场分割为辅助条件，否则人民币升值对生产率的影响会大打折扣。

虽然大多数学者的研究均证实出口有利于提高企业的生产率，也有部分学者的实证研究结论表明汇率升值不利于企业生产率。Baggs 等（2009）对加拿大制造业企业的研究也得出了类似的结论，他们发现加拿大元升值降低了企业尤其是出口型企业的生产规模，从而阻碍了企业生产率的提高。基于此，Tomlin 和 Fung（2015）进一步使用分位数回归的方法，围绕着汇率变动对加拿大大型制造业企业的影响这一问题进行了深入探讨，发现加拿大元升值加剧了进口市场上的竞争并使出口市场萎缩，激烈的市场竞争使部分低效率企业被迫退出市场，但是，那些生存下来的生产率相对较高的企业也由于市场规模缩小和规模不经济等原因，出现了生产率下滑的现象。Kandilov 和 Leblebicioglu（2011）的研究发现汇率变动会降低企业在银行系统的信用，增加企业的贷款成本，从而对企业生产率造成消极的影响。而更有意思的是，Demir（2013）、Pyun 和 Choi（2018）、Nishiyama（2017）等对土耳其、韩国和日本的研究均发现，本国货币贬值能够提高企业的生产率，而不是升值。李平和韩彩霞（2021）基于技术进步与要素配置的双重视角研究了 2000—2007 年人民币汇率变动对企业生产率的影响发现人民币汇率升值对国有和民营企业的生产率提升有抑制作用，并且汇率升值对企业生产率的影响在不同贸易方式、所有权类型、资本密集度和汇率制度中具有异质性，其中 2005 年汇改明显减轻了人民币升值对企业生产率提升的抑制作用。

而 Stefania（2016）的研究发现当汇率升值时，生产率最高和最低的企业的汇率传递效应最大，而处于中等生产率水平企业的汇率传递效应相对较小。总体来看，汇率变动对企业生产率的影响方向具有不确定性，其可能受到企业融资状况等因素的影响（Aghion et al.，2009；Kandilov and Leblebicioglu，2011；杨文溥，2019）。其中杨文溥（2019）基于1999—2013年企业数据研究了汇率波动、融资约束与企业生产率之间的关系，发现汇率波动在融资约束存在的情况下会加重企业生产率的恶化，而当企业流动性改善时，可以缓和汇率波动对企业生产率的冲击。

第二节　融资约束与企业出口的相关研究

融资约束与企业出口的研究主要有两个进程：一是把融资约束纳入国际贸易理论框架中，将融资约束作为企业异质性的一个方面，进而研究融资约束对企业出口规模的影响；二是丰富和扩展出口的内涵，除了研究融资约束对出口规模的影响，一些学者开始研究融资约束对出口二元边际的影响。

一　融资约束的事前和事后效应

在Melitz（2003）提出新新贸易理论模型之前，研究融资约束与企业出口决策的文献凤毛麟角，其模型中有关企业进入出口市场固定成本的假设成了将融资约束与企业出口联系在一起的开端。Bugamelli和Infante（2002）和Matthew等（2010）的研究表明，企业进入出口市场，需要支付一定的初始固定成本，它是指企业为了进入国外市场所需一次性投入的较大的一笔支出，也称为出口的沉没成本，其中包括为收集国外市场信息、设计研发符合国外消费者需求的产品、与国外政府合作所支出的费用等，这些费用一般会很高并且往往需要在企业尚未获得出口利润之前支付，因此沉没成本的存在也会影响企业的出口决定，只有资金充足的企业才能够进入出口市场。在此之后，越来越多的学者开始研究融资约束在贸易中的重要性，这些研究关注的焦点在融资约束是作为事前效应对企业出口决策产生影响，还是出口在事后影响着企业所面临的融资约束。

一些学者研究发现融资约束对出口的效应是事后的，如Campa和Shaver（2002）使用西班牙20世纪90年代制造业企业数据分析了企业出口决策与融资约束之间的关系，他们发现，出口企业比非出口企业融资约束程度更低，现金流更加稳定，但他们认为这是因为出口企业的海外收益缓解了其融资约束，而并不是融资约束的缓解促进了企业的出口。Greenaway 等（2007）使用 1993—2003 年英国制造业企业的微观数据研究出口行为与金融健康之间的联系。研究表明，出口企业较之非出口企业往往具有更高的流动比率和更低的财务杠杆，因此出口企业具有更好的金融健康程度。与 Campa 和 Shaver（2002）相同，他们发现，金融健康程度不会影响企业的出口决策，恰恰相反的是，出口行为提高了企业的金融健康程度。

Bellone 等（2010）使用 25000 家法国企业 1993—2005 年数据分析了融资约束对企业出口行为的影响。他们将流动比率和杠杆比率作为衡量企业融资约束的代理变量，为了增强结果的稳健性，他们还使用了 Musso 和 Schiavo（2008）的计量方法估算了企业的金融健康程度并作为融资约束的反向指标研究了融资约束与出口贸易之间的事前效应和事后效应。研究发现，融资约束会影响企业出口决策，企业需要有更高的金融优势才能够进入出口市场，但进入出口市场以后并不会改善企业的金融状况，因此融资约束表现出明显的事前效应特征。此外，他们还发现融资约束的缓解不但会提高企业出口的可能性，还能够缩短企业进入出口市场的时间。

另一些学者则认为融资约束对出口的影响是事前的，Chaney（2005）的研究发现融资约束是制约企业出口的决定因素，当企业面临融资约束时，生产率对企业出口的影响并不大，只有在不受融资约束的前提下，生产率才能够影响企业的出口决策。这是因为，沉没成本的存在对企业流动性有着较高的要求，受流动性约束的企业往往很难承担这项投资，从而无法进行出口。而融资约束的原因是多样的，信息不对称、金融市场不完备、政策实施机构不合理、信用管制、公司税收结构等原因均可构成企业融资约束。Roberts 和 Tybout（1997）、Greenaway 和 Kneller（2004）、Bellone 等（2010）和 Silva（2011）的研究也认为融资约束与出口决定之间的关系是事前的，他们的研究均表明企业如果受到融资约束，将很难获得进入出口市场的资金支持，难以支付高额的沉没成本，只能选择在国内市场上销售，而那些拥有较好融资状况的企业才能克服高额沉没成本进入出口市场获得出口利润。

Egger 等（2010）建立了两部门、开放经济的一般均衡模型，将要素禀赋理论纳入融资约束与出口关系的研究中，更进一步地研究了融资约束在社会福利分配中的作用。模型指出，企业对市场的进入和退出、生产与贸易受到相对劳动力和资本禀赋、金融资产分布状况、金融中介发展程度、贸易保护程度等因素的影响。他们假设基准部门的企业可以密集使用资本不受融资约束影响，在异质性企业部门，企业具有不同的生产率，受到严重的融资约束，其流动性较大程度上依赖于金融机构的外部资金，银行基于企业未来的绩效向其提供资金，而企业的盈利能力主要取决于决策者的管理水平，而由于企业管理水平的不可观测性，银行要求企业家签订契约来避免管理上的不端行为，甚至要求企业家使用现有资金作为担保，这就大大限制了企业的借款能力，许多生产率低的企业会退出市场，这样不仅会提高了企业进入市场的门槛，还会导致该部门资源浪费。因此，贸易发生的比较优势不仅是要素禀赋决定的，同时也会受到金融禀赋的影响，他们建议政府改善企业融资约束，从而促进企业具备内生比较优势，进入市场。

Silva（2011）使用流动比率和杠杆比率作为企业融资约束的指标研究了葡萄牙制造业企业融资约束与出口贸易之间的关系，为得到较为稳健的结果，他还借鉴了 Bellone 等（2010）的计量方法估算了企业的金融健康程度作为融资约束的反向指标，检验企业金融健康程度与企业出口决策之间的关系。进一步的，他使用倍差法测算了参与国际贸易对企业金融状况的改善程度，结果表明，出口企业的金融状况比非出口企业好得多，并且企业参与出口之前这种状况就很明显，出口会进一步改善企业的金融状况，而且高技术部门的小企业改善更加显著。因此，Silva（2011）的研究发现融资约束对出口的影响既存在事前效应，也存在事后效应。

在国内，一方面，大多数学者的研究均证实了融资约束对出口具有事前效应，即融资约束的存在会抑制企业的出口，如于洪霞等（2011）将应收账款相对比例作为企业融资约束的代理变量，研究了融资约束对企业出口的影响，发现中国企业出口固定成本受到融资约束的影响，从而制约了企业的出口能力；孙灵燕和李荣林（2011）运用世界银行投资环境调查数据考察了企业融资约束对出口可能性的影响，发现外源融资约束是限制企业出口参与的重要因素。同样的，阳佳余（2007，2012）、刘晴等（2017）的研究也都证实了融资约束对企业出口的事前效应存在。

另一方面，还有很多学者研究发现融资约束对出口的事后效应也存在，即出口能够使企业面临的融资约束得到缓解，如罗长远和李姝醒（2014）运用2005年世界银行的企业调查数据考察了出口对企业融资约束的影响，发现出口能够通过提高获取流动性便利、规避国内经营环境不确定性、分散市场风险性和发送企业资质信号等渠道改善企业的融资环境；翁旸勤和施新政（2018）利用1997—2009年民营企业数据，从缓解借贷双方信息不对称与市场协同两个角度分析了出口信号对民营企业外源与内源融资约束的影响，发现释放出口信号的企业外源和内源融资能力较强。另外，韩剑和王静（2012）、周世民等（2013）、杨晶晶等（2018）、徐丽鹤等（2019）的研究也得到了同样的结论。其中，韩剑和王静（2012）基于2003—2007年中国制造业企业数据检验了融资约束对企业出口决策的事前、事后效应，他们从企业内部融资、银行贷款融资、商业信用融资三个方面衡量了企业的融资约束状况，研究发现：首先，内部融资约束的事前负效应不明显，事后效应存在但是负的，这说明出口企业不一定是经济效益好的企业，出口有可能恶化企业的现金流状况；其次，商业信用融资的事前和事后负效应同时存在，这说明企业的融资困难是其出口的动因，出口后商业信用的提高有助于改善供应商融资困难的情形；最后，银行信贷约束的事前效应和事后效应均显著，证明了银行贷款约束是制约中国企业出口的决定性因素，并且出口可以有效解决企业贷款难的问题。值得一提的是，韩剑和王静（2012）的研究虽然较早，但其指出加快金融体制的改革，改善企业的外部融资环境，有利于纠正本土企业过度的出口偏好，对当前国际市场面临较大不确定性，外贸企业亟须实现内外贸一体化的现状仍然具有较强的指导意义。

二 融资约束对企业出口规模的影响研究

Chaney（2005）首先将企业的流动性约束引入Melitz（2003）模型，开启了融资约束对企业出口研究的新方向。与Melitz（2003）模型假设相同，Chaney（2005）假设出口存在固定成本和生产率的差异，且在此基础上，增加了另一项异质性的来源——流动性约束的异质性，Chaney（2005）假设企业面临着外生性的流动性约束，其在企业之间服从随机分布。流动性约束只会影响生产率处于生存条件值和出口生产率门限值之间企业的出口，对于生产率高于出口门限值的企业来说，其国内销售利润就可以弥补出口的固定成本，而对于生产率低于生存条件值的企业来说，本身就无法存活于市场。因此，企业出口决策除了需要满足出口的生产率条件，还需要满足融资约束条件，当企业的国内销售利润无法弥补出口沉没成本时，就算其生产率超出了出口的生产率门限，也仍然无法进入出口市场。只有那些流动性充足、能够从国内销售中获得足够的利润弥补出口沉没成本的企业才能成为出口企业。在 Chaney（2005）模型中采取了一个较为苛刻的假设：企业的流动性约束是完全外生的，因为出口的风险比国内销售大很多，本国的银行无法掌握其境外信息，因此银行不会对企业出口提供融资，企业对出口投资所需的流动性完全来自其国内销售，这一极端假设与现实不符，现实社会中，出口企业仍然可以从银行或其他金融机构获得外源性融资以弥补对出口的投资。

Manova（2008）在 Chaney（2005）基础上，进一步放松了流动性的外生性约束，将融资约束作为内生变量引入 Melitz（2003）模型。Manova（2008）发现，在不同国家和不同行业中融资约束的影响也不同。从国家层面来讲，企业面临的融资约束在金融发展程度高的国家较低，因为在金融发展程度高的国家企业的金融契约执行力较强，投资者更愿意提供资金，因此企业更容易获得外部融资从而受到融资约束较小；就行业层面来看，由于每个行业的企业对技术投入的大小不同，使得对技术投入需求大的行业具有较大的流动性需求，其所属行业的企业面临的融资约束也更大，并且在执行信贷契约时要求支付一定的回报给出借方，契约规定当借款方违约时，债权人有权处置债务人抵押品从而获取本金和利息，所以那些高固定资产禀赋行业的企业更容易获得融资从而进入出口市场。因此，出口融资约束的存在扭曲了 Melitz（2003）模型，不存在融资约束的标准异质性企业模型中，只要生产率高于出口门限值企业就可以进入出口市场，但当企业面临融资约束时，企业对出口市场的选择行为就会发生变化，企业需要拥有更高的生产率才能进入出口市场。因为，只有生产率足够高时企业才能够获得更高的收益，才会为投资者提供回报，才有可能获得出口所需的外部融资。因此在不同国家的不同行业，出口生产率的门限值也不尽相同，在金融发展水平较低的国家企业出口生产率的门限值较高，同样，在对技术投入需求较大或固定资产抵押物较少的行业，即金融脆弱性行业，这个门限值也较高。

Manova（2008）还指出融资约束的存在会扭曲标准异质性企业出口模型导致国际贸易低效率的存在，因为融资约束使得原本有利可图的出口商无法进入出口市场。值得一提的是，Manova（2008）模型还从理论上解释了国际贸易中的产品更替和贸易国的选择，出口目的国固定成本的差异会导致出口到其市场上的生产率门限值不同，生产率较低的企业只能放弃部门高固定成本的市场，选择出口固定成本较低的目的国进行出口，只有生产率足够高的企业才能够进入所有的出口目的国市场。因此，与 Chaney（2005）一样，该模型也强调了企业自身的生产率水平决定了融资约束对出口企业的影响程度，只有生产率足够高的企业才可以克服融资约束的影响在最优状态下进行生产和出口，而生产率低的企业只能选择低于最优状态的出口值进行出口，Manova（2008）将其称为融资约束条件下的次优状态。

Minetti 和 Zhu（2011）使用 4680 家意大利制造业企业数据检验了融资约束对企业出口选择和出口量的影响。他们使用企业信贷调查问卷来观测其融资约束的程度，将企业划分为融资约束组和非融资约束组，经研究发现，融资约束不但会影响企业对出口的选择，还会显著抑制企业的出口量，融资约束组的企业出口可能性较非融资约束组减少 39%，而出口量减少幅度更大，为 48%，这种效应在严重依赖外部融资的行业更加显著。

上述研究均指出，融资约束问题只会制约处于出口生产率门限以下的出口企业，而对生产率最高的企业没有影响。而 Caggese 和 Cunat（2013）却指出由于企业破产风险的存在会使得高生产率企业的出口也会受到融资约束影响，因为出口固定成本会在短期内消耗企业大量的流动性资金，即使从长期来看，企业的出口收益足以弥补这些固定成本，但短期内，企业可能因为流动性资金的短缺而面临破产的风险。因此，由于破产风险的存在，融资约束仍然能够影响高生产率企业的出口决策。Caggese 和 Cunat（2013）将企业破产风险融入 Melitz（2003）模型中，与多数研究结论相同，他们发现，由于融资约束的存在，使得生产率在出口生产率门限以下的企业无法克服出口固定成本，从而无法进入出口市场，而与前述研究不同的是，他们发现对于生产率较高的企业来说，尽管长期盈利足以弥补出口的固定成本，但由于短期内出口投资会使用大量流动性资金，这可能会使原本受到融资约束的企业因流动性不足而破产，因此企业除在国内销售和出口之间选择外，还需要考虑破产因素，而在理论上获得长期出口利润和破产的概率孰大孰小并不确定。因此，他们使用意大利制造业数据进行了检验，结果表明由于融资约束的存在，相对于获得长期出口利润来说企业破产风险更大，因此融资约束对高生产率企业的出口决策也具有负面影响。所以，短期来看，融资约束模糊了出口的生产率门限值，基于生产率异质性的企业出口自我选择失效，虽然从长期看生产率最高的企业仍然倾向于出口。在此基础上，Caggese和Cunat（2013）还研究了金融摩擦和贸易自由化的影响，结果发现，贸易自由化会对总体生产率有积极的改善，但金融摩擦会大大减少这种积极影响，恰恰因为融资约束的存在，贸易自由化会使融资约束程度低的企业获利，而融资约束程度高的企业面临着更大的破产风险，从而被迫放弃出口市场，这会使企业出口决策发生扭曲。

近年来，随着中国出口值的不断增长，中国经济对全球经济的贡献越来越大，国外学者开始关注融资约束对中国企业出口的影响。Zhiyuan和Miaojie（2009）使用160000家中国制造业企业2000—2007年的出口数据，利用利息支出作为衡量企业融资约束的代理变量，研究了融资约束对企业出口决策的影响。结果发现，企业的出口量与融资约束程度负相关，与生产率正相关。为了避免利息支出与出口量之间的内生性引起的偏差，他们使用加权的企业货币供应量作为融资约束程度的代理变量进行了稳健性检验，也支持了上述结论。得的一提的是，他们还考虑了FDI因素对融资约束的影响，发现FDI能够有效缓解企业面临的融资约束，因此跨国公司的子公司较非跨国公司面临的融资约束程度低，其出口量也更多，因为跨国公司的子公司可以从其母公司获得外部融资，所以其面临的融资约束程度比独立公司小得多，也更加容易进入出口市场。此外，Degirmen和Gundogdu（2010）、Paravisini等（2015）和Eck等（2015）分别利用土耳其、秘鲁和德国的企业数据进行了实证分析，均发现融资约束的存在会抑制企业的出口，融资约束的缓解将会扩大企业的出口规模。

在国内，林玲等（2009）利用1999—2006年省际面板数据构建了衡量融资环境的综合指标体系，运用动态面板数据的系统广义矩估计方法进行实证研究，结果表明：金融发展水平对我国本土企业出口增长的促进作用非常有限，这主要是因为，非国有企业和中小企业难以通过正规渠道，获得金融部门的资金支持，限制了其出口的增长，因此，林玲等（2009）认为国有商业银行垄断的金融体系造成企业面临的融资约束抑制了我国本土企业出口规模的提高。戴金平等（2010）利用1998—2008年上市公司的数据进行了测算，结果发现资本和技术密集型企业的出口更加依赖于外源融资，而劳动密集型企业次之，所以资本和技术密集型企业的出口会受到严重的金融约束。阳佳余（2012）采用2000—2007年持续经营的企业出口数据，研究了融资约束对企业出口决策和出口规模的影响和其作用机制，发现融资约束的存在制约着企业出口，而融资环境的改善能够有效帮助企业进入国际市场，融资环境的改善对企业出口的积极影响表现在两个方面，融资环境的改善不仅能够提高企业出口的可能性，还能够对企业出口规模扩张产生积极影响。黎日荣（2016）、金祥荣和胡赛（2017）、马述忠和张洪胜（2017）、毛其淋和王澍（2019）等分别从出口企业竞争力、贸易方式、集群商业信用、地方金融自由等细分角度研究了融资约束对出口规模的影响，均得到了融资约束的降低能够促进企业出口规模增长的一致结论。李文秀和唐荣（2021）证实了政府制定的产业扶持政策：税收优惠和补贴能够缓解企业的融资约束使企业扩大出口规模。

三　融资约束对企业出口二元边际的影响研究

Chaney（2005）的模型不仅分析了融资约束对单一企业出口规模的影响，也分析了融资约束对贸易总量的影响，即融资约束对单一企业的出口集约边际没有影响，而对总贸易量的影响并不确定。这是因为企业一旦进入了出口市场，就不再受融资约束的影响，因此融资约束对单一企业出口的集约边际没有影响；而由于融资约束的分布空间不同，所以融资约束对总贸易量的影响并不确定，如果融资约束集中于低生产率企业和高生产率企业，则出口总量不会受到融资约束的影响，只有当融资约束的分布集中于中等生产率企业时，才对贸易的集约边际有负面影响，因此贸易的集约边际不仅受到融资约束程度的影响，也受到融资约束分布状况的影响。

Muuls（2008）将Chaney（2005）模型与Manova（2008）模型融合在一起，将融资约束对出口的影响扩展到对出口二元边际的影响，他假设企业不仅面临着外部的融资约束，还面临着外生性流动性冲击，具体说就是企业通过三种途径的资金来弥补出口固定成本：企业国内销售的剩余利润、外生的流动性资金、金融市场的外部融资。与Manova（2008）设置基本一致，Muuls（2008）同样假设金融市场不完善。为研究融资约束对出口二元边际的影响，Muuls（2008）将企业的出口目的扩展地定义为扩展边际，将企业的出口规模定为集约边际，采用法国 Coface International 信贷保险公司开发的信贷指数作为信贷约束的替代变量，利用比利时数据进行了实证分析，发现融资约束少、生产率高的企业会向更多的出口目的国进行出口，而一旦进入该出口市场，融资约束对于单个企业对该市场的出口量并没有影响，但对贸易总量来说，融资约束的降低会使更多的企业进入出口市场，从而带来贸易总量的增长，因此贸易的扩展边际和集约边际都会得到改善。Muuls（2008）的研究还发现融资约束会使企业进入出口市场的可能性下降，制约着出口目的地数目的增加，因此当企业获得融资较为容易时，企业能够出口更多的产品从而获得更多出口利润。与之前的理论模型一致，由于企业需要额外的资金以支付出口的固定成本和可变成本，融资约束程度最低的企业才能够进入选择排序中最靠后的目的地。此外，Muuls（2008）的研究还发现融资约束能够影响贸易的广度但无法影响贸易的深度。

Berman 和 Hericourt（2010）根据世界银行对发展中经济体的 5000 家企业数据计算了企业所面临三种融资约束的程度：资产负债率、现金占总资产的比率和固定资产占总资产中的比率。经过实证研究发现，融资约束会降低企业出口的可能性，融资约束只能影响企业的扩展边际而无法影响集约边际，因为沉没成本会使企业面临巨大的融资约束，但是可变贸易成本对贸易的影响并不明显。因此，金融约束对企业出口的影响主要集中在进入市场的时间上，其潜在假设是金融约束只影响出口的固定成本，所以融资约束的缓解只能影响贸易的扩展边际。他们还发现企业的利润取决于外国的需求和自身的生产率，而与融资约束无关，因此企业的出口量和企业出口的可能性都不会受融资约束的影响。出口的集约边际与企业生产率呈正向关系，与融资约束不相关。所以 Berman 和 Hericourt（2010）的结论也说明，融资约束会抑制高生产率企业进入出口市场，因此他们提出降低融资约束有利于生产率大于临界值企业的出口。

Damijan 等（2010）研究了融资约束对不同规模企业出口影响的差异，认为规模大的企业相对于规模小的企业来说，出口市场和产品也较多，抵御国外市场风险的能力会更强，即使两类企业面临的融资约束程度相同，融资约束对其出口行为的影响也可能会不一致。更进一步的，他利用斯洛文尼亚制造业企业数据进行了实证检验，结果显示，外部融资资源的增加会促进大企业出口集约边际的增长，却并不能提升中小企业出口的集约边际。

Stiebale（2011）使用法国企业数据进行了相关研究，他认为公司文化和对风险的态度这类无法观察到的异质性也会决定企业开拓海外市场的选择以及自身的流动性水平，因此他选用了四种企业融资约束的衡量指标。研究发现，在不对企业层面无法观测的异质性进行控制时，融资约束会影响企业的出口决策和海外销售份额，但是控制了企业层面无法观测的异质性之后，融资约束对集约边际和扩展边际的影响效果均不再显著。

Egger和Kesina（2013）使用中国工业统计数据库2001—2005年57000家企业的数据研究了融资约束对企业出口选择行为的影响机制，他们采用了四种衡量企业融资约束的指标：长期负债占总资产的比重、利息支出占流动性资产的比重、流动性资产占总资产的比重、净利润占总资产的比重。他们发现只有出口企业占总企业数目的28.9%，这些企业的出口贸易额占全部出口企业销售总额的55%，占全样本企业销售额的比例更低，仅16%。他们将出口企业占全部企业数的比例定义为出口的扩展边际，把出口额占全部销售额的比例定义为出口的集约边际。结果发现，无论是出口的扩展还是集约边际均与企业面临的融资约束程度负相关，因此融资约束的缓解将会促进出口扩展边际和集约边际的增长，尤其是扩展边际，企业融资约束指标每下降1个百分点，会使扩展边际提高2个百分点。

Feenstra等（2013）从不完全合同角度提出了一个融资约束下的企业出口模型，并使用中国企业统计数据做了实证检验，结果发现，金融机构根据激励相容条件提供的资金使得企业产出低于其最优产量，并且2008年的国际金融危机会造成大规模的出口减少。Nagaraj（2014）采用印度企业的出口数据，研究了融资约束与企业决策之间的关系，结果显示，融资约束会在很大程度上影响企业出口决策，企业的财务状况改善并不会带来连续出口企业出口量的增加，但企业面临的融资约束下降，出口的外延边际将会增加。

在国内，于洪霞等（2011）使用应收账款相对比率衡量企业面临融资约束的程度，检验了融资约束与企业出口行为的关系，发现企业融资约束程度越低出口的可能性越高。孙灵燕等（2011）的研究发现企业的出口参与很大程度上与外源融资相关，不同所有制企业面临的融资约束程度也不同，其中，民营企业受到的融资约束的程度最深。更进一步的，她发现外源融资约束会大大限制企业的初始出口行为，而对于已出口的企业其对出口量的影响并不显著。陈维涛等（2012）利用世界银行投资环境调查报告数据分析了融资约束对中国中小企业出口的影响，发现融资约束对中小企业的出口决策有着显著的影响，融资约束的缓解会显著地提高中小企业的出口。

孙建波和吴迪（2012）利用企业资产增长率相对于现金流敏感性方法估算了企业所面临的融资约束指数变量，来研究融资约束对企业出口行为的影响。研究表明融资约束对企业出口的障碍作用既源于企业自身特征，也来自我国现阶段金融体系发展滞后与政府干预特征。值得一提的是，该文将样本按照公司所有制分组分别研究了不同所有制企业融资约束对出口的影响，得到基本结论：融资约束对中国企业出口的阻碍作用只表现在集体及私人所有性质的民营企业方面，而独立法人的民营企业、国有及外资企业中融资约束对企业出口的障碍作用并不突出；在私人所有性质的民营企业中，小规模、劳动密集型以及没有与政府建立联系的企业的融资约束对企业出口的障碍作用相对更为突出。无独有偶，孙灵燕和李荣林（2012）在新新贸易理论基础上，对异质性得出了更详细的结论，他们利用世界银行投资环境调查中的中国企业微观层面数据，将企业异质性和其他企业特征纳入出口决策模型，运用 Probit 模型分析融资约束与出口的关系，结果表明，融资约束会降低企业出口概率，并且影响程度因企业所有制的不同而不同，在民营企业中外部融资约束作用更为显著。

刘海洋等（2013）从非正规金融贸易信贷的研究角度切入，构建衡量企业融资约束的应收账款相对比例指标，研究融资约束对中国制造业企业出口的影响效应。运用 Heckman 样本选择模型控制样本选择偏误，对 2004—2007 年 11.8 万家中国制造业企业的分析表明：融资约束制约了中国制造业企业的出口行为，并且这种制约作用存在显著的企业规模指向性、地区指向性、行业指向性和所有制指向性。

项松林（2015）利用 1996—2009 年中国对 123 个国家（地区）的 HS-6 位编码出口数据研究了融资约束对出口增长二元边际的影响，结果发现融资约束对出口集约边际有显著的正向影响，对出口扩展边际具有显著负向影响；徐榕和赵勇（2015）利用1998—2007年845980家企业的出口数据分析了融资约束对企业出口决策的影响，结果发现，企业融资约束的降低能够提高企业进入出口市场的可能性，同时企业所处的外部融资环境的改善还会进一步放大企业自身融资约束对出口的影响，而不同所有制类型企业在进入出口市场倾向上存在较大差异，企业融资约束状况变化对不同所有制企业进入出口市场的影响也不同。

邹薇和李浩然（2016）使用流动资产比例、负债比例和现金流比例三种指标刻画企业的融资约束，研究了不同贸易方式企业的融资约束对出口二元边际的影响，发现融资约束的确构成了企业出口的制约因素，融资约束的缓解能够显著地促进各类企业参与出口，但融资约束对于加工贸易企业和一般贸易企业的出口集约边际影响方向却不同。张左敏和孔庆峰（2017）从银行信用风险角度考察了企业信贷融资约束对企业出口选择的影响，结果表明企业出口扩展边际与信贷融资约束具有显著的负相关系。陈旭和邱斌（2021）将数字金融引入Heckman两阶段模型研究其对企业出口二元边际的影响和作用机制，发现数字金融能够缓解企业的融资约束，从而促进企业出口二元边际的扩张。

第三节　现有文献的总结与评述

本章通过对现有文献的梳理和概括发现，一方面，随着建立在异质性企业模型基础上的新新贸易理论的发展，汇率变动对出口影响的研究也从建立在传统国际贸易理论框架下的宏观研究向基于新新贸易理论的微观方向发展；另一方面，融资约束作为出口企业一项重要的异质性特征，已在国际贸易理论和实证的研究中获得了较为系统的延伸，尤其随着中国经济的发展，政府和非营利性行业组织对各种经济数据的收集和公布越来越有效率和价值，有关中国融资约束对企业出口的研究也越来越全面、细致。尽管这两方面的研究都具有一定程度的突破性进展，但其仍有进一步提升的空间，主要有以下四个方面。

其一，综观汇率变动对出口影响的研究历程，早期建立在传统国际收支理论上的研究较为系统，但基于这些经典理论的实证结果却并不统一，尤其是传统国际收支理论对人民币汇率变动对中国出口影响的解释更为乏力，自 20 世纪 90 年代以来，出现了更加接近现实的假设（企业异质性、不完全竞争和规模报酬递增等）的新新贸易理论，学者们将汇率变动对出口影响的研究从国家总量贸易扩展到微观企业出口决策选择方面，具体到中国，从微观层面研究汇率变动对出口影响的文献较多，但从融资约束角度研究人民币汇率变动对中国企业出口影响的文献仍然非常稀缺。谭小芬等（2016）虽然将企业融资环境纳入了汇率变动对出口的影响，但其关注的是国家金融发展水平，并非个体融资约束。本书将企业个体融资约束作为企业异质性的一个方面纳入模型，重点研究融资约束下汇率变动对企业出口的影响，开辟了汇率变动对出口影响研究的新视角。

其二，新新贸易理论出现之后，国外学者开始使用其理论从微观视角研究汇率变动对贸易的影响，这些理论主要强调企业的异质性、企业进入国际市场的沉没成本以及产业内企业市场份额和生产资源新分配的重要作用，而国内学者建立在新新贸易理论框架下的研究主要使用企业微观层面的数据检验汇率变动对出口量或出口值的静态影响，却并没有从研究贸易总量扩展到微观企业出口的动态选择中，而企业主体基于自身规模、生产率、融资约束等异质性对出口市场的动态选择恰是新新贸易理论的核心内容，本书在对理论模型的基本结论进行实证检验的基础上，进一步对融资约束条件下汇率变动对企业在出口市场动态选择中的影响进行了详尽的分析，以期为我国微观企业主体在当前汇率市场急剧波动情况下的出口决策选择提供政策建议。

其三，有关融资约束与企业出口的研究，有的学者将企业受到的融资约束看作外生变量，有的学者则认为融资约束本身是由企业生产活动甚至出口行为所决定的内生变量，学者们对发达国家的研究大都建立在企业通过国内销售来满足出口投资的流动性积累这一假设基础上，而转型国家的研究越来越多地考虑了外源融资，但其所关注的均是融资约束对出口规模抑或出口决策的直接影响。事实上，融资约束除了直接影响出口，还能够通过影响生产率从而对出口产生间接的影响，因此本书放宽了 Chaney（2016）对企业出口的融资不能从外部获得资金的假设，将满足出口融资约束的资金来源分为与生产率相关的销售利率和与生产率不相关的外生资产变量，并重点关注了融资约束机制的双重效应，更加符合中国出口企业的融资特征，具有重要的现实意义。

其四，有关中国企业融资约束的度量，已有研究中大部分文献以流动性比率或者利息支出、银行信贷便利性等金融信贷指标衡量企业融资约束，这些度量方法可能存在“先天性不足”。因为较之于发达国家完善的金融信贷体系，中国金融系统的“压制特征”显著，存在国有企业和民营企业之间信贷资源倾斜的差别，国有企业往往较民营企业更易获得融资，且所付出的成本更低，在这种情况下，使用单纯的利息支出或其他金融信贷状况指标来衡量企业融资约束是不准确的。本书利用企业资产增速对现金流的敏感性指标（CFS）作为衡量融资约束的指数，并运用主成分分析法对多个反映企业融资能力的财务指标进行降维处理，得到一个能够更准确和全面反映融资约束的综合变量进行稳健性检验，以期为我国企业融资约束的度量提供新方法。

基于上述文献研究中凸显的不足，本书首次尝试从个体融资约束角度研究人民币汇率对中国制造业企业出口的影响，在前人研究的基础上考虑了中国出口企业融资特性，放宽企业出口不能从外部获得融资的约束条件，建立了融资约束下的企业出口模型，并在此基础上推导出汇率变动会通过价格竞争、生产率和融资约束三种机制对出口产生影响。结合实证研究发现融资约束在人民币汇率变动对中国工业企业出口中发挥了双重中介效应，并且在不同所有制性质、不同行业的企业中影响不同，以期为改善中国制造业企业的出口环境乃至完善人民币汇率市场化机制提供政策建议。

第二章　融资约束条件下汇率变动对企业出口影响的理论模型

通过第一章的文献梳理我们发现，早期建立在传统国际收支理论上的研究较为系统但不能很好地解释人民币汇率变动对中国出口的影响，而基于新新贸易理论的研究假设出口融资不能从外部获得，这与国内实际情况不符，并且国内的研究考虑的是国家层面的金融环境，并非企业个体融资约束。因此，本章在前人研究的基础上考虑了中国出口企业融资特性，放宽了前人研究中关于企业对出口的投资不能从外部获得流动性支持的假设，建立了一个与企业当期生产率不完全相关的融资约束出口模型，并在此模型基础上推导出汇率变动会通过三种作用机制作用于出口：价格竞争机制、生产率机制和融资约束机制。通过理论推导我们发现，融资约束在汇率变动对企业出口的影响中具有双重效应，且汇率变动对出口的影响方向取决于融资约束机制双重效应的大小：当融资约束机制作用足够大时，货币升值便能够在一定程度上促进出口。

第一节　基本假设

一　需求假设

假设一：存在 2 个国家，本国和外国；2 个部门，同质化产品部门和差异化产品部门，且两部门都仅使用劳动力这一种生产要素。

假设二：同质化产品部门生产一种同质可自由贸易的商品，为便于模型计算本书将其价格标准化为 1，且该同质的商品具有固定规模报酬生产函数。本书假设两个国家都生产该同质商品，并假设本国单位劳动的生产率为 $1/w$，外国单位劳动生产率为 $1/w^*$，则本国的工资为 w，外国的工资为 w^*。

假设三：差异化产品部门生产连续性差异化商品，且每个厂商在其产品的生产上都完全垄断。

假设四：工人既是劳动力的提供者又是商品的消费者，假设每个人都拥有 1 单位劳动力，且对差异化商品具有常数替代弹性偏好，于是当一个消费者消费 q_0 的同质化商品和 q（x）差异化商品时的效用函数为：

$$U \equiv q_0^{1-\mu}\left(\int_{x\in X} q(x)^{\frac{\sigma-1}{\sigma}}\mathrm{dx}\right)^{\frac{\sigma-1}{\sigma}\mu} \tag{2-1}$$

其中 σ 为两个不同商品之间的替代弹性，根据假设可知 $\sigma>1$。

假设五：假设式（2-1）中可消费集合中每一种商品 x 都可以在国内获得，在 x 的价格为 p（x）时，差异化商品的理想价格指数为：

$$P = \left(\int_{x\in X} p(x)^{1-\sigma}\mathrm{dx}\right)^{\frac{1}{1-\sigma}} \tag{2-2}$$

此时因代表性消费者对差异化商品的需求是等弹性的，对每一个 x 的花费为 r（x）。

$$r(x) = \mu WL\left(\frac{p(x)}{P}\right)^{1-\sigma} \tag{2-3}$$

其中 μWL 为差异化产品的总开支。

二　生产和贸易假设

假设一：企业进行出口需要获取目的国市场信息，建立当地的分销网络或定制适合当地的产品等，这些成本都需要以当地货币支付，从而企业出口的成本有部分是需要用国外货币来计价的，本书假设指示变量 ϕ 表示企业出口成本中以外币计价的比例，$0<\phi<1$。

假设二：出口成本由固定成本和可变成本两部分组成，其中固定成本可表示为下式：

$$(1-\phi)C_f w+\phi C_f w^* \tag{2-4}$$

可变成本全部为“冰山成本”，本书假设当运输 1 单位的差异化商品到国外市场时，只有 $1/\tau$ 到达，即 τ 越大代表可变成本越大。

假设三：每个国家的技术水平一样，单位劳动的生产边际为常数，生产的固定成本为 C_d，以本国货币计价为 wC_d，生产固定成本的存在使得生产具有规模效应。

假设四：每个差异化商品的生产部门拥有一个随机分布的单位劳动生产率 $x\geqslant0$，当一个企业的生产率为 x 时，为国内市场生产 q_d 量的商品

的成本 $C_d(q_d)$ 和为国外市场生产 q_f 量的商品的成本 $C_f(q_f)$ 可以写成下式：

$$C_d(q_d)=q_d\frac{w}{x}+wC_d \tag{2-5}$$

$$C_f(q_f)=q_f\frac{\tau w}{x}+(1-\varphi)wC_f+\varphi w^*C_f \tag{2-6}$$

假设五：厂商是价格决定者，当面对等弹性特征的需求时，最优定价为单位成本不变的价格。因此国内市场的最优定价 $p_d(x)$ 和国外市场的最优定价 $p_f(x)$ 如下式：

$$p_d(x)=\frac{\sigma}{\sigma-1}\times\frac{w}{x} \tag{2-7}$$

$$p_f(x)=\frac{\sigma}{\sigma-1}\times\frac{\tau w}{x} \tag{2-8}$$

根据假设五的定价原则，生产率越高的厂商的国内和国外价格就会越低，且在国内和国外市场的利润就会越高，国内外市场的利润表达式如下：

$$\pi_d(x)=\frac{r_d(x)}{\sigma}-wC_d=\frac{\mu}{\sigma}wL\left(\frac{\sigma}{\sigma-1}\frac{w}{xP}\right)^{1-\sigma}-wC_d \tag{2-9}$$

$$\begin{aligned}\pi_f(x)&=\frac{r_f(x)}{\sigma}-(1-\varphi)wC_f-\phi w^*C_f\\&=\frac{\mu}{\sigma}w^*L^*\left(\frac{\sigma}{\sigma-1}\frac{\tau w}{xP^*}\right)^{1-\sigma}-(1-\varphi)wC_f-\phi w^*C_f\end{aligned} \tag{2-10}$$

从而能够得出国内市场的生存条件为 $\pi_d(\overline{x_d})=0$，出口条件为 $\pi_f(\overline{x_f})=0$，其中 $\overline{x_d}$ 为企业国内市场生产的最低生产率，$\overline{x_f}$ 为企业出口的最低生产率。

三　融资约束假设

假设一：对出口的投资存在金融市场不完备性，即存在由于资金短缺而无法进入国外市场的情况，存在出口金融市场不完备性的原因有二：其一，出口相对于国内生产来说更具有风险，例如汇率风险，国外市场信息无法核实或核实困难等；其二，国际贸易的契约关系相比国内市场要弱，潜在的出口商不可能将大部分的国外行为作为抵押物做融资。

假设二：企业可以通过三种途径来满足出口融资约束：第一，通过国内市场生产获利；第二，继承大量的外生资产 A_1，例如历史现金流的积累，且外生资产 A_1 与当前生产率不相关；第三，获得国内金融市场融资资金 A_2，假设境内金融市场融资仅与境内资产价格的多少有关，因此融资资金 A_2 与当前生产率也不相关。

假设三：企业拥有的资产 $A=A_1+A_2$，用国内货币计价的价值为 wA。

于是进入国外市场的融资约束具有两个属性：首先，融资约束对国际贸易的影响比国内贸易更为严重；其次，企业面临出口融资约束程度与当前的生产率并不完全相关（企业当前的生产率与融资约束中企业拥有的资产 A 部分不相关）。

只有那些国内生产利润与既得资产可以覆盖出口国外市场成本的企业才能出口，即出口的融资约束条件如下：

$$\pi_d(x)+wA \geqslant (1-\phi)wC_f+\phi w^* C_f \tag{2-11}$$

而当企业拥有 A 资产时出口的生产率条件应满足：

$$\pi_d(\bar{x}(A))+wA=(1-\phi)wC_f+\phi w^* C_f \tag{2-12}$$

当企业的生产率低于 $\bar{x}$（A）时，虽然企业能够从出口中获利，但由于企业无法满足融资约束条件从而无法出口。

第二节 融资约束条件下企业的出口决策

假设产品的价格由当地企业来决定，出口商品只能“随行就市”。因此差异化产品的价格决定方程为：

$$P \approx \left(\int_{x \geqslant \bar{x}_d} p_d(x)^{1-\sigma} L dF_x(x)\right)^{\frac{1}{1-\sigma}} \tag{2-13}$$

定义方程 $g(\cdot)$ 满足 $\bar{x}^{\sigma-1}=\left(\frac{\sigma}{\mu}\int_{x \geqslant \bar{x}} x^{\sigma-1} dF_x(x)\right) \times C \Leftrightarrow \bar{x}=g(C)$

(2-14)

可以求出 $g'(\cdot)>0$，即 $\bar{x}$ 与 C 正相关。

由此可以得出满足国内企业的生产率 $\bar{x}_d$，国外市场盈利的生产率 $\bar{x}_f$ 和存在既得资产 A 的情况下进入国外市场的生产率 $\bar{x}(A)$ 的表达式如下：

$$\bar{x}_d=g(C_d) \tag{2-15}$$

$$\bar{x}_f=\left(\frac{\tau w}{w^*}\right)\left(\frac{C_f}{C_d^*}(\phi+(1-\phi)\frac{w}{w^*})\right)^{\frac{1}{1-\sigma}}g(C_d^*) \tag{2-16}$$

$$\bar{x}(A)=\left(\frac{C_d+(1-\phi)C_f+\frac{w^*}{w}\phi C_f-A}{C_d}\right)^{\frac{1}{1-\sigma}}g(C_d) \tag{2-17}$$

由以上分析可知，在融资约束下企业生产率必须满足国外市场盈利条件（2-16），且在既得资产 A 情况下生产率大于式（2-17）才可以进行出口，即出口商的生产率条件：

$$x\geqslant\max\{\bar{x}_f,\ \bar{x}(A)\} \tag{2-18}$$

由前面的假设可以知道$\frac{\partial\bar{x}(A)}{\partial A}<0$。

因此以 A 为横轴，x 为纵轴画出的 $\bar{x}$（A）曲线是一个如下图的向下倾斜的曲线。

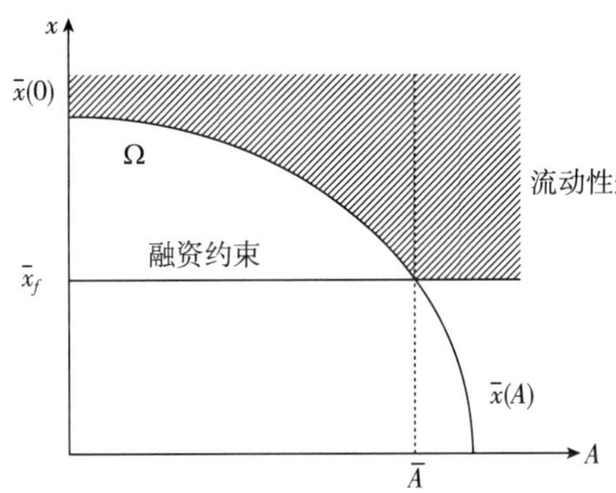

图 2-1　融资约束下企业的出口

且存在 $\bar{x}(0)>\bar{x}_f$，从图 2-1 中可以清晰地看出存在融资约束时企业的出口行为，其中阴影部分既满足国外市场盈利条件又满足融资约束条件，该阴影部分为在融资约束条件下出口商的集合，$\bar{x}(A)$ 曲线以下 $\bar{x}_f$ 以上的 Ω 集合是受融资约束限制而无法进入出口市场的企业，$\bar{A}$ 以右 $\bar{x}_f$ 以上的重合区域表示这些出口商存在多余的 A 从而出现流动性过剩现象。

第三节 融资约束条件下汇率变动对企业出口的影响

一 理论模型

由公式（2-3）可以得出出口商在生产率为 x 时的出口量如下：

$$r_f(x)=\mu W^* L^* \left(\frac{p_f(x)}{P}\right)^{1-\sigma} \tag{2-19}$$

将式（2-13）、式（2-15）、式（2-16）、式（2-17）与式（2-19）联立可以得出：

$$r_f(x)=\sigma((1-\phi)wC_f+\phi w^* C_f)\left(\frac{w^*}{\tau w}\times\frac{x}{\bar{x}_d^*}\right)^{\sigma-1} \tag{2-20}$$

只有生产率满足式（2-18）的企业才能够进入出口市场，即在（A，x）$\in\Omega$ 的集合中企业因为受到融资约束限制而无法进行出口，因此本书定义因存在融资约束而损失的贸易量为 T_{mis}。

$$T_{mis}=L\iint_{(A,\ x)\in\Omega} r_f(x)dF(A,\ x) \tag{2-21}$$

于是贸易总量可以表达为下式：

$$T_{total}=L\int_{x\geqslant\bar{x}_f} r_f(x)dF_x(x) - T_{mis} \tag{2-22}$$

根据之前的假设 $F(A,\ x)$中的 A 与 x 不相关，此处引入融资约束的指示变量 $\theta(0\leqslant\theta\leqslant1)$，我们定义 $A<\bar{A}$ 的企业比例为 θ，即融资约束存在的企业比例，相反当 $A>\bar{A}$ 时融资约束不存在，其比例为 $1-\theta$，于是式(2-21)可以简化为：

$$T_{mis}=\theta L\int_{\bar{x}(A)}^{\bar{x}_f} r_f(x)dF_x(x) \tag{2-23}$$

将式（2-23）代入式（2-22）可以得到如下：

$$\begin{aligned}T_{total}&=L\int_{x\geqslant\bar{x}_f} r_f(x)dF_x(x) - \theta L\int_{\bar{x}(A)}^{\bar{x}_f} r_f(x)dF_x(x)\\&=\int_{x\geqslant\bar{x}(A)} r_f(x)LdF_x(x) + (1-\theta)\int_{\bar{x}_f}^{\bar{x}(A)} r_f(x)LdF_x(x)\end{aligned} \tag{2-24}$$

借鉴 Atkeson 和 Burstein（2008）的研究方法，本书假设两国的汇率变动能够完全显示在两国相对工资中，因此本书定义由本国同质化产品部门的生产率提高带动本国工资 w 的上涨为本国货币的升值，相反，w 的下降代表本国货币的贬值。于是研究汇率变动对出口的影响在模型中转化为研究 w 的变化对出口的影响。据此对式（2-24）两边求 w 的编导可得到下式：

$$\frac{\partial T_{total}}{\partial w}=\int_{x\geqslant\bar{x}(A)}\frac{\partial r_f(x)}{\partial w}LdF_x(x)+(1-\theta)\int_{\bar{x}_f}^{\bar{x}(A)}\frac{\partial r_f(x)}{\partial w}LdF_x(x)$$
$$-(1-\theta)\frac{\partial\bar{x}_f}{\partial w}r_f(\bar{x}_f)L\frac{\partial F_x(\bar{x}_f)}{\partial x}-\theta\frac{\partial\bar{x}(A)}{\partial w}r(\bar{x}(A))L\frac{\partial F_x(\bar{x}(A))}{\partial x} \tag{2-25}$$

由于 $\frac{\partial T_{total}}{\partial w}=\lim_{\Delta w\to 0}\frac{\Delta T_{total}}{\Delta w}$ （2-26）

于是式（2-25）即为汇率变动影响出口的表达式，其方向和大小由 $\frac{\partial r_f(x)}{\partial w}$、$\frac{\partial\bar{x}_f}{\partial w}$、$\frac{\partial\bar{x}(A)}{\partial w}$、$\theta$ 等因子决定。

二 汇率变动影响企业出口的传导机制

由式（2-25）可以知道汇率变动对出口的影响方向和大小由 $\frac{\partial r_f(x)}{\partial w}$、$\frac{\partial\bar{x}_f}{\partial w}$、$\frac{\partial\bar{x}(A)}{\partial w}$、$\theta$ 等因子决定，由于变量 $\theta(0\leqslant\theta\leqslant1)$ 是我们定义的外生指示变量，因此本书重点分析前三个因子。

第一个因子：

由式（2-20）可知：

$$\frac{\partial r_f(x)}{\partial w}=-(\sigma-1)\frac{r_f(x)}{w}=-(\sigma-1)\frac{\mu W^*L^*}{w}\left(\frac{p_f(x)}{P}\right)^{1-\sigma} \tag{2-27}$$

表明汇率变动会通过影响出口商品的相对价格而影响企业出口，我们将之称为汇率变动对企业出口影响的价格竞争机制。

第二个因子：

由式（2-16）可知：

$$\frac{\partial \bar{x}_f}{\partial w}=\frac{\bar{x}_f}{w}\left(1+\frac{\frac{C_f}{C_d^*}(1-\phi)\frac{w}{w^*}}{\frac{C_d+(1-\phi)C_f+\frac{w^*}{w}\phi C_f-A}{C_d}}\right) \tag{2-28}$$

表明汇率变动会通过影响出口的生产率条件而影响企业出口，我们将之称为汇率变动对企业出口影响的生产率机制，且生产率机制的作用会受到融资约束的影响。

第三个因子：

由式（2-17）我们可以得出：

$$\frac{\partial \bar{x}(A)}{\partial w}=-\left(\frac{1}{\sigma-1}\right)\times\frac{\frac{w^*}{w}\phi C_f}{C_d+(1-\phi)C_f+\frac{w^*}{w}\phi C_f-A}\times\frac{\bar{x}(A)}{w} \tag{2-29}$$

表明汇率变动会通过影响出口企业的融资约束而影响企业的出口，由此我们发现融资约束在汇率变动对企业出口的影响中具有双重效应：一方面，汇率变动通过直接影响企业的融资约束从而对出口产生影响；另一方面，汇率变动通过融资约束影响企业出口的生产率条件，从而对出口产生间接影响。

我们将以上三种机制作用总结如图 2-2 所示。

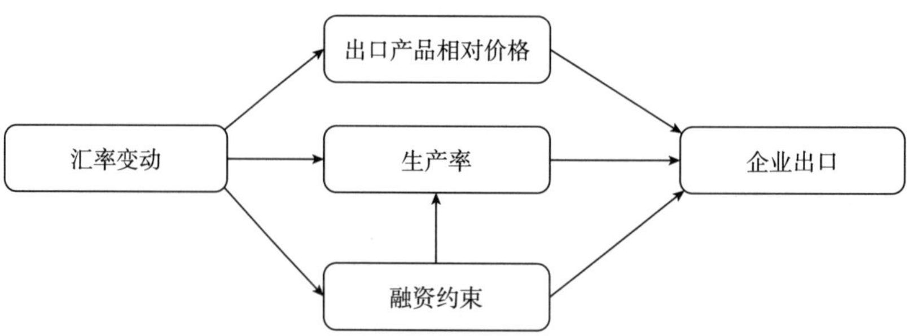

图 2-2　汇率变动影响出口的传导机制

三　模型结论

由以上理论分析可以得出如下结论：

首先，由式（2-27）可知：

$$\frac{\partial r_f(x)}{\partial w}=-(\sigma-1)\frac{r_f(x)}{w}<0 \tag{2-30}$$

即本币升值会使得现有出口商的商品在国外市场的价格升高，从而失去出口市场份额，使得出口量下降，这表明，本币升值会通过影响出口商品价格对出口产生负效应。从而得到本书的结论一。

结论一：本币升值通过价格竞争机制对出口产生负作用，相反，本币贬值通过价格竞争机制对出口产生正作用。

其次，由式（2-10）我们可以得出：

$$\frac{\partial \pi_f(x)}{\partial w}=-\frac{\sigma-1}{\sigma}\frac{r_f(x)}{w}-(1-\phi)C_f<0 \tag{2-31}$$

式（2-31）表示本币的升值会使得现有出口商的海外市场销售利润减少，这包含两个部分：其中一部分是因为海外销售量的下降带来的利润减少［式（2-31）第一项］，另一部分是因为海外市场固定成本吞噬了部分利润［式（2-31）第二项］。这说明本币升值会造成现有出口商的海外市场利润减少，使得部分低生产率的企业在海外市场的利润无法弥补海外市场固定成本，从而退出海外市场。由式（2-28）可知：

$$\frac{\partial \bar{x}_f}{\partial w}=\frac{\bar{x}_f}{w}\left(1+\frac{\dfrac{C_f}{C_d^*}(1-\phi)\dfrac{w}{w^*}}{\dfrac{C_d+(1-\phi)C_f+\dfrac{w^*}{w}\phi C_f-A}{C_d}}\right)>0 \tag{2-32}$$

即本币升值会使得出口商进入国外市场的最低生产率提高，从而使得现有低生产率的出口商退出国外市场，使得出口下降。从式（2-32）可发现这种影响与融资约束的大小有关。具体的，当本币升值时，使得境内资产的价格相对于境外升高，当企业持有的境内资产越多（A 较大）则越容易满足出口的生产率条件从而进入出口市场，在此，本书将汇率变动通过融资约束影响企业出口生产率条件从而影响出口的作用机制称为融资约束的间接作用机制。

从而得到本书的结论二。

结论二：本币升值通过生产率机制对出口产生负作用，相反，本币贬值通过生产率机制对出口产生正作用，且生产率机制的作用会受到融资约束的影响。

由式（2-29）可以得到：

$$\frac{\partial \bar{x}(A)}{\partial w}=-\left(\frac{1}{\sigma-1}\right)\times\frac{\frac{w^*}{w}\phi C_f}{C_d+(1-\phi)C_f+\frac{w^*}{w}\phi C_f-A}\times\frac{\bar{x}(A)}{w}<0 \tag{2-33}$$

即本币升值会使得原来因为受到融资约束不能进入国外市场的企业开始出口，因为本币的升值会使得境内资产的价格相对于境外升高，此时以本币标价的既得资产 wA 就会增加，从而使得原本不满足融资约束条件的企业能够弥补海外市场的生产成本，进行出口，本书将汇率变动直接改变企业融资约束从而对出口产生影响的作用机制称为融资约束的直接作用机制。从而得到本书的结论三。

结论三：本币升值会通过融资约束的直接作用机制对出口产生正向作用，本币贬值会通过融资约束的直接作用机制对出口产生负向作用。

由此，我们发现，在汇率变动对出口的影响机制中，汇率的价格竞争机制和生产率机制对出口的作用方向和传统国际收支理论的宏观分析一致，而融资约束机制具有双重效应且其对出口的作用方向与传统国际收支理论中的影响方向相反。这就使得汇率变动对出口的影响变得较为复杂，即在融资约束机制双重效应大于价格竞争机制和生产率机制影响之和时，本币升值能够促进出口，本币贬值反而会抑制出口；而在融资约束机制作用双重效应小于价格竞争机制和生产率机制影响之和时，本币升值会抑制出口，本币贬值会促进出口。因此在考虑了融资约束时，汇率变动对出口的作用方向是不确定的，视融资约束机制的双重效应大小而定，从而得到本书的结论四。

结论四：在融资约束条件下汇率变动对出口的影响是不确定的。

图 2-3 和图 2-4 分别给出了本币升值和本币贬值时出口的变化。

如图 2-3 所示，由公式（2-32）可知，$\frac{\partial \bar{x}_f}{\partial w}>0$，因此当本币升值（$w$ 增大）时 $\bar{x}_f$ 曲线上升，表示由于本币升值造成现有出口商海外市场竞争力下降（价格竞争机制）和原有低生产率出口商退出出口市场（生产率机制）而造成的出口贸易量的减少（图 2-3 中斜线阴影部分）；由公式（2-33）可知，$\frac{\partial \bar{x}(A)}{\partial w}<0$，因此当本币升值时 $\bar{x}(A)$ 曲线下降，表示由于本币升值缓

解了部分企业融资约束从而使得一部分高生产率企业进入出口市场（融资约束机制，图 2-3 中灰色阴影部分）。而本币升值对出口量的总作用要视这两部分的面积大小而决定。

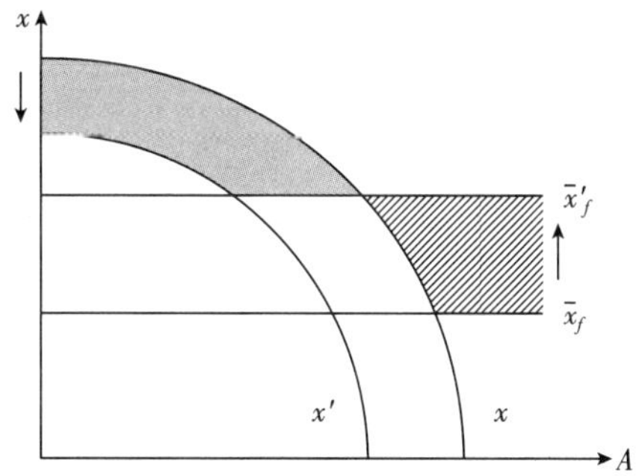

图 2-3　本币升值时的出口变化

同理，如图 2-4 所示，当本币贬值（w 减小）时 $\bar{x}_f$ 曲线下降，表示由于本币贬值造成现有出口商海外市场竞争力上升（价格竞争机制）和原有高生产率厂商进入出口市场（生产率机制）而造成的出口贸易量的增加（图 2-4 中斜线阴影部分）；当本币贬值 $\bar{x}(A)$ 时曲线上升，表示由于本币贬值增加了部分企业融资约束从而使得一部分低生产率企业退出出口市场（融资约束机制，图 2-4 中灰色阴影部分）。同样，本币贬值对出口量的总作用要视这两部分的面积大小而决定。

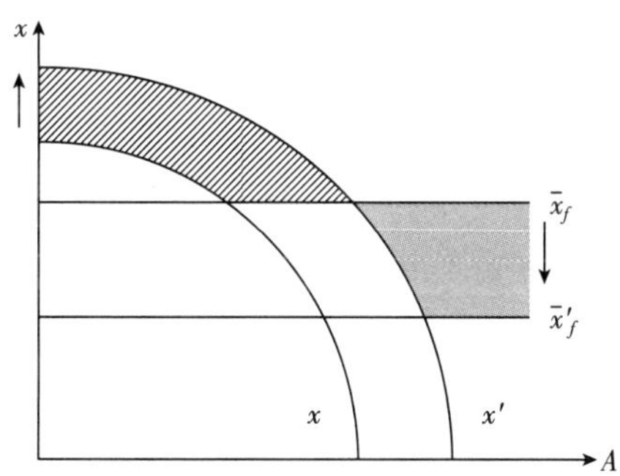

图 2-4　本币贬值时的出口变化

将式（2-28）、式（2-29）、式（2-30）分别代入式（2-25）整理可得：

$$\frac{\partial T_{total}}{\partial w}=-\left(\frac{\sigma-1}{w}\right)T_{total}-(1-\theta)\frac{\bar{x}_f}{w}\left(1+\frac{\frac{C_f}{C_d^*}(1-\phi)\frac{w}{w^*}}{\frac{C_d+(1-\phi)C_f+\frac{w^*}{w}\phi C_f-A}{C_d}}\right)\times r_f(\bar{x}_f)L\frac{\partial F_x(\bar{x}_f)}{\partial x}$$

$$+\left(\frac{\theta}{\sigma-1}\right)\times\frac{\frac{w^*}{w}\phi C_f}{C_d+(1-\phi)C_f+\frac{w^*}{w}\phi C_f-A}\times\frac{\bar{x}(A)r_f(\bar{x}(A))}{w}L\frac{\partial F_x(\bar{x}(A))}{\partial x}$$

(2-34)

当竞争温和时（$\sigma\to1$）上式的前两项为常数，而最后一项为无穷大，于是当 $\sigma\to1$ 时有$\frac{\partial T_{total}}{\partial w}>0$，即在竞争温和时，本币升值会带来出口的增加，本币贬值会造成出口的减少。从而得到本书的结论五。

结论五：汇率变动对出口的影响还与行业竞争程度有关，具体的，当竞争温和时本币升值对出口有正的促进作用。

第四节　本章小结

本章在 Chaney（2016）的基础上，考虑了中国出口企业融资较大部分来自外源融资（金融市场的信贷融资）这一特性，放宽了 Chaney（2016）对企业出口融资不能从外部获得资金的假设，假设企业除了可以通过国内市场销售获利来满足出口的融资约束外，还能够获得国内金融市场资金来满足出口的融资约束从而进行出口，因此企业拥有的资产包含两部分，一是与当前生产率相关的国内市场销售获利；二是与当前生产率不相关的既得资产：继承的外生资产和国内金融市场融资资金之和。从而建立了一个与当前生产率不完全相关的融资约束出口模型，并在此模型基础上推导出融资约束条件下出口商的生产率条件以及在融资约束下汇率变动对企业出口的影响，更进一步地推导出融资约束条件下汇率变动影响企业出口的三种传导机制：价格竞争、生产率和融资约束三种机制，发现融资约束机制存在双重效应，且汇率变动通过融资约束机制对出口的作用方向与传统国际收支理论相反，因此融资约束机制显得尤为重要，其双重效应的大小决定了汇率变动对出口的作用方向。

通过理论推导我们发现三种机制在汇率变动对企业出口影响中的具体传导途径和方向如下：当本币升值时，会使得现有出口商的商品在国外市场价格升高，从而在价格竞争中处于劣势，失去市场份额，使得出口量下降，即本币升值会通过价格竞争机制对出口产生负的影响；本币升值会使得出口商进入国外市场的生产率条件提高，导致现有低生产率的出口商退出国外市场，从而使出口量下降，即本币升值会通过生产率机制对出口产生负的影响，而这种作用的大小会受到融资约束的影响；本币升值，会使得企业境内资产价格相对境外升高，从而使得原本无法弥补海外市场进入成本的企业满足融资约束条件，从而进入出口市场，使得出口量上升，因此，本币升值会通过融资约束机制对出口产生正作用。可见，融资约束在汇率变动对出口的影响中具有双重效应，一方面，汇率变动通过直接影响企业的融资约束从而对出口产生影响；另一方面，汇率变动通过融资约束影响企业出口的生产率条件，从而对出口产生间接影响。

通过理论模型分析我们得到结论：第一，本币升值通过价格竞争机制对出口产生负向作用，相反，本币贬值通过价格竞争机制对出口产生正向作用；第二，本币升值通过生产率机制对出口产生负向作用，相反，本币贬值通过生产率机制对出口产生正向作用，且生产率机制的作用会受到融资约束的影响；第三，本币升值会通过融资约束的直接作用机制对出口产生正向作用，本币贬值会通过融资约束的直接作用机制对出口产生负向作用；第四，在融资约束条件下汇率变动对出口的影响是不确定的；第五，汇率变动对出口的影响还与行业竞争程度有关，具体的，当竞争温和时本币升值对出口有正的促进作用。

值得注意的是，在融资约束条件下，汇率变动对出口的三种影响机制中，价格竞争机制和生产率机制的作用方向和传统国际收支理论的预期一致，而融资约束机制与传统国际收支理论的预期相反，这就使得融资约束机制在汇率变动对出口的影响中极为重要，因为当融资约束机制作用大于前两种作用机制之和时，本币升值能够促进出口，贬值反而会抑制出口。

第三章　人民币汇率变动对制造业企业出口影响的典型化事实

由第二章的理论分析可知，融资约束条件下汇率变动对出口的影响是不确定的，为初步考察融资约束下汇率变动与中国制造业企业出口的关系及中国制造业企业面临的融资约束情况。本书选取 2000—2009 年《中国工业企业数据库》与《中国海关数据库》的匹配数据作为企业观测样本来源，来分析融资约束下汇率变动对企业出口的影响，这是因为该样本不仅涵盖了两个完整的人民币汇率变动周期（2001—2005 年的贬值周期和 2005—2009 年的升值周期），而且也涵盖了受融资约束最为严重的私营企业的出口飞跃期（从 2004 年全面放开进出口经营权到 2008 年的国际金融危机）。因此，本章利用 2000—2009 年中国制造业企业的“企业—国别—年份”维度的出口及汇率数据，并运用两种不同方法测算了制造业企业面临的融资约束，根据所得数据，分别从总体、国别和行业三个维度，全面刻画 2000—2009 年中国制造业企业出口的特点、企业面临的融资约束特征及企业出口与汇率变动之间的关系，直观地呈现了融资约束下中国制造业企业出口与人民币汇率变动的关系，并为第四章实证模型的设定及变量的合理选择提供依据。

第一节　数据筛选与整理

本书采用 1999—2009 年《中国工业企业数据库》与《中国海关数据库》的合并数据，筛选出 2000—2009 年中国制造业企业的“企业—国别—年份”三维出口数据，并运用投资现金流敏感系数和主成分分析两种方法详细测算了企业面临的融资约束，在此基础上按照企业所有制特征分为国有企业、私营企业和外资企业三个子样本组和按照行业平均融资约束特征分高融资约束行业、中融资约束行业和低融资约束行业三个子样本分别进行数据分析[①]。

《中国工业企业数据库》来自国家统计局，该数据库涵盖了中国所有的国有制造业企业以及规模以上（总产值超过 500 万元）非国有制造业企业。这些企业的出口总额占到中国制造业企业出口总额的 98%[②]。数据库包含制造业企业的两类信息：一是明确标记了制造业企业的基本信息，包括企业名称、企业代码、注册类型、所在地区等；二是详细记录了企业的会计信息，如企业的总资产、负债、固定资产净值、无形资产、销售收入、利润、现金流量等指标。《中国海关数据库》由中国海关总署建立，包含了每一年中国所有的企业出口数据，其中涵盖了企业出口商品的数量和金额、出口产品的 HS-8 位代码、出口企业名称、出口国别等信息。为获得囊括企业基本信息（资产总额、所有权性质、利润率等）与出口国别信息（出口金额、出口国别、贸易方式等）在内的全面数据，本书有必要将这两个数据库进行合并。

第一步，整理两库。其一，工业企业数据库，本书按照企业名称—企业代码—企业法人—联系电话等顺序，将 1999—2009 年[③]《中国工业企业数据库》匹配成非平衡面板数据库。具体匹配思路是，先利用法人代码信息识别面板，如果法人代码匹配不上或者法人代码重复（即存在两个以上的同一法人代码）则开始使用企业名称匹配，如果企业名称依然匹配不上或者企业名称重复，则使用"地区（县）+法人代表姓名"匹配，如果"地区（县）+法人代表名称"依然匹配不上，则进一步使用"行业代码+电话号码"进行匹配[④]。按照上述方法匹配得到 1999—

① 从前人的研究来看，中国现行的金融体系存在一定程度上的"压制特征"（王建铆，2011），具体表现在不同所有制类型的企业因为与政府目标的差异或自身资本积累的特性，导致它们面临的融资约束具有显著的差异，其中民营企业更容易遭受金融机构贷款歧视和信贷配给问题（张杰等，2011；张杰、杨连星，2015；蔡庆丰等，2020）。而国内许多有关融资约束与出口的研究也表明，企业会因所有制不同面临不同的金融市场融资地位（林玲等，2009；毛毅，2013；孙建波、吴迪，2012；张微微，2017）。因此，我们在实证研究中也重点关注了企业所有权性质与其融资约束特征。

② 许家云、佟家栋、毛其淋：《人民币汇率变动、产品排序与多产品企业的出口行为——以中国制造业企业为例》，《管理世界》2015 年第 2 期。

③ 由于实证中需要用到资产增长率等指标，为不丢失第一期数据，故增加前一期工业企业数据。

④ 参见杨汝岱《中国制造业企业全要素生产率研究》，《经济研究》2015 年第 2 期。

2009 年制造业企业数据共计 2733528 条。其二，整理海关数据库，本书按照企业名称—年份—国别将 2000—2009 年《中国海关数据库》整理成非平衡面板数据，且此处将宏观经济变量指标[①]（各国的汇率、人均 GDP、关税水平、到中国的地理距离等）一并匹配。具体思路是，首先，将海关数据库中的贸易方式和 HS 编码去掉，按照“企业—国别—年份”加总得到某一企业某一年份向某一国家的出口额，此处删除企业名称中带有“待删除、已清理!!!”等异常数据；其次，按照国别—年份整理出各国的宏观经济变量指标；最后，按照“企业—国别—年份”将海关数据与各国的宏观经济变量匹配成非平衡面板数据。按照上述方法匹配得到 2000—2009 年海关数据共计 22580923 条。这里需要指出的是，汇率数据本书使用以 2010 年为基期的出口目的国实际有效汇率指数（Real effective exchange rate index）相对于中国实际有效汇率指数的比率[②]，人均 GDP 本书使用按照 2010 年美元不变价购买力平价计算的人均 GDP（GDP，PPPconstant 2010 international），关税水平本书使用关税表中达到国际最高关税税率的所有目录产品比例来衡量（Share of tariff lines with international peaks，all products）。

第二步，合并两库，按照所有权性质和行业分组。首先，按照整理后制造业企业数据库中存在的企业名称匹配得出“企业—国别—年份”的出口面板数据库，得到合并数据共 3137153 条。其次，按照所有制性质分为三组：国有企业、外商投资企业和私营企业。具体分组方法：先按照注册类型中明显带有企业性质的字样分[③]，分不出来的按照股权比例中国家资本占比大于 0.5 的属于国有企业，剩下的私人资本占比大于 0.5 的属于私营企业，再剩下的港澳台资本加外商资本占比大于 0 的属于外商

① 世界银行数据库，https：//data. worldbank. org/。

② 这样计算的汇率相当于直接标价法汇率，即该比率上升代表本币贬值，该比率下降代表本币升值。

③ 将工业企业数据库中注册类型中含国有字样的企业数据纳入国有企业组包括：国有独资公司数据 14340 条，国有联营企业数据 937 条，国有企业数据 33096 条，国有与集体联营企业数据 982 条；注册类型中含有港澳台及外商、外资等字样的企业数据纳入外商投资企业数据组包括：港澳台商独资经营企业数据 488617 条，港澳台商投资股份有限公司数据 11768 条，合资经营企业（港或澳、台资）数据 317431 条，外商投资股份有限公司数据 14371 条，外资企业数据 448494 条，中外合资经营企业 399208 条；注册类型中含有私营字样企业数据纳入私营企业组包括：私营独资企业数据 66960 条，私营股份有限公司数据 26151 条，私营合伙企业 11105 条，私营有限责任公司数据 746981 条。其余未分组企业再按照工业企业数据库中股权性质占比分类。

投资企业。按照此分类方法分出国有企业样本 68247 条，外商投资企业样本 1807673 条，私营企业 986967 样本条①。最后，按照平均融资约束将企业按行业分为三组②：高融资约束行业、中融资约束行业和低融资约束行业。具体分组方法：计算出口前 20 大行业的平均融资约束，并从高到低排列（见表 4-8），第一，筛选出行业平均融资约束（cfs 指标，下同）在 2 以上的行业，包括：7 纺织业，26-化学原料及化学制品制造业，29-橡胶制品业，32-黑色金属冶炼及压延加工业③，34-金属制品业，40-通信设备、计算机及其他电子设备制造业④作为高融资约束行业样本共计 1728921 条；第二，筛选出行业平均融资约束在 0.5—2 之间的行业，包括：19-皮革、毛皮、羽绒及其制品业，21-家具制造业，30-塑料制品业，31-非金属矿物质制造业，37-交通运输设备制造业，39-电气机械及器材制造业作为中融资约束行业样本共计 623467 条；第三，筛选出行业平均融资约束在 0.5 以下的行业，包括：13-农副食品加工业（食品加工业），18-纺织服装、鞋、帽制造业⑤，24-文教体育用品制造业，35-通用设备制造业（普通机械制造业），41-仪器仪表及文化、办公用机械制造业⑥，44-电子、蒸汽、热水作为低融资约束行业样本共计 364251 条。

第三步，整理筛选动态样本组。为检验第三章理论模型中关于汇率变动对企业出口决策的动态影响，本书使用 probit 和 logit 模型对企业在汇率变动时企业是否进入出口市场、已出口的企业是否退出市场，未退出的企业增加还是减少出口量三个样本组进行检验。为保留有关目的国市场的宏观变量，本书将两库合并后的总样本增补为“企业—国别—年份”平衡面板数据。首先，从“企业—国别—年份”平衡面板中筛选出前一

① 需要指出的是，这里仍有 274266 条数据不在三种企业分类中，由于数据量仍然很大，我们认为此分类方法虽损失了部分样本，但却并不影响实证研究的准确性。

② 总样本中共涉及的行业，经计算出口排名前 20 大行业共占总样本出口量的 95%，所以我们仅将前 20 大行业做行业分类。

③ 此行业作为 2002 年修订国民经济行业分类后新增行业，在 2000—2002 年为 33-有色金属冶炼及压延加工业，分类数据已做相应调整。

④ 此行业作为 2002 年修订国民经济行业分类后新增行业，在 2000—2002 年为 41-电子及通信设备制造业，分类数据已做相应调整。

⑤ 此行业作为 2002 年修订国民经济行业分类后新增行业，在 2000—2002 年为纺织服装及其他纤维制造业，分类数据已做相应调整。

⑥ 此行业作为 2002 年修订国民经济行业分类后新增行业，在 2000—2002 年为 40-仪器仪表及文化、办公用机械制造业，分类数据已做相应调整。

期出口量为零，当期出口量大于零的 108775 个企业作为进入出口市场的标的企业，前一期出口量为零，当期出口量也为零的 106344 个企业作为不进入出口市场的标的企业，这样得到是否进入样本组数据 3021266 条；其次，从“企业—国别—年份”平衡面板数据中筛选出前一期出口量大于零，当期出口量为零的 100107 个企业的 1101128 个观测值作为退出目的国市场的样本，“企业—国别—年份”平衡面板中的前一期和当期出口量都不为零的 81974 个企业的 1543683 个观测值作为不退出目的国市场的样本，得到是否退出样本组数据 2644811 条；最后，从不退出目的国市场的样本，筛选出前一期出口量比当期出口量大的 42798 个企业的 699176 个观测值作为减少出口的样本，前一期出口量比当期出口量小的 39176 个企业的 844507 个观测值作为增加出口的样本，得到增减出口量样本组数据 1543683 条。

第二节　事实描述

一　中国制造业企业出口的特征

1. 总量特征

表 3-1 描述了样本中制造业企业出口的年出口总额和出口企业个数情况，并对样本中国有企业、外商投资企业和私营企业的个数和出口占比给出了较为详细的统计。

表 3-1　　制造业企业出口总体情况　　单位：亿美元，%，个

年份	总体		国有企业		外资企业		私营企业	
	出口总额	企业个数	出口总额	企业个数	出口总额	企业个数	出口总额	企业个数
2000	792. 72	12811	22. 19	740	63. 59	10299	10. 22	1162
2001	1376. 84	16322	23. 17	897	61. 35	12632	11. 90	2318
2002	1251. 3	20296	25. 66	968	58. 97	14529	12. 63	4018
2003	1664	23780	24. 67	885	57. 62	16403	13. 16	5799
2004	2266. 89	35878	22. 56	832	58. 66	23964	19. 22	10037
2005	2981. 29	37637	21. 34	1151	57. 23	23764	20. 21	11274
2006	3311. 52	44605	19. 74	1234	56. 13	26396	22. 07	14450

续表

年份	总体		国有企业		外资企业		私营企业	
	出口总额	企业个数	出口总额	企业个数	出口总额	企业个数	出口总额	企业个数
2007	4761. 06	50523	18. 53	1301	54. 99	28636	24. 35	17281
2008	6548. 71	59501	18. 00	1327	52. 51	34403	26. 65	20403
2009	4427. 65	50755	15. 89	1162	53. 12	32034	28. 16	17056

注：由于所有权性质分组时损失了部分样本，故国有企业、外资企业和私营企业出口占比总和不等于 1。

资料来源：根据《中国海关数据库》《中国工业企业数据库》计算而得。

从各年的出口总量来看，从 2000 年至 2008 年，制造业出口总量稳步上升，受 2008 年国际金融危机影响，2009 年出口总额和出口企业数量大幅下降，其中出口总额降幅为 15. 78%。从出口企业的股权性质来看，出口企业数目最多，占比最大的为外商投资企业，国有出口企业数目虽少，但出口额占比较高，私营出口企业数目和出口占比期初都较低。随着时间的推移，私营企业出口比重逐年上升，2006 年超过国有企业占比，且私营出口企业数目在 2004 年全面放开进出口经营权后获得了爆发式的增长。图 3-1 直观地描述了样本中历年制造业企业出口总额及私营企业出口占比情况。

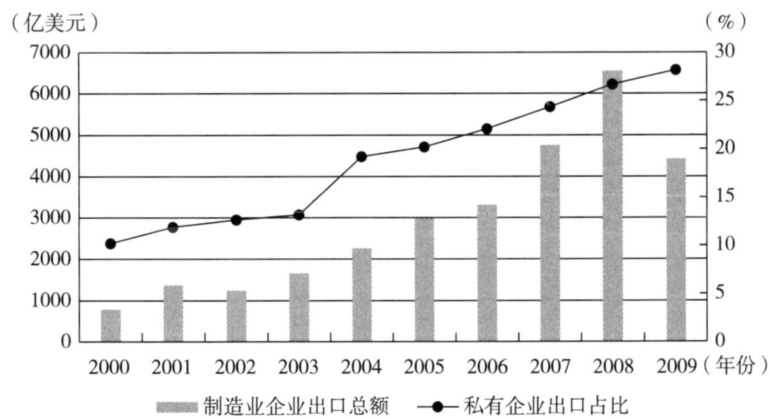

图 3-1　制造业企业出口总额及私营企业出口占比

资料来源：根据《中国海关数据库》《中国工业企业数据库》整理绘制。

2. 国别特征

表 3-2 描述了 2000 年、2003 年、2006 年和 2009 年总样本中出口前二十目的国或地区（以下简称目的地）情况，从历年出口目的地变化来看：首先，制造业企业出口国别不断扩展，从出口目的地总数来看，2000 年出口目的地为 192 个、2003 年增长为 206 个、2006 年为 210 个、2009 年增长为 230 个，平均每年增加 4—5 个目的地；其次，制造业企业出口集中度较高，综观历年来制造业企业出口目的地情况，出口前五大地区均为美国、日本、中国香港、韩国、德国，且前五大地区合计占比历年来均在 50%以上，其中 2000 年占比超过 70%；最后，制造业企业出口目的地均衡化发展，综观历年制造业企业出口目的地占比变化情况，出口前五大目的地虽占比较高，但总体占比逐年下降，制造业企业出口目的地集中度更是连年下降，其他地区出口占比逐年上升，2009 年已经超过 20%。

表 3-2　　制造业企业出口前二十目的地分布情况　　单位：%

2000 年		2003 年		2006 年		2009 年	
目的地	占比	目的地	占比	目的地	占比	目的地	占比
美国	22.77	美国	23.84	美国	23.72	美国	20.37
日本	21.89	中国香港	17.26	中国香港	16.93	中国香港	15.79
中国香港	18.87	日本	16.48	日本	11.37	日本	8.60
韩国	4.74	韩国	5.30	韩国	4.99	德国	4.10
德国	3.74	德国	4.56	德国	4.33	韩国	4.09
新加坡	3.55	荷兰	3.12	新加坡	2.85	荷兰	3.62
荷兰	2.99	新加坡	2.87	荷兰	2.73	英国	2.63
英国	2.68	英国	2.37	英国	2.61	新加坡	2.61
加拿大	1.18	马来西亚	1.31	加拿大	1.70	印度	2.31
法国	1.16	澳大利亚	1.30	意大利	1.66	法国	2.27
澳大利亚	1.13	意大利	1.26	法国	1.35	澳大利亚	1.68
马来西亚	1.12	加拿大	1.22	澳大利亚	1.35	意大利	1.67
泰国	1.10	泰国	1.18	马来西亚	1.26	加拿大	1.50
比利时	0.99	法国	1.13	印度	1.20	阿联酋	1.44
意大利	0.92	阿联酋	1.06	西班牙	1.17	中国台湾	1.39

续表

2000 年		2003 年		2006 年		2009 年	
目的地	占比	目的地	占比	目的地	占比	目的地	占比
菲律宾	0.66	比利时	0.95	比利时	1.15	马来西亚	1.20
印度尼西亚	0.64	菲律宾	0.79	俄罗斯	1.10	墨西哥	1.18
西班牙	0.63	墨西哥	0.79	阿联酋	1.10	俄罗斯	1.16
丹麦	0.48	印度尼西亚	0.78	泰国	1.02	巴西	1.08
阿联酋	0.46	俄罗斯	0.77	墨西哥	0.91	西班牙	1.03
其他	8.29	其他	11.65	其他	15.50	其他	20.26
目的地共计	198 个	目的地共计	206 个	目的地共计	210 个	目的地共计	230 个

资料来源：根据《中国海关数据库》《中国工业企业数据库》计算而得。

3. 行业特征

表 3-3 给出了样本期初和期末的出口行业分布和各行业的行业竞争程度，为考察第二章理论模型中有关汇率变动对出口的影响与行业竞争程度的关系，本书引入衡量行业竞争程度的 HHI 指数（Herfindahl-HirschmanIndex)，其计算公式 $HHI=\sum_{i=1}^{N}(X_i/X)^2=\sum_{i=1}^{N}S_i^2$，其中 X_i 和 X 分别代表企业 i 和其所属行业的销售额，S_i 为企业 i 的市场占有率，HHI 指数越大，说明该企业所属行业市场集中度越大，而其面临的市场竞争就越温和，相反 HHI 指数越小，说明该企业所属行业市场集中度越小，而其面临的市场竞争就越激烈。为准确衡量本书使用《制造业企业数据库》4 分位行业编码计算该行业市场集中度。

表 3-3　　制造业出口行业分布及各行业竞争程度　　单位：%

2000 年				2009 年			
代码	行业名称	出口占比	HHI 均值	代码	行业名称	出口占比	HHI 均值
41	电子及通信设备制造业	28.96	0.0399	40	通信设备、计算机及其他电子设备制造业	42.91	0.0364
18	服装及其他纤维制品制造业	9.40	0.0045	39	电气机械及器材制造业	8.54	0.0267
40	电气机械及器材制造业	8.34	0.0332	37	交通运输设备制造业	6.09	0.0196

续表

2000年				2009年			
代码	行业名称	出口占比	HHI均值	代码	行业名称	出口占比	HHI均值
19	皮革、毛皮、羽绒及其制品业	6.45	0.0146	17	纺织业	5.12	0.0079
17	纺织业	5.87	0.0156	18	纺织服装、鞋、帽制造业	4.56	0.0016
34	金属制品业	4.66	0.0175	35	通用设备制造业	3.16	0.0114
42	仪器仪表及文化、办公用机械制造业	4.10	0.0796	34	金属制品业	2.91	0.0155
24	文教体育用品制造业	3.28	0.0345	19	皮革、毛皮、羽毛（绒）及其制品业	2.83	0.0070
37	交通运输设备制造业	3.10	0.0352	26	化学原料及化学制品制造业	2.71	0.0191
43	其他制造业	2.92	0.0186	30	塑料制品业	2.43	0.0047
26	化学原料及化学制品制造业	2.63	0.0380	24	文教体育用品制造业	2.01	0.0185
13	食品加工业	2.53	0.0205	36	专用设备制造业	1.75	0.0280
31	非金属矿物制品业	2.40	0.0205	41	仪器仪表及文化、办公用机械制造业	1.75	0.0417
30	塑料制品业	2.38	0.0077	42	工艺品及其他制造业	1.72	0.0105
35	普通机械制造业	2.27	0.0368	21	家具制造业	1.69	0.0062
29	橡胶制品业	1.28	0.0298	31	非金属矿物制品业	1.55	0.0117
33	有色金属冶炼及压延加工业	1.13	0.0549	29	橡胶制品业	1.39	0.0162
21	家具制造业	1.11	0.0160	27	医药制造业	1.10	0.0140
36	专用设备制造业	1.02	0.0397	13	农副食品加工业	1.05	0.0099
44	电力、蒸汽、热水	0.90	0.0438	32	黑色金属冶炼及压延加工业	0.99	0.0103
	其他合计	5.27	0.0301		其他合计	3.73	0.0158

注：样本期间国民经济行业分类 GB/T 4754 于 2002 年做了修订，故期初和期末的行业代码所代表的行业不同。

资料来源：《中国海关数据库》和《中国工业企业数据库》，并由作者计算而得。

由表3-3可以看出，2000年占制造业出口第一的行业为电子及通信设备制造业，占比为28.96%。服装及其他纤维制品制造业第二，占比

9.40%，纺织业5.87%，皮革、毛皮、羽绒及其制品业6.45%，以上三种纺织及服装业合计占比21.72%。电气机械及器材制造业占比8.34%，排名第三。2009年通信设备、计算机及其他电子设备制造业占比大幅上升，占比高达42.91%。电气机械及器材制造业占比8.54%排名第二，而纺织业（5.12%），纺织服装、鞋、帽制造业（4.56%），皮革、毛皮、羽绒及其制品业（2.83%），合计12.51%，即纺织服装等行业占比下降了9.15个百分点。

一方面，制造业出口的行业变迁呈现出三个特点：第一，劳动密集型占主导地位，虽然机电产品占比上升幅度较大，纺织服装、鞋、帽等轻工业用品在总制造业出口的比例逐年下降，但二者作为劳动密集型产业代表其出口占比从2000年合计50.68%上升为2009年的合计55.42%，在中国制造业企业出口中占主导地位；第二，高污染、高耗能行业占比逐步下降，金属制品业、化学原料及化学制品制造业、塑料制品业、橡胶制品业、有色（黑色）金属冶炼及压延加工业等高污染、高耗能产业出口占比从2000年的12.08%下降为2009年的10.43%，下降了1.65个百分点；第三，高新技术产业占比逐渐上升，为高新技术支柱产业的运输及医疗设备出口在2009年一跃超过了纺织业成为我国目前出口第三大行业，占比增长了2.99个百分点。

另一方面，制造业出口行业的竞争程度也出现了两个趋势：第一，整体来说行业竞争程度趋于增加，由表3-3我们可以看出，2009年各行业平均HHI指数绝大多数比2000年降低，说明绝大多数的行业竞争程度都有所增加；第二，行业竞争程度越低的行业竞争激烈化进程越快，在2000年制造业出口前二十大行业中，行业竞争程度最低的为仪器仪表及文化、办公用机械制造业，而这一行业在2009年的行业竞争程度变化幅度也最大。

二 中国制造业企业的融资约束

1. 融资约束的测算

综观国内外研究衡量企业融资约束的方法可以分为两种：单一指标法和复合指标法。

单一指标法是指运用能够反映企业融资约束大小的某一特定指标或比率来衡量企业面临的融资约束程度，例如Greenaway等（2007）、李志远和余淼杰（2013）采用企业利息支出来衡量企业获得外部融资的能力，他们认为企业的利息支出越多表示企业获得融资的能力越大，面临的融资约束越小，反之则越大。Feenstra 等（2013）采用利息支出占销售收入的比重、陈旭和邱斌（2015）采用利息支出占固定资产的比重来衡量企业融资约束的大小。单一指标法最大的缺陷是仅考虑了企业融资的某一项指标，如使用流动性比率或者利息支出、银行信贷便利性等金融信贷指标，这种融资约束的衡量可能存在两个问题：首先，流动性比率指标混合了改善和恶化企业筹资能力的因素，例如流动资产包含了企业无法自由支配的应收账款等资金，可能会高估企业的融资约束，而流动负债包含了缓解企业融资约束的短期借款，可能会低估企业的融资约束；其次，利息支付、银行信贷便利性等金融信贷指标本身存在“先天性不足”。因为较之于发达国家完善的金融信贷体系，中国金融系统的“压制特征”显著且存在国有企业和民营企业之间信贷资源倾斜的差别，因此在金融市场发展相对滞后的中国，使用正规金融信贷状况的指标来衡量企业融资约束是不准确的。

为克服单一指标无法反映企业融资状况全貌的缺陷，国内外很多学者选择复合指标法来衡量融资约束，即运用特定的计量方法将能够反映融资约束的多个指标综合成一个指标来衡量企业面临的融资约束，例如 Cleary（1999）、Bellone 等（2007）依据流动资产/流动负债比率、总负债/总资产比率、固定费用偿付比率、销售净利率、销售增长率、企业规模、资产收益率、总负债占现金流比率等指标构建评分指标来衡量企业面临的融资约束大小。同样阳佳余（2012）、吕越等（2017）依据企业的多种融资方式（内源融资、商业信贷和外源融资等）构建多指标体系衡量我国企业面临的融资约束。而这种指标虽然能够克服单一指标的缺陷，但往往存在衡量的事后性，因为融资约束的核心思想为“投资不应该由企业当前的净价值或内部资金决定，而应由企业未来的盈利能力所决定”，而复合指标法选用的指标大都是对之前盈利能力的衡量，具有一定的事后性。

综上所述，目前国内外常用的衡量融资约束的单一指标法和复合指标法都存在一定的局限性，因此本书基于 Hovakimian（2009）和 Guariglia 等（2011）的思路，构建了一个可以衡量未来盈利能力的指标 CFS 来刻画中国制造业企业出口面临的融资约束。为检验该项指标的合理性本书运用主成分分析法将反映企业融资能力的多项指标合成综合性指标——cf

指标作为稳健性检验指标。

参照 Hovakimian（2009）两阶段方法，考虑到现金流不是企业投资增长率的唯一决定因素，本书构建企业投资增长模型如下：

$$\left(\frac{I}{K}\right)_{it}=\left(\frac{\Delta K}{K}\right)_{it}=f(control\quad \text{variables})+\alpha_i+\alpha_t+\varepsilon_{it} \tag{3-1}$$

本书借鉴屈文洲等（2011）的研究方法将固定资产增长率 *fassetsgrowth*［（本年固定资产合计-上年固定资产合计）∕上年固定资产合计］作为企业投资增长率的替代变量，并将上一期固定资产增长率、销售增长率 *salesgrowth*［（本期销售额-上年销售额）∕上年销售额］、负债率 *leverage*（总负债/总资产）、企业规模 *size*（总资产）、开业年限（当期-开业年）作为控制变量，加入行业（2 分位行业）及年份固定效应。于是上式可以写成如下形式：

$$fassetsgrowth_{it}=\beta_0 fassetsgrowth_{it-1}+\beta_1 salesgrowth_{it}+\beta_2 leverage_{it}+\beta_3 size_{it}+\beta_4 age_{it}+industry+year+\varepsilon_{it} \tag{3-2}$$

第一阶段的投资增长模型估计得到的残差项将被用于第二阶段企业投资增长率对现金流敏感性指标的计算。依据 Hovakimian（2009）的思路，如果企业投资增长率不受企业现金流影响，则高现金流企业的残差均值应当与低现金流企业的残差均值差别不大，如果企业投资增长率与企业现金流正相关（或负相关），那么以企业现金流为权重计算得到的残差均值就会高于（或低于）简单算术平均计算得到的残差均值。于是本书定义企业 i 在 t 期的融资约束指标 CFS_{it}：

$$CFS_{it}=\frac{(cashflow/fasset)_{it}}{\sum_{t=1}^{N}(cashflow/fasset)_{it}}\cdot e_{it}-\frac{1}{N}e_{it} \tag{3-3}$$

其中 *cashflow* 代表企业的经营活动产生的现金流，*fasset* 代表企业的固定资产规模，e_{it} 为第一阶段回归得到的残差项，N 为企业 i 的观测数量，CFS 值越大表示企业受到的融资约束越大。在计算时考虑到制造业企业数据库中企业经营活动产生的现金流数据大量缺失本书利用下式计算结果替代企业经营活动产生的现金流：

$$cashflow_{it}=sale_{it}+accr_{it-1}-accr_{it}+accp_{it}-accp_{it-1} \tag{3-4}$$

其中 *sale* 代表销售收入，*accr* 代表应收账款，*accp* 代表应付账款。式（3-4）的经济学含义即企业的当期经营活动产生的现金流等于当期的销售收入加上应收账款的减少再加上应付账款的增加。

本书运用主成分分析法将反映企业融资能力的多项指标合成 cf 指标[①]作为稳健性检验指标。参考阳佳余（2012）本书选取指标如表 3-4 所示。

表 3-4　　反映企业融资能力的指标　　单位：个

企业特征	指标	计算方法	观测值个数
可抵押物	固定资产合计（*fasset*）		2514119
现金能力	经营活动现金流（*cashflow*）	见式（3-4）	2914678
偿债能力	流动比率（*actrate*）	流动资产/流动负债	2495000
	总资产负债率（*tarate*）	总资产/总负债	3122434
盈利能力	营业利润率（*profitrate*）	利润/总营业收入	3136859
可持续能力	营业收入增长率（*salegrowth*）	（本年营业收入-上年营业收入）/上年营业收入	2353498

资料来源：《中国工业企业数据库》。

借鉴叶明确和杨亚娟（2016）的主成分分析改进方法，本书对以上 6 个反映企业融资约束的指标做了主成分分析，分析过程见表 3-5。首先，依据原始变量求出每个主成分的特征值及方差贡献率，其中贡献率大小描述了该成分能够描述原有信息的多少，据 Kaiser 准则，只保留特征值大于 1 的前三个因子，并且前三个主成分的累积贡献率已达 85.7%，因此本书只提取前三个主成分分别作为第一主成分、第二主成分和第三主成分；其次，预测出前三个主成分结果，并做 KMO 检测，我们发现 KMO 值大于 70%，更加说明了运用主成分分析法分析企业面临的融资约束特征时，既能够很好地解决降维，又不丢失原始数据的特征；最后，将前三个主成分的方差贡献率归一化，得出综合指标的各主成分系数，从而计算出反映企业融资约束的综合性指标 cf。

表 3-5　　企业融资约束主成分分析

主成分	特征值	方差贡献率	贡献率
comp1	1.9573	0.3262	0.326
comp2	1.5823	0.5788	0.364

① 为与 cfs 指标的符号一致，此处建立的 cf 指标是利用主成分分析合成后指标的倒数。

续表

主成分	特征值	方差贡献率	贡献率
comp3	1.0034	0.0084	0.167
comp4	0.9950	0.5758	0.065
comp5	0.4192	0.3765	0.069
comp6	0.0428	/	0.007
KMO 检验值	0.8279		
保留主成分个数	3		
cf 值主成分系数	第一主成分	第二主成分	第三主成分
	0.431	0.348	0.221

注：由 stata12.0 分析而得。

资料来源：stata 软件计算，无资料来源。

2. 企业融资约束的总体特征

表 3-6 描述了中国制造业企业出口面临的融资约束与所有权性质特征。CFS 指标与 cf 指标的统计特征基本一致，从 CFS 指标来看，总样本均值为 1.24。国有企业的融资约束均值最小，为 0.29，约占观测值的 2%；外商投资企业融资约束均值为 1.02，约占观测值的 58%；私营企业融资约束均值最大，为 1.62，约是国有企业均值的 5.6 倍，占观测值的 30%。外商投资企业的标准差最大，其次为私营企业，国有企业的标准差最小。从表 3-6 我们可以看出中国企业面临的融资约束程度与企业的所有权性质有密切关系，其中国有企业面临的融资约束普遍较小，私营企业面临的融资约束最大，约是国有企业的 5.6 倍，而外商投资企业面临的融资约束差异较大（外商投资企业的标准差最大）。

表 3-6　　中国制造业企业面临的融资约束总体特征

特征值 / 样本组	CFS 指标			cf 指标		
	均值	标准差	观测值	均值	标准差	观测值
全样本	1.24	0.69	1872249	8.56	25.41	1840133
国有	0.29	0.27	39830	3.16	1.82	49754
外商投资	1.02	0.75	1090547	5.41	62.5	1091862
私营	1.62	0.63	570567	28.47	46.48	549638

资料来源：根据《中国海关数据库》《中国工业企业数据库》计算而得。

表 3-7 展示了全样本和不同所有制企业历年融资约束的变化情况，我们可以发现受国际金融危机影响，企业的融资约束在 2008 年和 2009 年从整体上有升高的趋势，且两种不同指标衡量的融资约束特征基本一致，且 cf 指标变化相较于 CFS 指标具有明显的滞后性。另外，不同所有制企业的融资约束呈现出以下三个特征：第一，国有企业面临的融资约束明显低于其余两种企业，且融资约束的历年变化不大；第二，私营企业面临的融资约束在 2008 年之前的 8 年间随着我国金融市场发展得到了较为客观的改善，但相较于国有企业和外商投资企业仍是面临融资约束最严重的企业；第三，外商投资企业面临的融资约束介于国有企业和私营企业之间，且变化具有周期性。

表 3-7　全样本和不同所有制企业历年融资约束指标均值

年份	全样本		国有企业		外资企业		私营企业	
	CFS	cf	CFS	cf	CFS	cf	CFS	cf
2000	0.73	16.36	0.35	8.98	0.56	8.74	1.32	37.67
2001	1.05	15.13	0.33	8.68	0.76	7.34	2.01	35.67
2002	1.34	14.65	0.27	8.17	1.09	7.72	2.35	33.35
2003	1.18	14.75	0.25	6.46	0.98	7.32	2.01	34.24
2004	1.19	12.75	0.25	5.11	1.01	6.23	1.99	30.12
2005	0.77	10.59	0.25	4.34	0.92	5.53	0.78	24.32
2006	0.71	9.20	0.24	4.10	0.88	5.32	0.66	20.12
2007	0.49	6.66	0.22	3.61	0.67	4.98	0.32	12.32
2008	1.06	6.81	0.24	3.16	0.99	4.12	1.59	14.53
2009	1.11	10.42	0.24	4.29	1.23	5.12	1.32	24.56

资料来源：根据《中国海关数据库》《中国工业企业数据库》计算而得。

通过分析我们发现不同所有制类型企业所面临的融资约束具有非常显著的差异性，这要求我们在后文的实证检验中必须充分考虑汇率变动对不同所有制类型企业出口影响的差异性。

3. 融资约束的行业特征

表 3-8 描述了制造业出口企业面临的融资约束的行业特征，为了避免 cf 值的滞后性，我们分别列出了出口占比前 20 大行业的三年数据平均

值，由表 3-8 可以看出：首先，制造业企业出口面临的融资约束具有非常明显的行业差异特征，其中融资约束最高前三的行业为化学原料及化学制品制造业、纺织业和有（黑）色金属冶炼及压延加工业；其次，制造业企业出口面临的融资约束行业差异性并未随着时间的改变而有所变化，虽然 2007—2009 年各行业的融资约束较 2000—2002 年有所下降，但整体上依然与 2000—2002 年的行业特征基本一致；最后，我国制造业出口面临着较为严重的融资约束，结合表 3-3 不难发现，我国出口占比前五大行业中有三大行业平均融资约束都较高，其中占比最大的电子及通信设备制造业出口融资约束为 2.3 左右，远高于总体平均值 1.24。

表 3-8　　　　制造业企业出口面临融资约束的行业特征

2000—2002 年				2007—2009 年			
行业代码	行业名称	CFS	cf	行业代码	行业名称	CFS	cf
26	化学原料及化学制品制造业	6.51	45.05	26	化学原料及化学制品制造业	4.34	27.57
17	纺织业	3.80	37.94	17	纺织业	4.24	26.45
33	有色金属冶炼及压延加工业	3.65	35.03	32	黑色金属冶炼及压延加工业	3.01	22.20
29	橡胶制品业	2.85	23.50	34	金属制品业	2.82	23.79
34	金属制品业	2.60	27.19	29	橡胶制品业	2.45	19.03
19	皮革、毛皮、羽绒及其制品业	2.45	26.56	40	通信设备、计算机及其他电子设备制造业	2.24	25.32
41	电子及通信设备制造业	2.35	17.19	19	皮革、毛皮、羽毛（绒）及其制品业	1.23	10.66
39	电气机械及器材制造业	2.30	25.63	39	电气机械及器材制造业	1.23	14.67
30	塑料制品业	0.97	17.37	30	塑料制品业	1.11	9.03
37	交通运输设备制造业	0.93	16.50	21	家具制造业	0.92	16.78
43	其他制造业	0.60	12.33	37	交通运输设备制造业	0.91	16.34
31	非金属矿物制品业	0.55	14.49	31	非金属矿物制品业	0.53	12.11
36	专用设备制造业	0.40	16.70	24	文教体育用品制造业	0.34	13.24
35	普通机械制造业	0.35	14.22	35	通用设备制造业	0.24	7.81
13	食品加工业	0.35	14.67	41	仪器仪表及文化、办公用机械制造业	0.23	10.24

续表

2000—2002 年				2007—2009 年			
42	仪器仪表及文化、办公用机械制造业	0.35	12.15	13	农副食品加工业	0.22	10.23
24	文教体育用品制造业	0.24	15.21	36	专用设备制造业	0.22	8.34
21	家具制造业	0.12	7.85	42	工艺品及其他制造业	0.11	7.34
18	纺织服装及其他纤维制造业	-0.11	2.34	27	医药制造业	-0.12	2.34
44	电力、蒸汽、热水	-1.10	4.33	18	纺织服装、鞋、帽制造业	-1.11	1.23

资料来源：根据《中国海关数据库》《中国工业企业数据库》计算而得。

通过分析我们发现企业所面临的融资约束具有非常显著的行业差异，这要求我们在后文的实证检验中必须充分考虑不同行业的企业由于面临不同的融资约束而出现汇率变动对其出口的影响的差异性。

三　中国制造业企业出口与汇率

1. 中国制造业企业出口与汇率的总体特征

表 3-9 描述了 2000—2009 年中国制造业企业层面的出口汇率与出口总额情况。从企业层面来看 2000—2009 年，中国制造业企业的出口汇率经历了两个下降和一个上升阶段，分别是 2000—2001 年由 1.08 下降至 1.03，2005—2009 年由 1.16 下降至 0.98，2001—2005 年由 1.03 上升至 1.16，这表明，从企业层面的出口汇率来看，2000—2001 年、2005—2009 年本币相对于企业出口目的国货币升值，2001—2005 年本币相对于出口目的国货币贬值。从企业出口总额来看 2000—2008 年我国制造业企业出口总额从最低值 792.72 亿美元增长到最高值 6548.71 亿美元，受国际金融危机影响 2009 年制造业出口总额下降，下降率为 32%。

表 3-9　　中国制造业企业对全球各国的出口额及出口平均汇率

单位：亿美元，%

年份	出口总额	增长率	出口汇率	汇率变动	观测值
2000	792.72		1.08		81217
2001	1376.84	74	1.03	-4.63	113911
2002	1251.3	-9	1.04	0.97	148494

续表

年份	出口总额	增长率	出口汇率	汇率变动	观测值
2003	1664	33	1.11	6.73	188836
2004	2266.89	36	1.15	3.60	289452
2005	2981.29	32	1.16	0.87	328891
2006	3311.52	11	1.14	-1.72	390186
2007	4761.06	44	1.1	-3.51	482410
2008	6548.71	38	1.02	-7.27	623034
2009	4427.65	-32	0.98	-3.92	490722

资料来源：根据《中国海关数据库》《中国工业企业数据库》计算而得。

图 3-2 更为直观地展现了中国制造业企业出口额与出口汇率之间的关系，2000—2009 年出口总额除 2002 年和 2009 年外一直稳定增长，而企业的出口汇率却经历了 2001—2005 年的上升阶段和 2000—2001 年、2005—2008 年的两个下降阶段，更有趣的是在 2000—2001 年中国制造业企业的出口总额随着出口汇率的下降（本币升值）而增加，2001—2002 年出口总额随着出口汇率的上升（本币贬值）而减少，均与传统国际收支理论预期相反。由此可见，中国制造业企业的出口额与企业出口汇率之间并不存在确定的正相关或者负相关关系，这恰恰印证了第一章理论模型的预期。

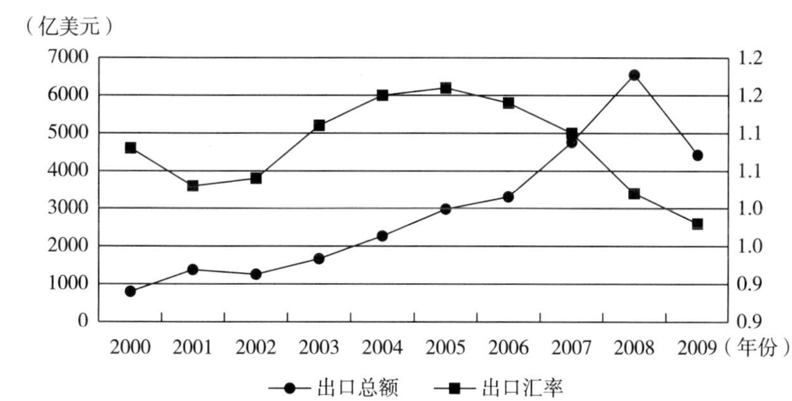

图 3-2　2000—2009 年中国制造业企业出口与汇率关系

资料来源：根据《中国工业企业数据库》《中国海关数据库》计算并绘制。

2. 中国制造业企业出口与汇率的国别特征

为更加直观地描述制造业企业出口与汇率的国别特征，本书将中国制造业对美国、日本和韩国的出口额与企业出口汇率做了比较①，详见表3-10。

表 3-10 制造业企业对美国、日本、韩国的历年出口额和出口平均汇率

单位：亿美元

年份	美国		日本		韩国	
	出口额	出口汇率	出口额	出口汇率	出口额	出口汇率
2000	147.75	1.29	142.03	1.34	30.74	1.16
2001	117.19	1.31	154.78	1.15	91.80	1.04
2002	236.75	1.33	188.86	1.09	52.55	1.13
2003	322.83	1.34	223.16	1.18	71.83	1.23
2004	444.24	1.31	279.45	1.22	111.17	1.28
2005	600.66	1.30	324.14	1.16	129.44	1.45
2006	675.40	1.27	323.65	1.03	142.00	1.53
2007	881.91	1.17	409.69	0.91	193.68	1.46
2008	1282.14	1.03	525.17	0.90	286.02	1.09
2009	853.88	1.04	360.60	0.98	171.42	0.92

资料来源：根据《中国海关数据库》《中国工业企业数据库》计算而得。

图3-3是样本期间中国制造业对美国市场的出口额及年平均出口汇率。从图中可以清楚地看出，在2000—2009年的9年中有2年（2001—2003年）中国制造业对美国的出口额与年均出口汇率变动方向相同，即随着人民币对美元的贬值，中国制造业对美国市场的出口额增加，这与传统国际收支理论预期相同；相反，有7年（2000—2001年、2003—2009年）中国制造业对美国的出口额与年均出口汇率变动方向相反，其中2003—2008年随着人民币对美元的升值，中国制造业对美国市场的出口也在增加，而在2000—2001年、2008—2009年随着人民币对美元贬值中国制造业对美国市场的出口减少，这与传统的国际收支理论预期相反。

① 历年出口市场占比前五大目的地分别为：美国、中国香港、日本、韩国、德国，这里选择了美国、日本和韩国三个国家对比分析。

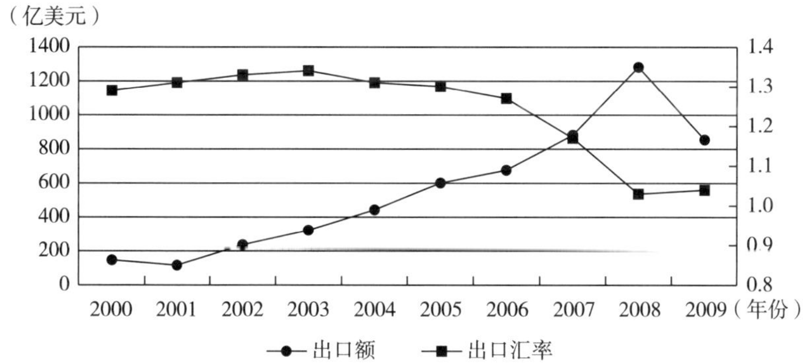

图 3-3　中国制造业企业对美国历年出口额和出口汇率

资料来源：根据《中国工业企业数据库》《中国海关数据库》计算并绘制。

图 3-4 是样本期间中国制造业对日本市场的出口额及年平均出口汇率。从图中可以清楚地看出，在 2000—2009 年的 9 年中有 3 年（2002—2004 年、2005—2006 年）中国制造业对日本的出口额与年均出口汇率变动方向相同，其中 2002—2004 年随着人民币对日元的贬值，中国制造业对日本市场的出口额增加，2005—2006 年随着人民币对日元升值，中国制造业对日本市场的出口额减少，这与传统国际收支理论预期相同；相反，有 6 年（2000—2002 年、2004—2005 年、2006—2009 年）中国制造业对日本的出口额与年均出口汇率变动方向相反，其中 2000—2002 年、2004—2005 年、2006—2008 年随着人民币对日元的升值，中国制造业对

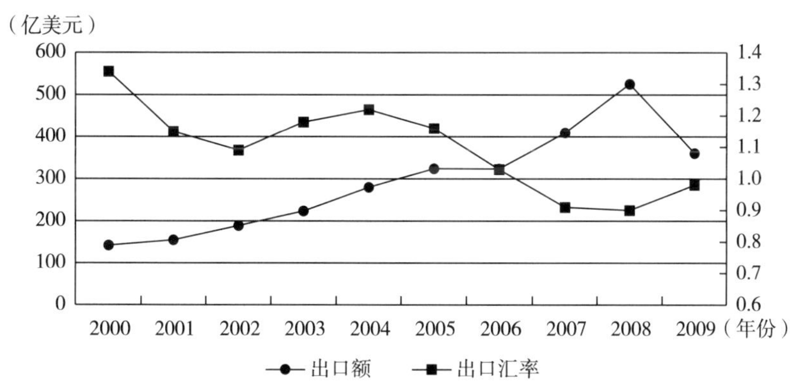

图 3-4　中国制造业企业对日本历年出口额和出口汇率

资料来源：根据《中国工业企业数据库》《中国海关数据库》计算并绘制。

日本市场的出口也在增加，而2008—2009年随着人民币对日元贬值中国制造业对日本市场的出口减少，这与传统的国际收支理论预期相反。

图3-5是样本期间中国制造业对韩国市场的出口额及年平均出口汇率。从图中可以清楚地看出，在2000—2009年的9年中有5年（2002—2006年、2008—2009年）中国制造业对韩国的出口额与年均出口汇率变动方向相同，其中2002—2006年随着人民币对韩币的贬值，中国制造业对日本市场的出口额逐步增加，2008—2009年随着人民币对韩币升值，中国制造业对韩国市场的出口额减少，这与传统国际收支理论预期相同；相反，有4年（2000—2002年、2006—2008年）中国制造业对韩国的出口额与年均出口汇率变动方向相反，其中2000—2001年、2006—2008年随着人民币对韩币的升值，中国制造业对韩国市场的出口也在增加，而2008—2009年随着人民币对韩币贬值中国制造业对韩国市场的出口减少，这与传统的国际收支理论预期相反。

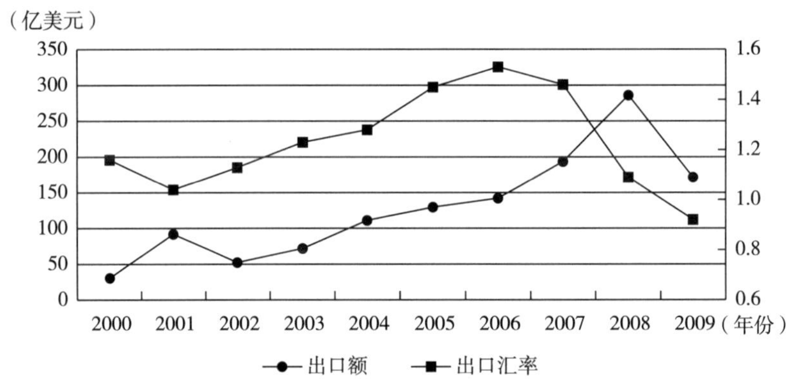

图3-5　中国制造业企业对韩国历年出口额和出口汇率

资料来源：根据《中国工业企业数据库》《中国海关数据库》计算并绘制。

由以上国别特征分析我们可以得出以下两点结论：一方面，在分国别研究时，我国制造业企业出口与汇率的关系也并不存在明确的正向关系或负向关系；另一方面，在样本期间，我国制造业企业出口与汇率的关系大部分时间都与传统理论的预期相反，即大部分时间都存在出口随着人民币升值而增加，随着贬值而下降的现象。

3. 中国制造业企业出口与汇率的行业特征

为更加直观地描述不同融资约束下制造业企业出口与汇率的关系，

我们分别选取了中国制造业的出口占比前20行业中的融资约束最低、次低和最高、次高的四个行业做对比分析（以2009年为标准）。

首先，图3-6和图3-7分别为融资约束最低和次低两大行业：纺织服装、鞋、帽等制造业和医药行业出口与出口汇率之间的关系，两个行业曲线图十分相似，且在2000—2009年的9年中有6年行业出口额与出口汇率存在同向关系，即在2001—2005年出口随着人民币贬值而增加，2000—2001年和2008—2009年随着人民币升值而减少，仅有3年的时间行业出口额与出口汇率之间存在反向关系，即2005—2008年随着人民币的升值，行业出口额增加。

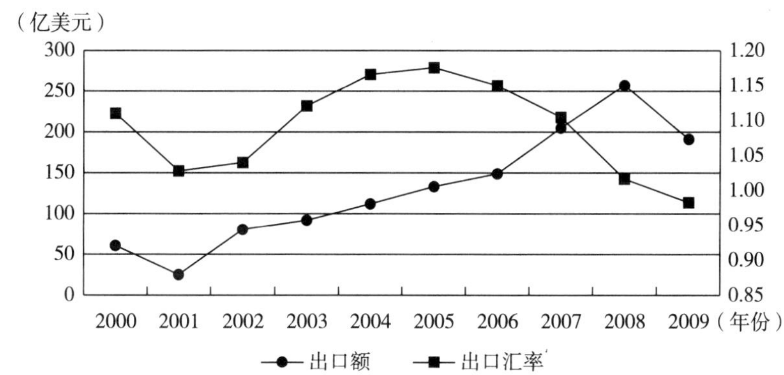

图3-6　纺织服装、鞋、帽等制造业企业出口额与出口汇率

资料来源：根据《中国工业企业数据库》《中国海关数据库》计算并绘制。

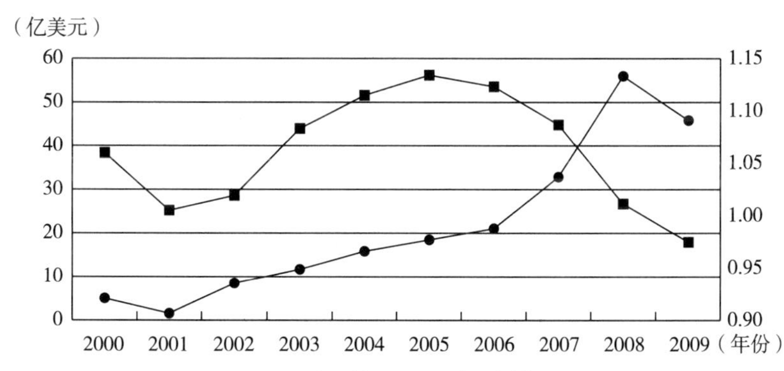

图3-7　医药行业企业出口额与出口汇率

资料来源：根据《中国工业企业数据库》《中国海关数据库》计算并绘制。

其次，图 3-8 和图 3-9 分别为融资约束最高和次高两大行业：化学原料及化学制品制造业和纺织业出口额与出口汇率之间的关系，两个行业曲线图也十分相似，且在 2000—2009 年的 9 年中有 5 年行业出口额与出口汇率存在反向关系，即 2000—2002 年和 2005—2008 年出口随着人民币升值而增加，仅有 4 年行业出口额与出口汇率之间存在同向关系，在 2002—2005 年随着人民币的贬值行业出口额增加，在 2008—2009 年随着人民币升值行业出口额减少。

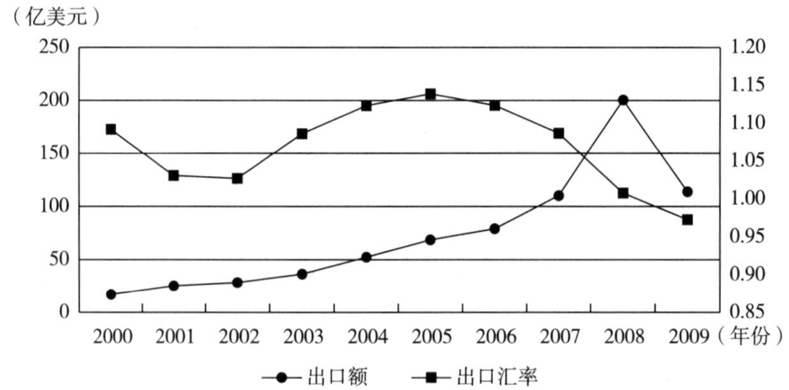

图 3-8　化学原料及化学制品制造业企业出口与出口汇率

资料来源：根据《中国工业企业数据库》《中国海关数据库》计算并绘制。

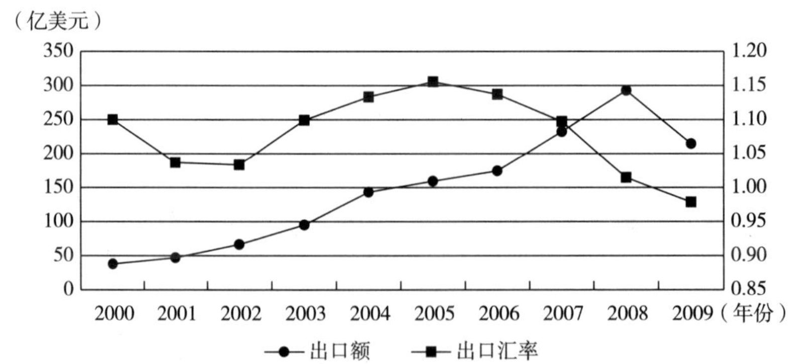

图 3-9　纺织业企业出口额与出口汇率

资料来源：根据《中国工业企业数据库》《中国海关数据库》计算并绘制。

最后，比较四个行业两种不同程度融资约束下出口额与出口汇率关系不难发现，在融资约束低的行业出口额与出口汇率的关系更多时间是同向的，即出口额在更多的时间段内会随着人民币贬值而增加，随着人民币的升值而减少，这与传统的国际收支理论的预期相符；相反，在融资约束高的行业出口额与出口汇率的关系更多地表现为反向关系，即出口额在更多的时间内会随着人民币升值而增加，随着人民币贬值而减少，这虽然与传统国际收支理论相悖，但与第三章的微观理论模型预期一致。从第三章理论模型中我们可以知道，汇率变动会通过三种传导机制影响出口：价格竞争机制、生产率机制和融资约束机制，其中前两种机制的作用方向与传统国际收支理论预期相同，而融资约束机制对作用方向却与传统国际收支理论相反，而在融资约束较高的行业中，人民币升值会使得国内资产相对于出口的固定成本来说更加值钱，从而使得原本不能满足的出口固定成本无法进入出口市场的企业进入出口市场，带来出口的增加。

第三节　本章小结

本章在介绍本书数据筛选和整理方法的基础上，从总体、国别和行业三个维度详细地描述了中国制造业企业的出口特征、中国制造业企业面临的融资约束特征及中国制造业企业出口与汇率的关系的典型化事实。结果发现：

首先，有关中国制造业企业出口特征。从总体来看，中国制造业企业出口企业中数目最多、占比最大的为外商投资企业，国有出口企业数目虽少，但出口额占比较高，私营出口企业数目和出口占比在期初都较低，随着时间的推移，私营企业出口比重逐年上升；从国别来看，中国制造业企业出口的国别虽然逐步向多元化、均衡化发展，但国别集中度较高，9 年来占比前五大国（地区）一直是美国、中国香港、日本、韩国、德国；从行业来看，中国制造业企业出口行业存在劳动密集型占主导地位，高污染、高耗能行业占比逐步下降，高新技术产业占比逐渐上升的特点，且制造业出口行业的竞争程度趋于增加。

其次，有关中国制造业企业面临的融资约束。从总体来看，中国企业面临的融资约束程度与企业的所有权性质有密切关系，其中国有企业面临的融资约束普遍较小，私营企业面临的融资约束最大，约是国有企业的5.6倍，而外商投资企业面临的融资约束差异较大；从行业来看，制造业企业出口面临的融资约束具有非常明显的行业差异特征，其中融资约束最高前三行业为化学原料及化学制品制造业、纺织业和黑色金属冶炼及压延加工业且我国出口占比前五大行业的行业中除服装、鞋、帽制造业外其他四大行业平均融资约束都较高，其中占比最大的电子及通信设备制造业出口融资约束为2.3左右，远高于总体平均值1.24。

最后，有关中国制造业企业出口与汇率关系。从总体来看，中国制造业企业的出口额与出口汇率之间并不存在确定的正相关或者负相关关系；从国别来看，中国制造业企业出口额与出口汇率的关系大部分时间都与传统理论的预期相反，即大部分时间都存在出口量随着人民币升值而增加，随着贬值而下降的现象；从行业来看，在融资约束低的行业出口额与出口汇率的关系更多时间是同向的，相反，在融资约束高的行业出口额与出口汇率的关系更多地表现为反向关系。

第四章　融资约束条件下汇率变动对制造业企业出口影响的实证分析

通过第二章的理论分析我们可以知道，由于融资约束的存在，会使得汇率变动对出口的影响存在不确定性，甚至有时候会与传统的国际收支理论相反。由第三章对中国制造业企业出口和汇率关系的典型化事实描述，发现在中国大部分制造业出口企业都面临着较高的融资约束，且在融资约束较高的行业中，人民币升值更容易带来出口的增加。人民币汇率变动对制造业企业出口的影响方向是否像第二章的理论分析结论一样与融资约束有关，又呈现怎样的特点，为回答这些基本问题，本章在理论研究和事实描述的基础上，运用2000—2009年《中国工业企业数据库》与《中国海关数据库》的合并数据，对融资约束下人民币汇率和中国制造业企业的出口之间的关系做了总体和分组实证检验，以期找到融资约束下人民币汇率变动对中国制造业企业出口的影响方向及不同融资约束程度企业所呈现出的不同特征。

第一节　模型设定和变量说明

一　模型设定

基于第二章的理论分析及第三章典型化事实描述，本书构建基础计量模型如下：

$$\ln export_{ict} = \alpha + \beta_0 \ln rex_{ct} + \sum \beta_{1\cdots n} Controls_{it} + \sum \beta_{n+1\cdots m} Controls_{ct} + year + country + industry + \varepsilon_{ict} \tag{4-1}$$

其中，企业微观层面控制变量包括：

$$Controls_{it} = \beta_1 tfp_{it} + \beta_2 \ln tasset_{it} + \beta_3 share_{it} \tag{4-2}$$

目的国宏观层面控制变量包括：

$$Controls_{ct}=\beta_4 \ln gdpp_{ct}+\beta_5 tarifflines_{ct}+\beta_6 \ln vcost_{ict} \tag{4-3}$$

industry、year、*country* 分别代表行业、年份、国别固定效应，ε_{ict} 为残差项。

二 变量说明

1. 被解释变量

被解释变量（$\ln export_{ict}$）代表 i 企业在 t 时期对 c 目的国出口额的对数形式，数据来源于中国海关数据库。

2. 重点解释变量

企业实际出口汇率的对数（$\ln rex_{ct}$），本书使用以 2010 年为基期的出口目的国实际有效汇率指数（Real effective exchange rate index，REER）除以中国实际有效汇率指数的对数来衡量企业出口到目的国的汇率，相当于直接标价法，即该比率上升代表人民币相对于出口目的国货币贬值。数据来源于世界银行数据库。

3. 控制变量

本书从企业微观层面和出口目的国宏观层面两个角度选取了影响中国制造业企业出口的六个控制变量。

（1）企业生产率（tfp_{it}）。本书采用 Olley 和 Pakes（1996）（简称 OP 法）所提出的基于一致半参数估计的方法来测算企业的全要素生产率。该方法能够较好地解决 OLS 索洛余额法对企业全要素生产率估计中存在的同时性偏差（sim ultaneity bias）和样本选择性偏差（selectivit yandattrition bia）问题。且目前国内的很多研究（鲁晓东和连玉君，2012；Yu，2010）也认为在利用中国制造业企业数据库计算企业的全要素生产率时 OP 方法具有明显的优势，具体计算方法参见鲁晓东和连玉君（2012）。数据来源于《中国工业企业数据库》。

（2）企业规模（$\ln tasset_{it}$）。现有文献对企业规模的衡量大多采用企业资产、产值或销售收入来衡量（Cho and Padmanabhan，2005；陈旭和邱斌，2015），本书采用企业的总资产值作为企业规模的衡量指标，并以对数值引入模型。数据来源于《中国工业企业数据库》。

（3）企业市场占有率（$share_{it}$）。本书使用四分位行业的市场占有率来计算制造业企业的市场占有率，具体计算公式为 $share_{it}=sale_{it}/\sum_{i=1}^{N} sale_{it}$ 其中 N 代表四分位行业中所有企业的数量。数据来源于《中国工业企业数据库》。

（4）出口目的国的人均 GDP（$\ln gdpp_{ct}$）。本书将出口目的国的人均 GDP 水平的对数形式引入模型，衡量该目的国的居民消费能力，该变量越大说明出口目的国的消费能力越高。数据来源于《世界银行数据库》。

（5）出口目的国的关税水平（$tarifflines_{ct}$）。鉴于本书只考察制造业企业的出口，本书选择出口目的国达到国际最高关税税率的工业产品比例（Share of tarifflines with international peaks, manufactured products (%)）来衡量出口目的国的关税水平。该比率越高说明企业向该目的国出口所支付的关税成本越大。数据来源于《世界银行数据库》。

（6）出口的可变成本（$\ln vcost_{ict}$）。第二章的理论假设企业出口的可变成本均为运输成本，因此本书采用出口企业所在省会到出口目的国地理距离来衡量，该变量也以对数形式引入回归方程。数据来源于谷歌地图的距离测量工具。

上述各变量及其预期符号，用表 4-1 予以归纳。

表 4-1　　基础模型中各研究变量及预期符号

变量类别	变量名称	变量说明	数据来源	预期符号
被解释变量	$\ln export_{ict}$	企业出口额的对数值	海关数据库	
重点解释变量	$\ln rex_{ct}$	企业出口汇率的对数值	世界银行数据库	不确定
微观解释变量	tfp_{it}	企业生产率	制造业企业数据库	+
	$\ln tasset_{it}$	总资产的对数值	制造业企业数据库	+
	$share_{it}$	市场占有率（%）	制造业企业数据库	+
宏观解释变量	$\ln gdpp_{ct}$	目的国人均 GDP 对数值	世界银行数据库	+
	$tarifflines_{ct}$	出口目的国关税水平	世界银行数据库	-
	$\ln vcost_{ict}$	出口企业到出口目的国地理距离的对数值	谷歌地图	-
虚拟变量	*year*	年度虚拟变量	制造业企业数据库	
	country	国别虚拟变量	世界银行数据库	
	industry	行业虚拟变量	制造业企业数据库	

三　统计性描述

本书将以上变量的统计性描述归纳如下（见表 4-2）。

表 4-2 各变量的统计性描述

变量类别	变量名称	平均值	标准差	最小值	最大值	观测值
被解释变量	$\ln export_{ict}$	10. 8449	2. 2733	0	23. 6467	3137047
重点解释变量	$\ln rex_{ct}$	0. 0630	0. 1377	-0. 5435	0. 8642	2072004
微观解释变量	tfp_{it}	0. 7507	0. 2696	-12. 7657	13. 3915	1803903
	$\ln tasset_{it}$	10. 6881	1. 6379	0	19. 1250	3132127
	$share_{it}$	0. 0062	0. 0242	0. 0000	1	2847701
宏观解释变量	$\ln gdpp_{ct}$	9. 6817	1. 2634	0	19. 1250	2957875
	$tarifflines_{ct}$	9. 6517	14. 2270	0	96. 8696	2850140
	$\ln vcost_{ict}$	8. 7570	4121. 494	6. 7038	9. 8701	2970810

注：由 stata12. 0 软件计算得出。

为检测各解释变量间可能存在的多重共线性，本书运用 stata12. 0 分析软件计算了各主要解释变量之间的相关系数，并将相关系数矩阵表述如表 4-3。根据统计结果可见，各解释变量之间不存在严重的多重共线性，且样本数据为 3137153 条的大样本数据，故可以同时将以上变量纳入计量模型进行回归分析。

表 4-3 各主要解释变量间的相关系数矩阵

	$\ln rex_{ct}$	tfp_{it}	$\ln tasset_{it}$	$share_{it}$	$\ln gdpp_{ct}$	$tarifflines_{ct}$	$\ln vcost_{ict}$
$\ln rex_{ct}$	1. 000						
tfp_{it}	0. 014	1. 000					
$\ln tasset_{it}$	-0. 042	0. 044	1. 000				
$share_{it}$	-0. 044	0. 046	0. 320	1. 000			
$\ln gdpp_{ct}$	0. 210	0. 016	-0. 087	-0. 032	1. 000		
$tarifflines_{ct}$	-0. 250	-0. 012	0. 063	0. 028	-0. 017	1. 000	
$\ln vcost_{ict}$	0. 026	-0. 021	0. 007	0. 008	-0. 040	0. 099	1. 000

注：由 stata12. 0 软件计算得出。

第二节 基本回归结果

本书利用 2000—2009 年中国 111177 个制造业企业对 269 个国家或地区的 3137153 条大样本数据进行基础样本回归。对应第二章理论部分的四个结论，本书分为总样本、所有权性质分组与行业分组及基于行业竞争程度的行业特征检验三部分展开计量检验。

一　汇率变动对制造业企业出口影响的总样本检验

本书遵循“从小到大”的计量建模思路，建立如公式（4-1）的基础计量模型来检验汇率变动对出口的影响，经 Hausman 检验本书选择面板固定效应模型作为基准模型回归方法，同时增量考察了年份固定效应、国别固定效应①和行业固定效应。此外，为解决数据中可能存在的异方差性，均采用稳健标准差（Robust standard error）进行标准差的估计。

为了说明基准回归结果的可信性，本书还采用如下几种方法进行稳健性检验。

（1）替换关键变量。即用企业名义出口汇率的对数值 $\ln oex_{ct}$ 替代企业实际出口汇率的对数值 $\ln rex_{ct}$。为与 $\ln rex_{ct}$ 指标保持相同方向，$\ln oex_{ct}$ 指标采用以中国官方名义汇率（Official exchange rate，LCU per USMYM）除以目的国的官方名义汇率的对数来计算。数据来源于世界银行数据库。

（2）更换回归方法。考虑到本书选取的样本是在 30 万条以上的大样本，且在一定正则条件下，最大似然估计法具有一致性、渐进有效性及渐进正态分布的大样本性质，故选用最大似然估计法（MLE）作为稳健性检验。

（3）内生性检验。本书运用 Hausman Specification Test 检验解释变量的内生性，结果拒绝原假设，存在内生解释变量。经逐步假定内生解释变量排除发现企业生产率为模型中唯一的内生解释变量，参照 Groves 等（1994）中面板数据常用的工具变量方法，本书选择企业生产率的滞后一期作为内生解释变量的工具变量做面板 GMM。

回归结果如表 4-4 所示。表 4-4 中，第（1）（2）（3）列分别是未考虑年份、国别和行业固定效应，加入年份、国别固定效应和加入年份、国别和行业固定效应模型的基准回归结果，受限于篇幅，表 4-4 将时间、国别、行业的个体效应结果等略去。

---

① 在加入国别固定效应时我们发现全样本回归的系数与单独控制年份的固定效应相同，因此认为全样本基准回归不存在国别固定效应，因此本书仅列举了单独控制年份固定效应模型的结果。

表 4-4　　汇率变动对出口影响的总样本回归结果及稳健性检验

变量类别	变量名称	基准回归			稳健性检验		
		(1)	(2)	(3)	变量替换	MLE	GMM
重点解释变量	$\ln rex_{ct}/\ln oex_{ct}$	0.6709*** (12.09)	0.9832*** (19.38)	1.1593*** (37.54)	0.5884*** (22.28)	1.8299*** (110.29)	2.4639*** (98.26)
微观解释变量	tfp_{it}	0.2192*** (3.93)	0.1823** (8.89)	0.1454*** (15.31)	0.1470*** (16.17)	0.2291*** (33.56)	0.8030*** (18.27)
	$\ln tasset_{it}$	0.4809*** (79.02)	0.5032*** (77.21)	0.5617*** (83.57)	0.5253*** (81.14)	0.3039*** (174.24)	0.3034*** (126.24)
	$share_{it}$	-0.2474 (-1.96)	-0.8917 (-2.04)	1.0343*** (4.78)	0.7501*** (3.73)	0.0672 (0.74)	0.8530*** (5.67)
宏观解释变量	$\ln gdpp_{ct}$	2.0317*** (35.94)	3.0184*** (59.03)	3.7121*** (64.94)	2.8226*** (70.93)	0.2561*** (73.97)	0.4174** (95.78)
	$tarifflines_{ct}$	0.0032 (1.92)	0.0031 (1.23)	-0.0074*** (-10.81)	-0.0069*** (-17.60)	-0.0103** (-39.16)	-0.0221** (-60.26)
	$\ln vcost_{ict}$	-20.1902*** (-3.92)	-28.0357*** (-4.02)	-29.9823*** (-4.52)	-10.5199** (-3.31)	-0.1987*** (-35.21)	-0.3867*** (-59.73)
常数项	_cons	390.0211*** (2.03)	209.0578*** (3.90)	235.0707*** (3.97)	69.5236** (2.01)	6.0221*** (92.83)	6.3170*** (73.46)
控制变量	year	NO	YES	YES	YES	YES	YES
	country	NO	NO	YES	YES	YES	YES
	industry	NO	NO	YES	YES	YES	YES
F 值		2676.70	2813.65	848.11	1345.30	1624.50	512.96
P 值		0.0000	0.0000	0.0000	0.0000	0.0000	0.0000
R^2		0.0391	0.0524	0.0692	0.0621	0.0469	0.0793
N		1136880	1136880	1136880	1263424	1136880	476541

注：回归结果由 stata12.0 完成，***、**、*分别表示参数的估计值在 1%、5%、10%的统计水平上显著，括号内数值为 t 统计值；“YES”表示模型中加入了该控制变量，“NO”表示模型中未加入该控制变量。

由表 4-4 可见，一方面，随着控制变量的不断扩展，模型的 R^2 逐步提高，这说明在加入了年份固定效应、国别固定效应和行业固定效应后模型的整体回归效果得到有效提高。此外，部分变量的系数符号和显著性水平也发生了较大的变化，具体来说，在加入了行业固定效应后，市场占有率（$share_{it}$）系数的显著性水平明显提高，且由负变成了正，这意味着，不同行业的企业的市场占有率对企业出口额的影响存在较大差异，所以只有在对该差异进行控制后，企业的市场占有率对企业出口额的影响才会具有显著的效应；东道国的关税水平（$tarifflines_{ct}$）也存在同样现象。另一方面，无论在变量的符号还是显著性水平上，三种稳健性检验的结果与基准回归基本一致，仅在系数大小和变量显著性方面有所差异，这说明基准回归模型的检验结果稳健可靠。并且各解释变量的符号基本符合预期，从一定程度上说明了基准模型设定的合理性，具体的，本书以第（3）列回归结果为例对结果进行逐一说明。

在重点解释变量方面：企业的出口汇率（$\ln rex_{ct}$）系数在1%置信区间上显著为正，即人民币升值会抑制制造业企业的出口。这说明中国制造业企业虽面临不同程度的融资约束，但本币的升值对制造业企业的出口有抑制作用。具体的，人民币汇率升值1%会造成企业出口下降1.16%，这与传统国际收支理论预期相符。而由第三章理论分析可以知道由于融资约束机制的存在，会使得汇率变动在一定条件下对出口的作用方向与传统国际收支理论相反，即当汇率升值通过融资约束机制对出口的正向效应较大时会使得汇率升值促进出口，反之则会抑制出口。因此，从总样本回归结果可以看出，当不考虑融资约束差异时，人民币汇率升值会在整体上抑制出口。

在企业微观层面：企业生产率（tfp_{it}）的系数为正且显著，企业的生产率每提高1%，出口便增加0.15%。这符合第二章理论模型中对厂商出口生产率条件的假设与理论推导。一方面，中国制造业企业的生产率越高，在国内市场上获得利润就越多，从而能够满足进入出口市场的固定和可变成本要求，进入出口市场；另一方面，如果进入出口市场的企业生产率越高，在国外市场的竞争力也就越高，从海外市场获得的利润也就越多，从而更加倾向于向海外市场出口。企业规模（$\ln tasset_{it}$）对出口额的影响亦显著为正，企业的规模每增加1%，出口额相应增加0.56%。究其原因，在中国制造业企业中大规模企业往往具有较强的生产盈利能力和较高的市场占有率，从而能够在国内市场中获得更多的利润去弥补进入海外市场的成本而增加出口量；此外，大规模的企业还具有较多的固定资产进行抵押、具有较小企业更加雄厚的资金实力，从而能够克服融资约束进入出口市场。市场占有率（$share_{it}$）与出口额呈现出显著的正相关关系，且该指标对出口额的影响因企业所属行业不同而存在显著的差别，从总体来看企业的市场占有率每提高1%，出口额便增加1.03%。

企业的市场占有率直接影响着企业的定价能力，市场占有率越高的企业定价能力就越大，在国内市场上的获利能力也越高，从而能够去弥补进入海外市场的成本而增加出口额。

在出口目的国宏观层面：出口目的国的居民消费能力（$\ln gdpp_{ct}$）系数显著为正，出口目的国的居民消费能力每提高 1%，出口额便增加 3.71%。究其原因，目的国的居民消费能力越高，对贸易品的需求量也就会越大，所以，会从客观上造成中国制造业企业的出口额增加，这与国内许多学者的研究结论一致，如李宏彬等（2011）和刘晴等（2017）。出口目的国关税水平（$tarifflines_{ct}$）系数显著为负，具体来说，目的国的关税水平每提高 1%，企业对其出口额相应地下降 0.007%。究其原因，一是出口目的国的关税能够吞噬掉部分海外市场利润，使得现有出口企业的出口收益减少，因此企业会选择向关税水平较低的目的国出口转移；二是出口目的国的关税水平常常带有贸易保护色彩，在一定程度上与该国的进口配额相关，关税水平较高的目的国往往进口配额较少，从而迫使企业缩减对其的出口数量。企业出口的可变成本（$\ln vcost_{ict}$）与出口量的关系显著为负，这符合引力模型的预期，可变成本对出口的负效应原因有二：一是在其他条件相同的情况下，企业往往选择单位运输成本较低（距离越近）的出口目的国进行出口；二是中国在自由贸易区建设上往往选择地理位置相近的国家（如中国—东盟自由贸易区、亚太自由贸易区等），从而促使企业对这些地理位置相近的国家进行出口。

二　融资约束条件下汇率变动对出口影响的分组检验

第三章典型化事实分析可知，中国企业面临的融资约束程度与企业的所有权性质有密切关系，并且存在显著的行业差异性。因此本节我们将根据不同所有权类型和不同行业将企业进行分组检验，具体来说，一方面，本书按照所有权性质将总样本划分为国有企业、外资企业和私营企业三个子样本，考察人民币汇率变动对不同所有权类型企业的出口影响是否存在差异；另一方面，我们根据行业平均融资约束的大小将总样本分为高融资约束行业、中融资约束行业和低融资约束行业三个子样本分别进行检验，考察人民币汇率变动对不同行业企业出口的影响是否会因为融资约束程度的不同存在差异。

1. 基于不同所有权类型的分组检验

为便于比较，此处仅列出了同时加入年份、国别、行业个体效应的基准模型回归结果，并且隐去了年份、国别、行业的个体效应结果。同样为了说明分组回归结果的可信性，本书采用关键变量替换方法进行稳健性检验。结果如表 4-5 所示。

表 4-5　融资约束条件下汇率变动对出口影响的分组回归结果及稳健性检验

变量类别	变量名称	国有企业		外资企业		私营企业	
		基准回归	稳健性检验	基准回归	稳健性检验	基准回归	稳健性检验
重点解释变量	$lnrex_{ct}$/$lnoex_{ct}$	-0.2971** (-1.21)	-0.0812** (-0.79)	0.7821*** (19.78)	0.4211*** (14.92)	-0.3182** (-2.43)	-0.0648*** (-1.76)
微观解释变量	tfp_{it}	0.1016*** (12.90)	0.1129*** (10.92)	1.8321*** (26.91)	2.0928*** (52.93)	2.1102*** (23.90)	2.0931*** (28.06)
	$lntasset_{it}$	0.7897*** (77.12)	0.6824*** (100.36)	0.1413*** (72.17)	0.1089*** (103.42)	0.1139*** (24.06)	0.8946*** (90.84)
	$share_{it}$	0.0961*** (17.61)	0.0663** (15.85)	0.7231*** (2.37)	0.3722*** (1.98)	0.6176*** (9.17)	0.3321*** (1.92)
宏观解释变量	$lngdpp_{ct}$	4.4450** (157.18)	3.2783*** (121.27)	4.2341*** (125.11)	3.0922*** (109.71)	4.1026*** (145.35)	3.0172*** (111.09)
	$tarifflines_{ct}$	-0.0094*** (-17.55)	-0.0086*** (-15.97)	-0.0057*** (-12.51)	-0.0042*** (-10.88)	-0.0091*** (-18.06)	-0.0076*** (-13.98)
	$lnvcost_{ict}$	-19.3525*** (-4.82)	-5.9263*** (-2.83)	-12.2985*** (-6.90)	-3.0922*** (-3.09)	-19.1810*** (-3.79)	-4.0921*** (-3.01)
常数项	_cons	144.1892*** (4.17)	42.2903*** (3.21)	124.1433*** (3.14)	37.9045*** (2.06)	142.1205*** (3.34)	27.0925*** (2.83)
控制变量	year	YES	YES	YES	YES	YES	YES
	country	YES	YES	YES	YES	YES	YES
	industry	YES	YES	YES	YES	YES	YES
F 值		41.54	14.86	421.14	-264.657	26.07	16.27
P 值		0.0000	0.0000	0.0000	0.0000	0.0000	0.0000
R^2-within		0.0723	0.0731	0.0618	0.0713	0.0976	0.0821
N		25753	28299	650763	723783	358674	394787

注：回归结果由 stata12.0 完成，***、**、*分别表示参数的估计值在 1%、5%、10%的统计水平上显著，括号内数值为 t 统计值；“YES”表示模型中加入了该控制变量，“NO”表示模型中未加入该控制变量。

由表 4-5 可以看出，三种所有制类型回归结果均通过了稳健性检验，且不同所有权类型分组中重点解释变量系数符号不尽相同，其他变量系数的大小也存在一定差异，这说明企业的所有权性质会影响各因素对出口的作用效果，在此以基准列的回归结果做详细分析。

重点解释变量：企业的出口汇率（$\ln rex_{ct}$）的系数在三种类型企业中并不相同，在外商投资企业中显著为正，这与总体回归结果一致，但在国有企业与私营企业中系数显著为负与总体回归结果相反，这一实证结果表明人民币汇率升值会抑制外商投资的出口，但却会促进国有企业和私营企业的出口。这一结果与结论四的预测相符即融资约束条件下汇率变动对出口的影响是不确定的。由第二章的理论分析可知由于融资约束机制的存在，会使得汇率变动在一定条件下对出口的作用方向与传统国际收支理论相反，即当汇率升值通过融资约束机制对出口的正向效应较大时会使得汇率升值促进出口，反之则会抑制出口。因此可以推断，在国有企业和私营企业样本中，融资约束的作用机制较大，汇率升值通过融资约束机制对出口的正效应超过了价格竞争机制和生产率机制对出口的负效应之和，从而带来出口的增加。具体的，对于国有企业来说，国有性质使其具有天然的更容易获得市场融资的特点，本币升值能够使其金融市场融资资金（A_2）的价值增加，从而满足融资约束条件，进入出口市场带来出口的增加；对于私营企业来说，由于本身存在大量因融资约束而无法进入出口市场的企业，当本币升值时，这些企业的历史现金流积累的价值（A_1）会增加，从而缓解融资约束进入出口市场，带来出口额的增加。

在企业微观层面：在三组样本中企业生产率（tfp_{it}）、企业规模（$\ln tasset_{it}$）和市场占有率（$share_{it}$）三者系数均显著为正，这与总样本回归结果一致，但其系数在三组回归中大小存在明显差异。其中企业生产率的系数在私营企业中最高（2.1102），在外资企业中次之（1.8321），在国有企业中最低（0.1016），说明企业生产率的改善能够大幅提高私营企业和外资企业的出口，而对国有企业的出口影响较小；企业规模的系数在国有企业中最大（0.7897），在外资企业中次之（0.1413），在私营企业中最小（0.1139），说明企业规模的扩张能够大幅提高国有企业的出口但对外资企业和私营企业出口的促进作用较小；市场占有率的系数在外资企业中最大（0.7231），在私营企业中次之（0.6176），在国有企业中最小

(0.0961)，说明企业市场占有率的提高能够大幅提高外资和国有企业的出口但对私营企业出口的促进作用较小。

在出口目的国宏观层面：出口目的国的居民消费能力（$\ln gdpp_{ct}$）、出口目的国的关税水平（$tarifflines_{ct}$）和企业出口的可变成本（$\ln vcost_{ict}$）三者系数符号在三组回归中均与总样本回归结果一致。其中出口目的国的居民消费能力在三种所有权类型企业中系数均显著为正且系数大小差异不大，说明出口目的国居民消费能力提高对企业出口的促进作用在三种所有权类型企业中差异不大；出口目的国关税水平系数在三组回归中皆为负，且国有企业中绝对值最大（0.0094），在私营企业中次之（0.0091），在外资企业中最小（0.0057），说明出口目的国关税提高会使国有企业和私营企业的出口大幅减少，而对外资企业的影响较少；出口可变成本的系数在三组回归中皆为负，且国有企业中绝对值最大（19.3525），在私营企业中次之（19.1810），在外资企业中最小（12.2985），说明出口可变成本的提高会使国有企业和私营企业的出口大幅减少，而对外资企业的影响较少。

2. 基于不同行业的分组检验

表 4-6 列出了不同行业的分组检验结果和相应的稳健性检验结果。同表 4-5 为便于比较，此处仅列出了同时加入年份、国别、行业个体效应的基准模型回归结果，并且隐去了年份、国别、行业的个体效应结果。同样为了说明分组回归结果的可信性，本书采用关键变量替换方法进行稳健性检验。由表 4-6 可以看出，不同行业分组回归结果均通过了稳健性检验，且不同行业分组中重点解释变量系数符号不尽相同，其他变量系数的符号和大小也存在一定差异，这说明在不同融资约束行业分组中，汇率变动对出口的作用方向变得不同，在此对基准回归结果做详细分析。

表 4-6　　基于行业平均融资约束的分组回归结果及稳健性检验

变量类别	变量名称	高融资约束行业		中融资约束行业		低融资约束行业	
		基准回归	稳健性检验	基准回归	稳健性检验	基准回归	稳健性检验
重点解释变量	$\ln rex_{ct}/\ln oex_{ct}$	-0.1214*** (-2.54)	-0.2213*** (-1.15)	0.0241*** (2.09)	0.0121*** (1.72)	0.2181** (2.11)	0.3202*** (2.62)

续表

变量类别	变量名称	高融资约束行业		中融资约束行业		低融资约束行业	
		基准回归	稳健性检验	基准回归	稳健性检验	基准回归	稳健性检验
微观解释变量	tfp_{it}	0.1328*** (3.29)	0.1582 (3.15)	0.7809*** (3.20)	0.9219*** (3.27)	1.8769*** (3.15)	1.9279*** (3.20)
	$\ln tasset_{it}$	0.3712*** (11.13)	0.4787*** (8.42)	0.3975*** (13.06)	0.4892*** (9.27)	0.3206*** (11.79)	0.4191*** (9.01)
	$share_{it}$	2.2341*** (0.72)	2.2721*** (0.57)	1.5922*** (0.88)	2.0391*** (0.83)	0.8277** (0.81)	1.7291*** (0.79)
宏观解释变量	$\ln gdpp_{ct}$	0.1121*** (0.56)	0.0132** (1.17)	0.1132*** (0.67)	0.0198*** (1.91)	-0.0182 (-1.13)	-0.0819 (-1.91)
	$tarifflines_{ct}$	-0.0019** (-1.14)	-0.0032** (-1.27)	-0.0027*** (-1.72)	-0.0018*** (-1.91)	-0.0027** (-1.11)	-0.0011*** (-1.17)
	$\ln vcost_{ict}$	-228.891** (-3.18)	-79.48** (-3.74)	-203.11*** (-2.93)	-63.9876*** (-2.93)	-212.07*** (-3.07)	-72.07*** (-3.87)
常数项	_cons	-1178.28** (-1.16)	746.2** (2.29)	-112.019 (-3.14)	102.990 (4.13)	-109.29*** (-1.62)	254.41** (2.19)
控制变量	year	YES	YES	YES	YES	YES	YES
	country	YES	YES	YES	YES	YES	YES
	industry	YES	YES	YES	YES	YES	YES
F 值		29.09	17.63	20.91	13.01	22.01	12.19
P 值		0.0000	0.0000	0.0000	0.0000	0.0000	0.0000
R^2-within		0.0727	0.0794	0.0702	0.0767	0.0732	0.0762
N		576398	603286	207824	257094	125682	154685

注：回归结果由 stata12.0 完成，***、**、*分别表示参数的估计值在 1%、5%、10%的统计水平上显著，括号内数值为 t 统计值；"YES" 表示模型中加入了该控制变量，"NO" 表示模型中未加入该控制变量。

重点解释变量：企业的出口汇率（$\ln rex_{ct}$）的系数在三种行业企业中并不相同，在中、低融资约束行业中显著为正，这与总体回归结果一致，在高融资约束行业中显著为负，与总体回归结果相反，这一实证结果表明人民币汇率升值会抑制中、低融资约束行业的企业出口，但却会促进高融资约束行业企业的出口。这一结果也与第二章结论四的预测相符，即融资约束条件下汇率变动对出口的影响是不确定的。同理，可以推断，在高融资约束行业中，汇率变动通过融资约束机制对出口作用较大，从而使得汇率升值通过融资约束机制对出口的正效应超过了价格竞争机制和生产率机制对出口的负效应之和，带来出口的增加。具体来说，在高融资约束行业中存在大量因融资约束而无法进入出口市场的企业，当本币升值时，这些企业的历史现金流积累的价值（A_1）会增加，从而缓解融资约束进入出口市场，带来出口的增加。

在企业微观层面：在三组样本中企业生产率（tfp_{it}）、企业规模（$lntasset_{it}$）和市场占有率（$share_{it}$）三者系数均显著为正，这与总样本回归结果一致，但个别系数大小在三组回归中存在明显差异。其中企业生产率的系数在低融资约束行业中最高（1.8769），在中融资约束行业中次之（0.7809），在高融资约束行业中最低（0.1328），说明企业生产率的改善能够大幅提高低融资约束行业企业的出口，而对中融资约束行业企业的出口改善较低，对高融资约束行业企业出口的改善最小，即随着融资约束的降低，企业生产率对出口的促进作用愈加明显，究其原因，在高融资约束行业中抑制企业出口的主要因素是难以满足的出口融资约束而并非企业达不到生产率条件，所以企业生产率的提高对出口的促进作用较低；企业规模的系数大小在三种行业分组中差别不大，说明企业规模的扩张对出口的促进作用并不受融资约束影响；市场占有率的系数在高融资约束行业中最大（2.2341），在中融资约束行业中次之（1.5922），在低融资约束行业中最小（0.8277），这说明在高融资约束行业中市场占有率对出口的促进作用比在低融资约束行业中大，究其原因，企业的市场占有率越高，其在国内市场的获利能力就会越高，从而获得的国内销售的现金流积累也就会越高，这种现金流的积累对本身融资约束高的企业更具有意义，而对于本身融资约束低的企业来说，出口受现金流积累的影响相对较弱。

在出口目的国宏观层面：出口目的国的居民消费能力（$lngdpp_{ct}$）、出口目的国的关税水平（$tarifflines_{ct}$）和企业出口的可变成本（$lnvcost_{ict}$）三者系数符号在三组回归中均与总样本回归结果基本一致。其中出口目的国的居民消费能力对出口的影响系数在高、中融资约束行业中显著为正，在低融资约束行业中为负但并不显著。这说明在高、中融资约束行业中，企业在由目的国居民消费能力提高带来的需求量增大对出口造成的正效应方面受益较多，而在低融资约束行业中，企业往往不需要满足较高生产率条件就能进入出口市场，反而会在居民消费能力较高的目的国企业遭受具有更高的生产率的当地企业的竞争，从而对出口有不利影响。出口目的国关税水平和出口可变成本的系数在三组回归中皆为负，且绝对值在不同融资约束行业分组中差别不大，说明出口目的国关税和出口可变成本地提高对出口的抑制作用受融资约束影响较小。

三　基于行业竞争程度的行业特征检验

本书建立如下模型来检验不同行业竞争程度下汇率变动对出口的影响差异：

$$\ln export_{ict} = \alpha + \beta_0 \ln rex_{ct} + \beta_1 \ln rex_{ct} \times HHI_{it} + \sum \beta_{2\cdots n} controls_{it} + \sum \beta_{n+1\cdots m} controls_{ct} + year + country + industry + \varepsilon_{ict} \tag{4-5}$$

式（4-5）相较于式（4-1）引入了交互项 $\ln rex_{ct} \times HHI_{it}$，本书使用 HHI_{it} 指数（Herfindahl-Hirschman Index）来衡量行业集中度，其计算公式 $HHI = \sum_{i=1}^{N} (X_i/X)^2 = \sum_{i=1}^{N} S_i^2$，其中 X_i 和 X 分别代表企业 i 和其所属行业的销售额，S_i 为企业 i 的市场占有率，HHI 指数越大，说明该企业所属行业市场集中度越大，而其面临的市场竞争就越温和。本书使用 4 分位行业编码计算该行业市场集中度。因为本书仅关心汇率变动对出口的作用中行业竞争程度的影响，即第三章理论分析中结论五的验证，故此处亦未将 HHI_{it} 单独项纳入回归方程。将交互项 $\ln rex_{ct} \times HHI_{it}$ 的统计特征及其与各解释变量的相关系数描述如表 4-7 和表 4-8 所示。

表 4-7　交互项的统计特征

变量名称	平均值	标准差	观测值	最小值	最大值
$\ln rex_{ct} \times HHI_{it}$	-0.0010	0.0055	1878468	-0.5435	0.8642

注：由 stata12.0 软件计算得出。

表 4-8　交互项与各主要解释变量间的相关系数

	$\ln rex_{ct}$	tfp_{it}	$\ln tasset_{it}$	$share_{it}$	$\ln gdpp_{ct}$	$tarifflines_{ct}$	$\ln vcost_{ict}$
$\ln rex_{ct} \times HHI_{it}$	0.439	-0.017	-0.024	0.157	0.083	0.106	0.039

注：由 stata12.0 软件计算得出。

由表 4-8 可以看出，交互项与 $\ln rex_{ct}$ 存在中度相关，因此为克服回归中存在的可能存在的自相关我们使用面板校正误差（Panel-Corrected Standard Erro，PCSE）模型对数据进行处理作为参照，结果见表 4-9，其中第（1）（2）（3）列是使用 $ln\mathrm{rex}_{\mathrm{ct}}$ 指标作为出口汇率替代变量时的回归结果，其中第（1）列为固定效应模型，第（2）列为同时加入了年份、国别和行业固定效应模型，第（3）列为在此基础上的 PCSE 模型；与基准模型一样，依次使用关键变量替换、极大似然估计和 GMM 方法进行稳健性检验，受限于篇幅，将年份、国别、行业的个体效应结果等略去。

表 4-9　　行业特征回归结果及稳健性检验

变量类别	变量名称	基准回归			稳健性检验		
		(1)	(2)	(3)	变量替换	MLE	GMM
重点解释变量	$\ln rex_{ct}/\ln oex_{ct}$	1.1512*** (28.11)	1.2921*** (1.74)	0.4476*** (9.39)	0.3132*** (24.46)	0.1753*** (4.57)	0.7213*** (7.72)
	$\ln rex_{ct}\times HHI_{it}$	-4.1581*** (-6.51)	-17.277*** (-9.67)	-3.6689*** (-9.09)	-2.5549*** (-2.82)	-1.5432*** (-7.74)	-7.2742** (-2.92)
微观解释变量	tfp_{it}	0.1242** (14.54)	0.5461*** (9.54)	0.1231*** (9.32)	0.1589*** (7.50)	0.6157*** (7.80)	0.0850*** (4.16)
	$\ln tasset_{it}$	0.5748*** (67.41)	0.8638** (2.39)	0.4046*** (46.95)	0.6663*** (50.56)	0.7888*** (3.78)	0.4360*** (31.55)
	$share_{it}$	-0.1796 (-1.00)	0.2559*** (2.89)	0.9008* (1.77)	0.2989 (1.39)	0.4331*** (4.12)	1.1367*** (5.37)
宏观解释变量	$\ln gdpp_{ct}$	4.1226*** (66.62)	-0.0001 (0.00)	0.1807* (1.77)	3.4060*** (33.68)	-0.0000* (-5.78)	-0.3660** (-2.41)
	$tarifflines_{ct}$	-0.0077*** (-9.87)	-0.0070*** (-1.35)	-0.0029*** (-3.79)	-0.0087*** (-7.25)	-0.0020*** (-13.09)	-0.0026** (-2.18)
	$\ln vcost_{ict}$	-4.495*** (-4.97)	-4.674*** (-4.46)	-4.463*** (-0.02)	1.0218 (0.08)	-0.0071* (-5.84)	-1.90 (-75.3)
常数项	_cons	324.831*** (4.46)	2.0978 (0.56)	3.0238 (0.25)	-40.1463 (-0.34)	8.4364 (0.79)	77.4953 (0.02)
控制变量	*year*	NO	YES	YES	YES	YES	YES
	country	NO	YES	YES	YES	YES	YES
	industry	NO	YES	YES	YES	YES	YES

续表

变量类别	变量名称	基准回归			稳健性检验		
		(1)	(2)	(3)	变量替换	MLE	GMM
F 值		2384.35	1676.77	834.16	1547.78	532.12	501.92
P 值		0.0000	0.0000	0.0000	0.0000	0.0000	0.0000
R^2		0.0436	0.0494	0.0652	0.0628	0.0538	0.0716
N		1136880	1136880	1136880	1263424	1136880	476541

注：回归结果由 stata12.0 完成，***、**、*分别表示参数的估计值在 1%、5%、10%的统计水平上显著，括号内数值为 t 统计值；“YES”表示模型中加入了该控制变量，“NO”表示模型中未加入该控制变量。

随着交互项的引入，模型中大部分解释变量的符号与总样本回归时保持一致，且稳健性检验结果与基准回归基本一致。在加入年份固定效应、国别固定效应和行业固定效应后模型的整体回归效果逐步提高，且 PCSE 模型回归结果的系数符号和显著性水平与个体效应固定模型一致，说明模型可能存在的自相关性并不影响结果稳健性，为保持与前述结果分析口径一致，在此本书选择第（3）列作为详细分析数据。

各解释变量的回归系数前文已做详细叙述，此处重点分析对行业竞争程度的检验结果：交互项的系数显著为负，这表示在考虑到行业竞争差异后，在基础模型中货币升值对出口的抑制作用是有条件的，而在特殊条件下会出现货币贬值抑制出口的反转。以第（3）列结果，$\ln rex_{ct}$ 的系数虽然显著为正，汇率变动对出口的影响方向并不是确定的，而是由 HHI_{it} 决定的，由式（4-5）可知出口的汇率弹性表达式为

$$\frac{\partial \ln export_{ict}}{\partial \ln rex_{ct}}=\beta_0+\beta_1 HHI_{it} \tag{4-6}$$

将 $\beta_0=0.4476$ 和 $\beta_1=-3.6689$ 代入式（4-6）则在 $HHI_{it}>0.1220=0.4476/3.6689$ 时出口的汇率弹性为负，即当行业集中程度大于 0.1220 时，本币贬值会抑制企业出口，本币升值反而能够促进出口，且 HHI_{it} 的值越大（行业竞争越温和）本币升值对出口的正作用越大，这与结论四相符。具体地，在总样本中满足 $HHI_{it}>0.1220$ 的样本仅有 34321 条，占总样本的 1.09%，这说明了仅有少数企业能够满足该条件，如与天然资源有关的采矿业、石油、天然气、水生产及供应等行业，或者具有显著品

牌效应的酒、饮料、茶制造业的部分细分产业。

从第二章的理论分析可知，当本币升值时，汇率会通过融资约束机制对出口产生正效应。当行业竞争越温和（行业集中度越大），企业能够在国内市场上的垄断地位就会越高，从而更容易获得流动性支持（比如银行贷款），本币升值会使得该行业的企业在本国市场上获得的流动性相对于以外币计价的出口固定成本提高，从而更容易满足融资约束条件而进入出口市场，使得本币升值通过融资约束机制带来的出口增加大于通过价格竞争机制和生产率机制带来的出口减少，从而促进出口的增长。

第三节　本章小结

本章在第二章理论分析和第三章典型化事实描述的基础上，采用2000—2009年111177个制造业企业对269个国家或地区的3137153条“企业—国别—年份”维度数据，运用逐一加入年份、国别、行业个体效应的固定模型对理论模型中的结论分别做了总样本和分组检验，进而得到融资约束下人民币汇率变动对中国制造业企业出口影响的总体特征和所有权、行业差异。在此基础上，本章还对总样本进行了基于行业竞争程度的行业特征检验，得到结论如下。

其一，从总体来看，人民币升值会抑制中国制造业企业的出口，从企业微观层面来看，企业生产率越高、规模越大、市场占有率越高则出口越多，从出口目的国宏观层面来看，目的国的居民消费能力越高，关税水平和到中国的距离越近（出口的可变成本越低）则出口越多。

其二，对不同所有权类型的企业来说，汇率变动对企业出口的影响方向并不相同，具体来说，人民币汇率升值会抑制外商投资的出口，但却会促进国有企业和私营企业的出口。从企业微观层面来看，企业生产率的改善能够大幅提高私营企业和外资企业的出口，而对国有企业的出口影响较小；企业规模的扩张能够大幅提高国有企业的出口但对外资企业和私营企业出口的促进作用较小；市场占有率的提高能够大幅提高外资和国有企业的出口但对私营企业出口的促进作用较小。从出口目的国宏观层面来看，出口目的国居民消费能力提高对企业出口的促进作用在三种所有权类型企业中差异不大；出口目的国关税提高会使国有企业和私营企业的出口大幅减少，而对外资企业的影响较少；出口可变成本的提高会使国有企业和私营企业的出口大幅减少，而对外资企业的影响较少。

其三，对不同行业的企业来说，汇率变动对企业出口的影响方向也不相同，具体来说，人民币汇率升值会抑制中、低融资约束行业的企业出口，但却会促进高融资约束行业企业的出口。从企业微观层面来看，企业生产率的改善能够大幅提高低融资约束行业企业的出口，而对中融资约束行业的企业出口改善较低，对高融资约束行业企业出口的改善最小，即随着融资约束的降低，企业生产率对出口的促进作用愈加明显；企业规模的扩张对出口的促进作用并不受融资约束影响；高融资约束行业中市场占有率对出口的促进作用比在低融资约束行业中大。从出口目的国宏观层面来看，在高、中融资约束行业中，企业在由目的国居民消费能力提高带来的需求量增大对出口造成的正效应方面受益较多，而在低融资约束行业中，这种作用并不显著。与企业规模因素一样，出口目的国关税和出口可变成本的提高对出口的抑制作用受融资约束影响较小。

其四，考虑行业竞争程度后，人民币汇率变动对中国制造业企业出口的影响呈现如下特征：行业竞争越温和（企业市场占有率越大），本币升值对出口的抑制作用越小，当市场占有率增大到一定程度时，本币贬值反而会抑制出口，相反本币升值却能够促进出口。

第五章　融资约束条件下汇率变动对企业出口作用机制的实证分析

第三章典型化事实描述中发现不同所有制类型的企业面临的融资约束也不同，国有企业和私营企业面临的融资约束较高，而外商投资企业面临的融资约束较低。第四章的实证结果表明，人民币升值会抑制外商投资企业的出口，但却会促进国有企业及私营企业的出口，并且人民币升值会抑制中、低融资约束行业的企业出口，但会促进高融资约束行业企业的出口。显然汇率变动对不同企业出口的不同作用与其面临的融资约束有关，通过第二章的理论分析我们可以知道，在融资约束条件下，汇率变动会通过价格竞争机制、生产率机制和融资约束机制三种机制影响出口，其中融资约束机制具有双重效应且汇率变动通过融资约束机制对出口的作用方向与传统国际收支理论相反，因此融资约束机制显得尤为重要，其双重效应的大小决定了汇率变动对出口的作用方向。现实中，汇率变动对出口的三种作用机制存在与否、融资约束机制的双重效应是否存在，汇率变动对出口影响的方向是否与融资约束有关尚待进一步的检验，基于此，本章拟通过建立分布回归的中介效应模型检验融资约束下汇率变动对出口作用的作用机制，并在第四章实证分析的基础上分总样本、所有权性质和行业分组三个部分做实证检验，以期探讨融资约束条件下汇率变动对企业出口影响的更深层原因。

第一节　模型设定和变量说明

一　模型设定

本书借鉴 Baron 和 Kenny（1986），温忠麟等（2012）和綦建红等（2020）的中介效应研究方法，在模型（4-1）的基础上构建如下逐步回归模型，检验融资约束下汇率变动对出口影响的作用机制：

$$\ln export_{ict} = \alpha_0 + \alpha_1 \ln rex_{ct} + \sum \alpha_{2\cdots n} Controls + \varepsilon_{ict} \tag{5-1}$$

$$RCPI_{ct} = \beta_0 + \beta_1 \ln rex_{ct} + \sum \beta_{2\cdots n} Controls + \varepsilon_{ct} \tag{5-2}$$

$$Rtfp_{it} = \gamma_0 + \gamma_1 \ln rex_{ct} + \gamma_2 CFS_{it} + \sum \gamma_{3\cdots n} Controls + \varepsilon_{it} \tag{5-3}$$

$$CFS_{it} = \eta_0 + \eta_1 \ln rex_{ct} + \sum \eta_{2\cdots n} Controls + \varepsilon_{it} \tag{5-4}$$

$$\ln export_{ict} = \lambda_0 + \lambda_1 \ln rex_{ct} + \lambda_2 RCPI_{ct} + \lambda_3 Rtfp_{it} + \lambda_4 CFS_{it} + \sum \lambda_{5\cdots n} Controls + \varepsilon_{ict} \tag{5-5}$$

式（5-1）中 α_1 表示汇率变动对出口的总效应，式（5-2）、式（5-3）、式（5-4）分别将相对消费者价格指数、企业剩余生产率和企业融资约束作为中介变量考察汇率变动对出口的价格竞争机制、生产率机制和融资约束机制的作用，其中式（5-3）中加入了 *CFS* 考察融资约束在汇率变动对出口影响中的双重中介效应。式（5-5）中 λ_1 表示汇率变动对出口的直接效应。

我们将式（5-2）、式（5-3）、式（5-4）代入式（5-5）中得到如下表达式：

$$\ln export_{ict} = (\lambda_0 + \lambda_2\beta_0 + \lambda_3\gamma_0 + \lambda_4\eta_0 + \lambda_3\gamma_2\eta_0) + (\lambda_1 + \lambda_2\beta_1 + \lambda_3\gamma_1 + \lambda_4\eta_1 + \lambda_3\gamma_2\eta_1)\ln rex_{ct} + \sum \zeta_{1\cdots n} Controls + \varepsilon_{ict} \tag{5-6}$$

其中 $\lambda_2\beta_1$、$\lambda_3\gamma_1$、$\lambda_4\eta_1+\lambda_3\gamma_2\eta_1$ 分别表示汇率变动通过价格竞争、生产率和融资约束三种机制对出口产生的作用，其中融资约束具有双重中介效应，$\lambda_4\eta_1$ 为直接效应，$\lambda_3\gamma_2\eta_1$ 为间接效应。

二　变量说明

$RCPI_{ct}$ 相对消费价格指数。本书使用以 2010 年为基期的出口目的国相对于中国的消费者价格指数比率 *RCPI* 来衡量出口目的国的产品相对于中国的产品价格，具体计算方法为 $RCPI_{ct}=\frac{CPI_{ct}}{CPI_{CHNt}}$，其中 CPI_{ct} 表示以 t 期 c 目的国的 *CPI* 指数，CPI_{CHNt} 表示 t 期中国的 *CPI* 指数，$RCPI_{ct}$ 越高说明目的国的产品价格相对于中国的产品价格越高，中国的产品在出口目的国市场越有价格优势。数据来源于《世界银行数据库》和《中国国家统计局数据库》。

$Rtfp_{it}$ 相对剩余生产率。本书构建相对剩余生产率指标来考察汇率变动对出口企业生产率的影响，具体计算方法为 $Rtfp_{it}=tfp_{it}-\min(tfp_{it}, if\ CFS/cf=0)$，我们将 t 期融资约束为零的企业的最低生产率作为进入出口市场的最低生产率条件，将 t 期企业的生产率减去该数值即为企业相对剩余生产率，即表示企业超出出口生产率条件的相对生产率。$Rtfp_{it}$ 越高说明相对于最低生产率条件，出口企业的剩余生产率越高，企业的产品竞争力就越强。数据来源于《中国工业企业数据库》并由作者计算所得。

CFS_{it} 企业的融资约束，本书在借鉴 Hovakimian(2009) 和 Guariglia 等(2011)的基础上，运用投资现金敏感系数法构建了一个可以衡量未来盈利能力的指标来刻画中国制造业企业出口面临的融资约束，具体计算方法参看第四章第二节。被解释变量和其他解释变量参看第四章第一节。

三　统计性描述

三个中介变量的统计性描述如表 5-1 所示。

表 5-1　中介变量的统计性描述

变量名称	变量符号	平均值	标准差	最小值	最大值	观测值
相对消费价格指数	$RCPI_{ct}$	0.9166	0.1111	0.0756	1.0661	2869343
相对剩余生产率	$Rtfp_{it}$	0.4507	0.2696	-13.0657	13.0915	1803903
企业融资约束	CFS_{it}	1.2431	0.6885	-85.1290	265.9836	1872249

注：由 stata12.0 软件计算得出。

为检测各解释变量间可能存在的多重共线性，本书运用 stata12.0 分析软件计算了交互项与各主要解释变量之间的相关系数，并将相关系数矩阵表述如表 5-2。

表 5-2　中介变量与各解释变量间的相关系数矩阵

	CFS_{it}	$\ln rex_{ct}$	$\ln tasset_{it}$	$share_{it}$	$\ln gdpp_{ct}$	$tarifflines_{ct}$	$\ln vcost_{ict}$
$RCPI_{ct}$	/	0.282	-0.071	-0.067	0.660	-0.502	0.245
$Rtfp_{it}$	-0.018	0.012	0.043	0.046	0.015	-0.012	-0.019
CFS_{it}	1	-0.019	0.074	0.014	0.004	-0.001	0.007

注：由 stata12.0 软件计算得出。

第二节 融资约束条件下汇率变动对出口作用机制的实证检验

本书利用2000—2009年中国111177个制造业企业对269个国家和地区的3137153条的大样本数据分三部分对汇率影响出口的三种机制进行检验，为考察三种机制是否存在及其作用的方向和特征，本书分总样本、所有权性质分组和行业分组三个部分做实证检验。

一 作用机制的总样本检验

本书参考温忠麟等（2012）和綦建红等（2020）对中介效应模型的检验方法，结合式（5-6）按照图5-1所示的以下程序对价格竞争、生产率和融资约束的双重作用机制是否存在进行检验：

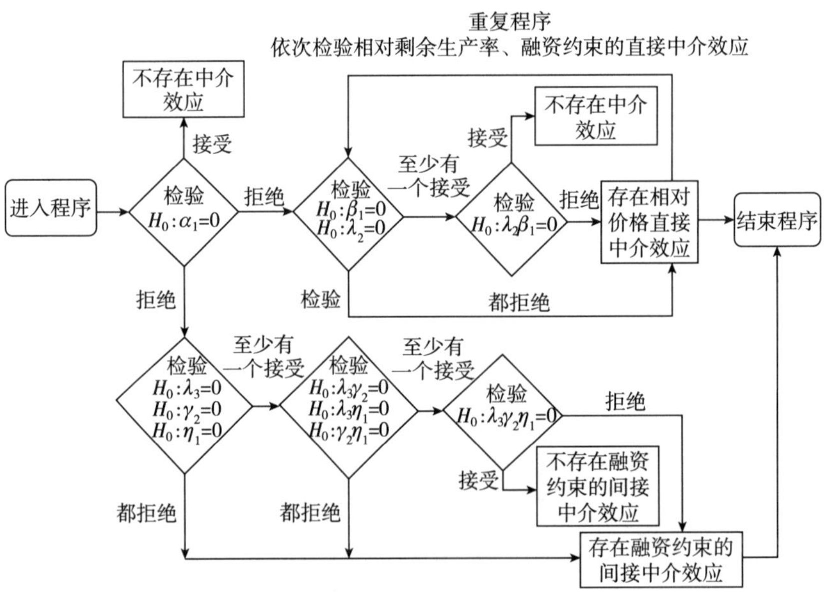

图5-1 作用机制是否存在的检验程序

检验价格竞争、生产率和融资约束直接作用机制是否存在的步骤：

第一步：检验 H_0：$\alpha_1=0$，若接受原假设，则得出不存在任何作用机制的结论；若拒绝原假设，则进入下一步。

第二步：检验 H_0：$\beta_1=0$ 和 H_0：$\lambda_2=0$，若全部拒绝原假设，则得到汇率的价格竞争机制存在，跳至第四步；若至少有一个接受原假设，则程序继续。

第三步：检验 H_0：$\lambda_2\beta_1=0$，若接受原假设，则得出汇率的价格竞争机制不存在的结论，程序继续；如果拒绝原假设，则说明存在汇率的价格竞争机制，程序继续。

第四步：重复第二步和第三步，分别检验汇率变动对出口的生产率机制和融资约束的直接作用机制是否存在。

检验融资约束间接作用机制是否存在的步骤：

第一步：检验 H_0：$\alpha_1=0$，若接受原假设，则得出不存在任何作用机制的结论；若拒绝原假设，则进入下一步。

第二步：检验 H_0：$\lambda_3=0$、H_0：$\gamma_2=0$ 和 H_0：$\eta_1=0$，若全部拒绝原假设，则得到融资约束的间接作用机制存在，结束程序；若至少有一个接受原假设，则程序继续。

第三步：检验 H_0：$\lambda_3\gamma_2=0$、H_0：$\lambda_3\eta_1=0$ 和 H_0：$\gamma_2\eta_1=0$，若全部拒绝原假设，则得到融资约束的间接作用机制存在，结束程序；若至少有一个接受原假设，则程序继续。

第四步：检验 H_0：$\lambda_3\gamma_2\eta_1=0$，若拒绝原假设，则得到融资约束的间接作用机制存在，结束程序；若接受原假设，则融资约束的间接作用机制不存在。

由表 5-2 可以看出 $RCPI_{ct}$ 与 $\ln gdpp_{ct}$、$tarifflines_{ct}$ 等变量存在中度相关，因此为克服回归中可能存在的自相关我们使用“OLS+异方差自相关稳健的标准差”（Hetero skedasticity and Auto correlation Consistent Standard Error，简记 HAC 方法）对数据进行处理。

表 5-3　　　　　　　　三种机制是否存在的总样本回归

变量种类	变量名称	式（5-1） 总效应	式（5-2） 价格竞争机制	式（5-3） 生产率机制	式（5-4） 融资约束机制	式（5-5） 直接效应
解释变量	$\ln rex_{ct}$	0.1130*** (20.77)	0.2050*** (445.58)	0.0328*** (13.90)	0.1856*** (111.90)	0.0091*** (35.04)

续表

变量种类	变量名称	式（5-1）总效应	式（5-2）价格竞争机制	式（5-3）生产率机制	式（5-4）融资约束机制	式（5-5）直接效应
中介变量	$RCPI_{ct}$					0.2012** (1.99)
	$Rtfp_{it}$					0.1777*** (13.98)
	CFS_{it}			-0.0135*** (-9.02)		-0.0362*** (-6.85)
控制变量	$\ln tasset_{it}$	0.1569*** (70.07)	NO	0.0236*** (35.27)	0.1438*** (156.70)	0.5755*** (66.47)
	$share_{it}$	1.0246*** (10.33)	NO	0.1316*** (5.90)	0.4202*** (10.21)	-0.0076 (-0.04)
	$\ln gdpp_{ct}$	5.1845*** (176.81)	0.7807*** (861.52)	NO	NO	4.3067*** (50.29)
	$tarifflines_{ct}$	-0.0086*** (-19.35)	-0.0014*** (-97.05)	NO	NO	-0.0073*** (-8.88)
	$\ln vcost_{ict}$	-20.2328*** (-4.99)	-0.6964*** (-5.83)	NO	NO	-37.6515*** (-4.61)
	year	YES	YES	YES	YES	YES
	country	YES	YES	NO	NO	YES
	industry	YES	NO	YES	YES	YES
常数项	_*cons*	138.1705*** (3.81)	-13.1407*** (-12.31)	0.3219*** (3.27)	1.3926*** (141.12)	296.9563*** (4.07)
F 值		5.06	6.74	1.92	4.09	4.01
P 值		0.0000	0.0000	0.0000	0.0000	0.0000
R^2-within		0.0632	0.0643	0.0632	0.0625	0.0619
N		1143890	1128321	1114356	1131634	1135234

注：回归结果由 stata12.0 完成，***、**、* 分别表示参数的估计值在 1%、5%、10%的统计水平上显著，括号内数值为 t 统计值；“YES”表示模型中加入了该控制变量，“NO”表示模型中未加入该控制变量。

表 5-3 给出了三种作用机制的总样本检验结果，式(5-1)中 $\ln rex_{ct}$ 的系数显著不为零，即汇率变动的总效用系数显著不为零，即满足第一步

检验拒绝原假设；在直接作用机制检验中，式(5-2)、式(5-3)、式(5-4)的 $\ln rex_{ct}$ 系数均显著不为零且式(5-5)中 $RCPI_{ct}$、$Rtfp_{it}$ 和 CFS_{it} 的系数均显著不为零，即满足第二步和第四步检验拒绝原假设，所以汇率变动对出口的价格竞争、生产率和融资约束的直接作用机制均显著存在；在融资约束的间接作用机制检验中，式(5-3)中 CFS_{it} 的系数也显著不为零，即满足第二步拒绝原假设，所以融资约束的间接作用机制也显著存在。下面我们具体分析汇率变动是如何通过三种机制作用于出口，并在此基础上对融资约束的双重机制大小进行重点分析。

首先，式(5-2)回归结果中 $\ln rex_{ct}$ 系数为 0.2050，表示本币贬值 1%能够使国外市场上国外产品相对于本国出口产品价格上升 0.2050%，式(5-5)中 $RCPI_{ct}$ 的系数为 0.2012，表示国外产品相对于本国出口产品价格每上升 1%，就会促使本国企业出口增加 0.2012%，我们可以进一步算出汇率变动对出口的价格竞争机制作用为 0.2050×0.2012＝0.0412，表示本币贬值 1%，能够通过使本国出口产品获得价格竞争优势从而增加的出口量为 0.0412%，相反，本币升值 1%，能够通过使本国出口产品价格相对提高从而减少出口量为 0.0412%。

其次，式（5-3）回归结果中 $\ln rex_{ct}$ 系数为 0.0328，表示本币贬值 1%能够使出口企业的相对剩余生产率提高 0.0328%，式(5-5)中 $Rtfp_{it}$ 的系数为 0.1777，表示出口企业的相对剩余生产率每提高 1%，就会促使本国企业出口增加 0.17777%，我们可以进一步算出汇率变动对出口的生产率机制作用为 0.0328×0.1777＝0.0058，表示本币贬值 1%，能够通过提高本国出口企业的相对剩余生产率从而带来的出口量的增加为 0.0058%，相反，本币升值 1%，能够降低本国出口企业的相对剩余生产率从而带来的出口量的减少为 0.0058%。

最后，一方面，式（5-4）回归结果中 $\ln rex_{ct}$ 系数为 0.1856，表示本币贬值 1%能够使出口企业面临的融资约束提高 0.1856%，式(5-5)中 CFS_{it} 的系数为-0.0362，表示出口企业面临的融资约束每提高 1%，就会使本国企业出口减少 0.0362%，我们可以进一步算出汇率变动对出口的直接融资约束机制作用为 0.1856×（-0.0362）＝-0.0067，表示本币贬值 1%，能够通过提高本国出口企业面临的融资约束从而造成出口量的减少为 0.0067%；相反，本币升值 1%，能够通过降低本国出口企业面临的融资约束从而带来出口量的增加为 0.0067%。另一方面，式（5-3）中

CFS_{it} 的系数为-0.0135，表示出口企业的融资约束提高 1%，会使其剩余生产率降低 0.0135%，所以汇率变动对出口的间接融资约束机制作用为 0.1777×（-0.0135）×0.1856=-0.0004，表示本币贬值 1%，通过提高本国出口企业面临的融资约束从而降低企业剩余生产率而造成的出口量的减少为 0.0004%。因此汇率变动通过融资约束的双重中介效应对出口的作用为-0.0071。即本币贬值 1%，通过融资约束的双重作用机制带来的出口减少为 0.0071%；相反，本币升值 1%，通过融资约束的双重作用机制带来的出口增加为 0.0071%。

综上所述，通过对总样本的实证分析，我们发现汇率变动对出口的三种作用机制均显著存在，且三种作用机制的作用方向与第二章的理论预期相符，即当本币升值时，汇率会通过价格竞争机制和生产率机制对出口产生负效应，通过融资约束机制对出口产生正效应；相反，当本币贬值时，汇率会通过价格竞争机制和生产率机制对出口产生正效应，通过融资约束机制对出口产生负效应。融资约束在汇率变动对出口的影响中具有双重效应，一方面，汇率变动通过直接影响企业的融资约束从而对出口产生影响；另一方面，汇率变动通过融资约束影响企业出口的生产率条件，从而对出口产生间接影响。因此融资约束在汇率变动对出口的影响中显得尤为重要。不难发现，总样本回归中汇率变动通过融资约束机制对出口的作用占总效用的 13.12%，其中直接效应占 12.38%，间接效应占 0.74%，因此在总样本中汇率变动通过融资约束机制对出口的作用小于通过生产率机制和价格竞争机制作用之和（86.88%），所以汇率升值会在整体上抑制中国制造业企业的出口，这与第四章基准回归的结果一致。

为说明总样本中介效应模型回归结果的可信性，本书采用关键变量替换法对式(5-1)至式(5-5)进行了稳健性检验，用企业名义出口汇率的对数值 $\ln oex_{ct}$ 替代企业实际出口汇率的对数值 $\ln rex_{ct}$，回归结果如表 5-4 所示。

表 5-4　　三种作用机制是否存在的稳健性检验

变量种类	变量名称	式（5-1） 总效应	式（5-2） 价格竞争机制	式（5-3） 生产率机制	式（5-4） 融资约束机制	式（5-5） 直接效应
解释变量	$\ln oex_{ct}$	0.0317*** (23.05)	0.0992*** (16.54)	0.0137*** (197.54)	0.1729*** (73.92)	0.0051*** (9.25)

续表

变量种类	变量名称	式（5-1） 总效应	式（5-2） 价格竞争机制	式（5-3） 生产率机制	式（5-4） 融资约束机制	式（5-5） 直接效应
中介变量	$RCPI_{ct}$					0.1939** (2.02)
	$Rtfp_{it}$					0.1831*** (12.85)
	cf_{it}			-0.0434* (-12.73)		-0.0391*** (-4.17)
控制变量	$\ln tasset_{it}$	0.1394*** (2.09)	NO	0.0438*** (8.73)	0.1537*** (19.05)	0.7328*** (5.03)
	$share_{it}$	0.9632*** (12.91)	NO	0.1342*** (5.63)	0.2963*** (18.18)	-0.0042 (-0.09)
	$\ln gdpp_{ct}$	3.3823*** (63.13)	0.7398*** (82.24)	NO	NO	2.3672** (16.30)
	$tarifflines_{ct}$	-0.0032*** (-8.77)	-0.0021*** (-24.23)	NO	NO	-0.0062*** (-4.08)
	$ln\mathrm{vcost}_{ict}$	-0.2984*** (-4.29)	-0.9229*** (-6.13)	NO	NO	-2.6393*** (-7.63)
	year	YES	YES	YES	YES	YES
	country	YES	YES	NO	NO	YES
	industry	YES	NO	YES	YES	YES
常数项	_cons	118.5237*** (5.28)	-15.1242*** (-1.25)	3.2014*** (12.35)	8.7294*** (128.93)	384.8324*** (7.93)
F 值		6.14	6.74	6.14	9.63	7.95
P 值		0.0000	0.0000	0.0000	0.0000	0.0000
R^2-within		0.0619	0.0721	0.0642	0.0701	0.0688
N		1278839	1212231	1209832	1231242	1243215

注：回归结果由 stata12.0 完成，***、**、*分别表示参数的估计值在 1%、5%、10%的统计水平上显著，括号内数值为 t 统计值；“YES”表示模型中加入了该控制变量，“NO”表示模型中未加入该控制变量。

通过表 5-4 我们发现各式的系数符号和显著性水平与表 5-3 基本一致，尤其是式（5-1）至式（5-4）中 $\ln rex_{ct}$ 的系数、式（5-5）中

$RCPI_{ct}$、$Rtfp_{it}$ 和 CFS_{it} 的系数和式（5-3）中 CFS_{it} 的系数符号和比较关系皆与表 5-3 一致，总样本的中介效应回归结果较为稳健。

二　基于不同所有制类型的分组检验

总样本作用机制的检验发现汇率变动通过融资约束机制对出口的作用小于通过生产率机制和价格竞争机制作用之和，所以汇率升值会在整体上抑制中国制造业企业的出口。第三章的典型化事实分析可知，不同所有权类型的企业面临的融资约束程度有较大的差异，第四章的实证检验发现对不同所有权类型的企业来说，汇率变动对企业出口的影响方向也不同，人民币汇率升值会抑制外商投资的出口，但却会促进国有企业和私营企业的出口。对不同所有制类型企业来说，汇率变动通过融资约束机制对出口作用的大小是否存在显著区别，这种区别是否会造成汇率变动对企业出口作用的方向不同还有待进一步分析和检验，因此本节延续第四章的实证思路将不同股权所有制企业进行作用机制的分组检验，进一步分析融资约束机制在不同所有制企业中的特征与差异，追寻汇率变动对不同所有制企业出口作用方向产生的深层原因。

1. 国有企业样本组检验

汇率变动对国有企业出口的作用机制检验结果如表 5-5 所示，为说明中介效应模型回归结果的可信性，本书采用关键变量替换法依次对式（5-1）至式（5-5）进行了稳健性检验，即用企业名义出口汇率的对数值 $\ln oex_{ct}$ 替代企业实际出口汇率的对数值 $\ln rex_{ct}$。为便于分析，表 5-5 中省略了国有企业样本回归和稳健性检验中的控制变量和常数项系数，各控制变量和常数项系数详见附表 1 和附表 2。

表 5-5　　国有企业样本组检验

变量种类		变量名称	式（5-1）总效应	式（5-2）价格竞争机制	式（5-3）生产率机制	式（5-4）融资约束机制	式（5-5）直接效应
国有企业样本回归	解释变量	$\ln rex_{ct}$	-0.4947^{***} (−20.77)	0.2033^{***} (443.38)	0.0013^{***} (10.12)	1.0735^{***} (79.93)	0.0001^{***} (5.09)
	中介变量	$RCPI_{ct}$					0.6012^{***} (3.91)
		$Rtfp_{it}$					0.0316^{***} (0.29)

续表

变量种类		变量名称	式（5-1）总效应	式（5-2）价格竞争机制	式（5-3）生产率机制	式（5-4）融资约束机制	式（5-5）直接效应
国有企业样本回归	中介变量	CFS_{it}			-0.2783*** (-12.73)		-0.5691*** (-19.20)
国有企业样本回归	R^2-within		0.0624	0.0698	0.0742	0.0942	0.0654
国有企业样本回归	N		27811	26378	26376	26791	27197
稳健性检验	解释变量	$lnoex_{ct}$	-0.5354*** (-22.71)	0.2061*** (401.12)	0.0011*** (12.09)	0.9213*** (7.90)	0.0015*** (10.23)
稳健性检验	中介变量	$RCPI_{ct}$					0.7091*** (2.81)
稳健性检验	中介变量	$Rtfp_{it}$					0.0210*** (0.31)
稳健性检验	中介变量	CFS_{it}			-0.3217*** (-17.92)		-0.6986*** (-16.23)
稳健性检验	R^2-within		0.0721	0.0791	0.0862	0.0932	0.0783
稳健性检验	N		28321	25363	26234	27225	28321

注：回归结果由 stata12.0 完成，***、**、*分别表示参数的估计值在 1%、5%、10%的统计水平上显著，括号内数值为 t 统计值。

由表 5-5 可知，国有企业样本组回归中各式的系数符号和显著性水平与稳健性检验中基本一致，说明作用机制的检验结果在国有企业样本组中是稳健的。具体地，我们以 $\ln rex_{ct}$ 的回归结果具体分析，式（5-1）中 $\ln rex_{ct}$ 的系数显著不为零，即汇率变动的总效用系数显著不为零，即满足第一步检验拒绝原假设；在直接作用机制检验中，式（5-2）、式（5-3）、式（5-4）的 $\ln rex_{ct}$ 系数均显著不为零且式（5-5）中 $RCPI_{ct}$、$Rtfp_{it}$ 和 CFS_{it} 的系数均显著不为零，即满足第二步和第四步检验拒绝原假设，所以汇率变动对国有企业出口的价格竞争、生产率和融资约束的直接作用机制均显著存在；在融资约束的间接作用机制检验中，式（5-3）中 CFS_{it} 的系数也显著不为零，即满足第二步拒绝原假设，所以在国有企业组中融资约束的间接作用机制也显著存在。

与总样本回归结果不同，在国有企业样本组中，式（5-1）中 $\ln rex_{ct}$ 的系数为负，表示本币升值能够促进国有企业的出口，相反本币贬值会抑制国有企业的出口，该结果与第四章基准回归结果一致。下面我们具体分析融资约束在汇率变动对国有企业出口中的双重作用机制，以剖析本币升值促进国有企业出口的深层原因。

首先，式（5-2）回归结果中 $\ln rex_{ct}$ 系数为 0.2033，表示本币贬值 1%能够使国外市场上国外产品相对于本国国有企业出口产品价格上升 0.2033%，式（5-5）中 $RCPI_{ct}$ 的系数为 0.6012，表示国外产品相对于本国国有企业出口产品价格每上升 1%，就会促使本国国有企业出口增加 0.6012%，我们可以进一步推算出汇率变动对国有企业出口的价格竞争机制作用为 0.2033×0.6012＝0.1222，表示本币贬值 1%，能够通过使本国国有企业出口产品获得价格竞争优势从而增加的出口量为 0.1222%；相反，本币升值 1%，能够通过使本国国有企业出口产品价格相对提高从而减少出口量为 0.1222%。

其次，式（5-3）回归结果中 $ln\mathrm{rex}_{\mathrm{ct}}$ 系数为 0.0013，表示本币贬值 1%能够使国有出口企业的相对剩余生产率提高 0.0013%，式（5-5）中 $Rtfp_{it}$ 的系数为 0.0316，表示出口企业的相对剩余生产率每提高 1%，就会促使本国国有企业出口增加 0.0316%，我们可以进一步算出汇率变动对国有企业出口的生产率机制作用为 0.0013×0.0316＝0.00004，表示本币贬值 1%，能够通过提高本国出口企业的相对剩余生产率从而带来的出口量的增加为 0.00004%；相反，本币升值 1%，能够降低本国出口企业的相对剩余生产率从而带来的出口量的减少为 0.00004%。

最后，一方面，式（5-4）回归结果中 $\ln rex_{ct}$ 系数为 1.0735，表示本币贬值 1%能够使国有出口企业面临的融资约束提高 1.0735%，式（5-5）中 CFS_{it} 的系数为-0.5691，表示国有出口企业面临的融资约束每提高 1%，就会使国有企业出口减少 0.5691%，我们可以进一步算出汇率变动对国有企业出口的直接融资约束机制作用为 1.0735×（-0.5691）＝-0.6109，表示本币贬值 1%，能够通过提高国有出口企业面临的融资约束从而造成国有企业出口量的减少为 0.6109%；相反，本币升值 1%，能够通过降低企业面临的融资约束，从而带来国有企业出口量的增加为 0.6109%；另一方面，式（5-3）中 CFS_{it} 的系数为-0.2783，表示国有企业的融资约束提高 1%，会使其剩余生产率降低 0.2783%，所以汇率变动对国有企业出口的间接融资约束机制作用为 0.0316×（-0.2783）×1.0735＝-0.0094，表示本币贬值 1%，通过提高国有企业面临的融资约束从而降低企业剩余生产率而造成的出口量的减少为 0.0094%。因此汇率变动通过融资约束的双重中介效应对出口的作用为-0.6203，即本币贬值 1%，通过融资约束的双重作用机制带来的出口减少为 0.6203%；相反，本币升值 1%，通过融资约束的双重作用机制带来的出口增加为 0.6203%。

综上所述，通过对国有企业样本的实证分析，我们发现汇率变动对国有企业出口的二种作用机制均显著存在，且二种作用机制的作用方向也与第二章的理论预期一致。不难发现，国有企业样本回归中汇率变动通过融资约束机制对出口的作用占总效用的 83.54%，其中直接效应占 82.28%，间接效应占 1.26%，因此在国有企业样本中汇率变动通过融资约束机制对出口的作用大于通过生产率机制和价格竞争机制作用之和（16.46%），所以汇率升值会促进国有制造业企业的出口，这与第四章基准回归的结果一致。

2. 外商投资企业样本组检验

汇率变动对外商投资企业出口的作用机制回归结果和稳健性检验如表 5-6 所示，同样，表 5-6 中省略了各式控制变量和常数项系数，详见附表 3 和附表 4。由表 5-6 可以发现，外商投资企业样本组回归中各式的系数符号和显著性水平均通过了稳健性检验。同样，我们以 $\ln rex_{ct}$ 的回归结果具体分析。

表 5-6　　　　外商投资企业样本组检验

变量种类		变量名称	式（5-1）总效应	式（5-2）价格竞争机制	式（5-3）生产率机制	式（5-4）融资约束机制	式（5-5）直接效应
外商投资企业样本回归	解释变量	$\ln rex_{ct}$	0.1130*** (20.77)	0.2045*** (443.51)	0.2219*** (30.25)	0.0913*** (12.18)	0.0200*** (32.05)
	中介变量	$RCPI_{ct}$					0.2563** (4.10)
		$Rtfp_{it}$					0.1027*** (12.01)
		CFS_{it}			-0.1753*** (-3.92)		-0.0116*** (-3.74)
	R^2-within		0.0821	0.0926	0.0932	0.0821	0.0820
	N		736810	699123	697818	708319	717246

续表

变量种类		变量名称	式（5-1） 总效应	式（5-2） 价格竞争机制	式（5-3） 生产率机制	式（5-4） 融资约束机制	式（5-5） 直接效应
稳健性检验	解释变量	$\ln oex_{ct}$	0.0579*** (15.47)	0.1296*** (267.86)	0.0314*** (9.16)	0.1717*** (121.17)	0.0024*** (2.79)
	中介变量	$RCPI_{ct}$					0.2129** (1.18)
		$Rtfp_{it}$					0.1815*** (12.16)
		CFS_{it}			-0.1209*** (2.03)		-0.0901*** (-9.24)
	R^2-within		0.0723	0.0803	0.0890	0.0783	0.0779
	N		673622	683943	687341	709943	709321

注：回归结果由 stata12.0 完成，***、**、*分别表示参数的估计值在 1%、5%、10%的统计水平上显著，括号内数值为 t 统计值。

与国有企业样本组不同，在外商投资企业样本组中，式（5-1）中 $\ln rex_{ct}$ 的系数为负表示本币升值会抑制外商投资企业的出口，该结果与第四章第二节也一致，证明了第四章分组回归结果的稳健性。下面我们具体分析融资约束在汇率变动对外商投资企业出口影响中的双重作用，以探究本币升值抑制外商投资企业出口的内在原因。

首先，式（5-2）回归结果中 $\ln rex_{ct}$ 系数为 0.2045，表示本币贬值 1%能够使国外市场上的国外产品相对于本国外商投资企业出口产品价格上升 0.2045%，式（5-5）中 $RCPI_{ct}$ 的系数为 0.2563，表示国外产品相对于本国外商投资企业出口产品价格每上升 1%，就会促使本国外商投资企业出口增加 0.2563%，我们可以进一步推算出汇率变动对外商投资企业出口的价格竞争机制作用为 $0.2045 \times 0.2563 = 0.0524$，表示本币贬值 1%，能够通过使本国外商投资企业出口产品获得价格竞争优势从而增加的出口量为 0.0524%；相反，本币升值 1%，能通过使本国外商投资企业出口产品价格相对提高从而减少出口量为 0.0524%。

其次，式（5-3）回归结果中 $\ln rex_{ct}$ 系数为 0.2219，表示本币贬值 1%能够使外商投资出口企业的相对剩余生产率提高 0.2219%，式（5-5）中 $Rtfp_{it}$ 的系数为 0.1027，表示出口企业的相对剩余生产率每提高 1%，就会促使外商投资企业出口增加 0.1027%，我们可以进一步算出汇率变动对外商投资企业出口的生产率机制作用为 0.2219×0.1027=0.0228，表示本币贬值 1%，能够通过提高外商投资出口企业的相对剩余生产率从而带来的出口量的增加为 0.0228%，相反，本币升值 1%，能够降低外商投资出口企业的相对剩余生产率从而带来的出口量的减少为 0.0228%。

最后，一方面，式（5-4）回归结果中 $\ln rex_{ct}$ 系数为 0.0913，表示本币贬值 1%能够使外商投资出口企业面临的融资约束提高 0.0913%，式（5-5）中 CFS_{it} 的系数为-0.0116，表示外商投资出口企业面临的融资约束每提高 1%，就会使外商投资企业出口减少 0.0116%，我们可以进一步算出汇率变动对外商投资企业出口的直接融资约束机制作用为 0.0913×（-0.0116）=-0.0011，表示本币贬值 1%，能够通过提高外商投资出口企业面临的融资约束，从而造成外商投资企业出口量的减少为 0.0011%；相反，本币升值 1%，能够通过降低企业面临的融资约束从而带来外商投资企业出口量的增加为 0.0011%。另一方面，式（5-3）中 CFS_{it} 的系数为-0.1753，表示外商投资企业的融资约束提高 1%，会使其剩余生产率降低 0.1753%，所以汇率变动对外商投资企业出口的间接融资约束机制作用为 0.1027×（-0.1753）×0.0913=-0.0016，表示本币贬值 1%，通过提高外商投资企业面临的融资约束从而降低企业剩余生产率而造成的出口量的减少为 0.0016%。因此汇率变动通过融资约束的双重中介效应对出口的作用为-0.0027，即本币贬值 1%，通过融资约束的双重作用机制带来的出口减少为 0.0027%；相反，本币升值 1%，通过融资约束的双重作用机制带来的出口增加为 0.0027%。

综上所述，通过对外商投资企业样本的实证分析，我们发现汇率变动对外商投资企业出口的三种作用机制均显著存在，且三种作用机制的作用方向也与第二章的理论预期一致。不难发现，外商投资企业样本回归中汇率变动通过融资约束机制对出口的作用占总效用的 3.47%，其中直接效应占 1.41%，间接效应占 2.06%，因此，在外商投资企业样本中，汇率变动通过融资约束的间接作用机制对出口的作用较直接作用大，但融资约束双重中介效应均较小，远小于通过生产率机制和价格竞争机制作用之和（96.53%），所以汇率升值会抑制外商投资制造业企业的出口，这与第四章基准回归的结果也一致。

3. 私营企业样本组检验

汇率变动对私营企业出口的作用机制回归结果和稳健性检验如表 5-7 所示，同样，表 5-7 中省略了各控制变量和常数项系数，详见附表 5 和附表 6。由表 5-7 可知，私营企业样本组的作用机制检验也通过了稳健性检验。同样地，我们以 $\ln rex_{ct}$ 的回归结果具体分析。

表 5-7　　私营企业样本组检验

变量种类		变量名称	式（5-1）总效应	式（5-2）价格竞争机制	式（5-3）生产率机制	式（5-4）融资约束机制	式（5-5）直接效应
私营企业样本回归	解释变量	$\ln rex_{ct}$	−0.3130*** (−2.37)	0.2040*** (441.26)	0.4301*** (10.72)	1.0014*** (109.10)	0.0004*** (33.01)
	中介变量	$RCPI_{ct}$					0.2436** (1.85)
		$Rtfp_{it}$					0.4380*** (10.19)
		CFS_{it}			−0.3471*** (−8.82)		−0.5321*** (−6.21)
	R^2-within		0.0721	0.0826	0.0892	0.0736	0.0734
	N		396782	382182	380092	398211	385397
稳健性检验	解释变量	$\ln oex_{ct}$	−0.3417*** (−4.28)	0.2030*** (402.21)	0.4002*** (11.21)	0.9971*** (8.02)	0.1019*** (2.01)
	中介变量	$RCPI_{ct}$					0.2783** (2.09)
		$Rtfp_{it}$					0.4589*** (11.90)
		CFS_{it}			−0.2981*** (−2.93)		−0.6721*** (−7.11)
	R^2-within		0.0718	0.0921	0.0932	0.0831	0.0759
	N		387321	370321	390321	394211	383821

注：回归结果由 stata12.0 完成，***、**、*分别表示参数的估计值在 1%、5%、10%的统计水平上显著，括号内数值为 t 统计值。

与国有企业样本组相似，表 5-7 中式（5-1）中 $\ln rex_{ct}$ 的系数为负表示本币升值能够促进私营企业的出口；相反，本币贬值会抑制私营企业的出口，该结果也与第四章基准回归结果一致。为探索本币升值促进私营企业出口的内在原因，下面我们具体分析融资约束在汇率变动对私营企业出口影响中的双重作用。

首先，式（5-2）回归结果中 $\ln rex_{ct}$ 系数为 0.2040，表示本币贬值 1%能够使国外市场上的国外产品相对于本国私营企业出口产品价格上升 0.2040%，式（5-5）中 $RCPI_{ct}$ 的系数为 0.2436，表示国外产品相对于本国私营企业出口产品价格每上升 1%，就会促使本国私营企业出口增加 0.2436%，我们可以进一步推算出汇率变动对私营企业出口的价格竞争机制作用为 0.2040×0.2436＝0.0497，表示本币贬值 1%，能够通过使本国私营企业出口产品获得价格竞争优势从而增加的出口量为 0.0497%；相反，本币升值 1%，能够通过使本国国有企业出口产品价格相对提高从而减少出口量为 0.0497%。

其次，式（5-3）回归结果中 $ln\mathrm{rex}_{\mathrm{ct}}$ 系数为 0.4301，表示本币贬值 1%能够使私营出口企业的相对剩余生产率提高 0.4301%，式（5-5）中 $Rtfp_{it}$ 的系数为 0.4380，表示出口企业的相对剩余生产率每提高 1%，就会促使本国私营企业出口增加 0.4380%，我们可以进一步推算出汇率变动对私营企业出口的生产率机制作用为 0.4301×0.4380＝0.1884，表示本币贬值 1%，能够通过提高本国私营出口企业的相对剩余生产率从而带来的出口量的增加为 0.1884%；相反，本币升值 1%，能够降低本国私营出口企业的相对剩余生产率从而带来的出口量的减少为 0.1884%。

最后，一方面，式（5-4）回归结果中 $\ln rex_{ct}$ 系数为 1.0014，表示本币贬值 1%能够使私营出口企业面临的融资约束提高 1.0014%，式（5-5）中 CFS_{it} 的系数为-0.5321，表示私营出口企业面临的融资约束每提高 1%，就会使私营企业出口减少 0.5321%，我们可以进一步算出汇率变动对私营企业出口的直接融资约束机制作用为 1.0014×（-0.5321）＝-0.5328，表示本币贬值 1%，能够通过提高私营出口企业面临的融资约束从而造成私营企业出口量的减少为 0.5328%；相反，本币升值 1%，能够通过降低企业面临的融资约束从而带来私营企业出口量的增加为 0.5328%。另一方面，式（5-3）中 CFS_{it} 的系数为-0.3471，表示私营企业的融资约束提高 1%，会使其剩余生产率降低 0.3471%，所以汇率变动对私营企业出口的间接融资约束机制作用为 0.4380×（-0.3471）×1.0014＝-0.1522，表示本币贬值 1%，通过提高私营企业面临的融资约束从而降低企业剩余生产率造成的出口量的减少为 0. 1522%。因此，汇率变动通过融资约束的双重中介效应对出口的作用为-0. 6850。即本币贬值 1%，通过融资约束的双重作用机制带来的出口减少为 0. 6850%；相反，本币升值 1%，通过融资约束的双重作用机制带来的出口增加为 0. 6850%。

综上所述，通过对私营企业样本的实证分析，我们发现汇率变动对私营企业出口的三种作用机制均显著存在，且三种作用机制的作用方向也与第二章的理论预期一致。不难发现，私营企业样本回归中汇率变动通过融资约束机制对出口的作用占总效用的 74. 21%，其中直接效应占 57. 72%，间接效应占 16. 49%，因此在私营企业样本中汇率变动通过融资约束机制对出口的作用大于通过生产率机制和价格竞争机制作用之和（25. 79%），所以汇率升值会促进私营制造业企业的出口，这与第四章基准回归的结果一致。

4. 不同所有制企业的横向比较

为进一步分析融资约束双重作用机制的实现意义，我们有必要将其在三个样本组的作用机制大小进行横向比较。表 5-8 列出了融资约束在不同所有制企业中的双重中介效应检验结果。

表 5-8　　不同所有权性质企业的中介效应检验结果

<table>
<tr><td colspan="2" rowspan="2">中介效应</td><td colspan="2">国有企业</td><td colspan="2">外资企业</td><td colspan="2">私营企业</td></tr>
<tr><td>式（5-2，5-3，5-4）中 $\ln rex_{ct}$ 系数</td><td>式（5-5）中介变量系数</td><td>式（5-2，5-3，5-4）中 $\ln rex_{ct}$ 系数</td><td>式（5-5）中介变量系数</td><td>式（5-2，5-3，5-4）中 $\ln rex_{ct}$ 系数</td><td>式（5-5）中介变量系数</td></tr>
<tr><td rowspan="6">直接</td><td rowspan="2">价格竞争</td><td>0. 2033***</td><td>0. 6012***</td><td>0. 2045***</td><td>0. 2563***</td><td>0. 2040***</td><td>0. 2436***</td></tr>
<tr><td colspan="2">$\lambda_2\beta_1$=0. 1222</td><td colspan="2">$\lambda_2\beta_1$=0. 0524</td><td colspan="2">$\lambda_2\beta_1$=0. 0497</td></tr>
<tr><td rowspan="2">生产率</td><td>0. 0013***</td><td>0. 0316***</td><td>0. 2219***</td><td>0. 1027***</td><td>0. 4301***</td><td>0. 4380***</td></tr>
<tr><td colspan="2">$\lambda_3\gamma_1$=0. 00004</td><td colspan="2">$\lambda_3\gamma_1$=0. 0228</td><td colspan="2">$\lambda_3\gamma_1$=0. 1884</td></tr>
<tr><td rowspan="2">融资约束</td><td>1. 0735***</td><td>-0. 5691***</td><td>0. 0913***</td><td>-0. 0116***</td><td>1. 0014***</td><td>-0. 5321***</td></tr>
<tr><td colspan="2">$\lambda_4\eta_1$=-0. 6109</td><td colspan="2">$\lambda_4\eta_1$=-0. 0011</td><td colspan="2">$\lambda_4\eta_1$=-0. 5328</td></tr>
<tr><td rowspan="3">间接</td><td rowspan="3">融资约束</td><td colspan="2">γ_2</td><td colspan="2">γ_2</td><td colspan="2">γ_2</td></tr>
<tr><td colspan="2">-0. 2783***</td><td colspan="2">-0. 1753***</td><td colspan="2">-0. 3471***</td></tr>
<tr><td colspan="2">$\lambda_3\gamma_2\eta_1$=-0. 0094</td><td colspan="2">$\lambda_3\gamma_2\eta_1$=-0. 0016</td><td colspan="2">$\lambda_3\gamma_2\eta_1$=-0. 1522</td></tr>
</table>

注：回归结果由 stata12. 0 完成，***、**、*分别表示参数的估计值在 1%、5%、10%的统计水平上显著。

从横向看融资约束机制作用以国有企业最大，占 83.53%；其次为私营企业，占 74.21%；外商投资企业最小，占 3.47%。并且，在私营企业中，融资约束的间接作用机制最大，占 16.49%，国有企业和外商投资企业中融资约束的间接作用机制在总效应中占比较低，分别为 1.27% 和 2.05%。

究其原因，对国有企业和私营企业来说，一方面，国有企业在国内市场上更容易获得外源融资，本币升值使得国有企业在本国市场上获得的流动性相对于以外币计价的出口固定成本提高，从而更容易满足融资约束条件而进入出口市场；另一方面，私营企业所受到的融资约束本就较高，私营企业出口样本中存在大量生产率较高而融资约束也较高的企业，本币升值能够使得私营企业本身由于生产率较高而获得的国内流动性积累相对于以外币计价的出口固定成本提高，满足融资约束条件而进入出口市场，使得本币升值对国有企业和私营企业来说，通过融资约束机制带来的出口增加大于通过价格竞争机制和生产率机制带来的出口减少，从而促进出口的增长。

对外商投资企业来说，其本身就是国外资本为获利对中国进行的资本投资，这种性质使得外商投资企业天然不受融资约束的限制从而进入出口市场，所以，当汇率变动时外商投资企业的流动性并没有因汇率变动而改变，所以，外商投资企业汇率变动的融资约束效应不明显；另外，外商投资企业较国内企业更容易在境外获得融资，比如由境外母公司担保而获得境外的银行贷款或在一级市场公开发行债券，这使得本币的升值对外商投资企业的境外融资的价值相对于以境外货币计价的出口成本来说并没有变化，从而使得汇率对外商投资企业的融资约束机制较弱。

三　基于不同行业的分组检验

由第三章典型化事实分析可知，不同行业的出口企业面临的融资约束程度不同，第四章的实证检验发现对不同融资约束程度行业的企业来说，汇率变动对其出口的影响方向也不同，人民币汇率升值会抑制中、低融资约束行业的企业出口，但却会促进高融资约束行业企业的出口。因此本节延续第四章的实证思路根据行业平均融资约束的大小将总样本分为高融资约束行业、中融资约束行业和低融资约束行业三个子样本分别进行检验，进一步分析融资约束机制在不同融资约束程度行业中的特征与差异，追寻汇率变动对不同行业企业出口作用方向不同的深层原因。

1. 高融资约束行业样本组检验

表 5-9 列出了融资约束双重中介效应在高融资约束行业样本组中的检验结果，为说明中介效应模型回归结果的可信性，本书同样采用关键变量替换法依次对式（5-1）至式（5-5）进行了稳健性检验，即用企业名义出口汇率的对数值 $\ln oex_{ct}$ 替代企业实际出口汇率的对数值 $\ln rex_{ct}$，为便于分析，表 5-9 中省略了各控制变量和常数项系数，各控制变量和常数项系数详见附表 7 和附表 8。下面我们使用 $\ln rex_{ct}$ 回归结果具体分析三种作用机制在高融资约束行业样本组中的作用方向与大小。

表 5-9　　高融资约束行业样本组检验

变量种类		变量名称	式（5-1）总效应	式（5-2）价格竞争机制	式（5-3）生产率机制	式（5-4）融资约束机制	式（5-5）直接效应
高融资约束行业样本回归	解释变量	$\ln rex_{ct}$	-0.3029*** (-2.13)	0.2013*** (441.73)	0.4912*** (20.61)	1.0215*** (121.46)	0.0003*** (31.16)
	中介变量	$RCPI_{ct}$					0.2147*** (2.31)
		$Rtfp_{it}$					0.5321*** (10.21)
		CFS_{it}			-0.1093*** (14.92)		-0.5621*** (-9.43)
	R^2-within		0.0624	0.0698	0.0742	0.0942	0.0654
	N		562351	570328	560021	563894	559629
稳健性检验	解释变量	$\ln oex_{ct}$	-0.3181*** (-3.42)	0.2219*** (423.07)	0.5321*** (25.21)	1.1376*** (120.38)	0.0009*** (33.09)
	中介变量	$RCPI_{ct}$					0.2320*** (2.79)
		$Rtfp_{it}$					0.5732*** (19.65)
		CFS_{it}			-0.2019*** (-2.82)		-0.7532** (-10.63)
	R^2-within		0.0742	0.0794	0.0803	0.0873	0.0772
	N		579211	587219	602201	599832	597321

注：回归结果由 stata12.0 完成，***、**、*分别表示参数的估计值在 1%、5%、10%的统计水平上显著，括号内数值为 t 统计值。

首先，式（5-2）回归结果中 $\ln rex_{ct}$ 系数为 0.2013，表示本币贬值 1%能够使国外市场上国外产品相对于我国高融资约束行业的出口产品价格上升 0.2013%，式（5-5）中 $RCPI_{ct}$ 的系数为 0.2147，表示国外产品相对于我国高融资约束行业的出口产品价格每上升 1%，就会促使我国高融资约束行业的企业出口增加 0.2147%，我们可以进一步推算出在高融资约束行业中汇率变动对企业出口的价格竞争机制作用为 0.2013×0.2147=0.0432，表示在高融资约束行业中，本币贬值 1%，能够通过使企业出口产品在国外市场上获得价格竞争优势从而增加的出口量为 0.0432%；相反，本币升值 1%，能够通过使本国企业出口产品价格相对提高从而减少出口量为 0.0432%。

其次，式（5-3）回归结果中 $\ln rex_{ct}$ 系数为 0.4912，表示本币贬值 1%能够使高融资约束行业的出口企业相对剩余生产率提高 0.4912%，式（5-5）中 $Rtfp_{it}$ 的系数为 0.5321，表示出口企业的相对剩余生产率每提高 1%，就会促使我国高融资约束行业的企业出口增加 0.5321%。我们可以进一步算出在高融资约束行业中，汇率变动对企业出口的生产率机制作用为 0.4912×0.5321=0.2614，表示在高融资约束行业中，本币贬值 1%，能够通过提高本国出口企业的相对剩余生产率从而带来的出口量的增加为 0.2614%；相反，本币升值 1%，能够通过降低本国出口企业的相对剩余生产率从而带来的出口量的减少为 0.2614%。

最后，一方面，式（5-4）回归结果中 $\ln rex_{ct}$ 系数为 1.0215，表示本币贬值 1%能够使高融资约束行业企业面临的融资约束提高 1.0215%，式（5-5）中 CFS_{it} 的系数为-0.5621，表示高融资约束行业企业面临的融资约束每提高 1%，就会使其出口减少 0.5621%，我们可以进一步算出汇率变动对高融资约束行业企业出口的直接融资约束机制作用为 1.0215×（-0.5621）=-0.5742，表示本币贬值 1%，能够通过提高高融资约束行业企业面临的融资约束从而造成其出口量的减少为 0.5742%；相反，本币升值 1%，能够通过降低高融资约束企业面临的融资约束从而带来其企业出口量的增加为 0.5742%。另一方面，式（5-3）中 CFS_{it} 的系数为-0.1093，表示高融资约束行业企业的融资约束提高 1%，会使其剩余生产率降低 0.1093%，所以汇率变动对高融资约束行业出口的间接融资约束机制作用为 0.5321×（-0.1093）×1.0215=-0.0594，表示本币贬值 1%，通过提高高融资约束行业企业面临的融资约束从而降低企业剩余生产率而造成的出口量的减少为0.0594%。因此汇率变动通过融资约束的双重中介效应对高融资约束行业出口的作用为-0.6336。即本币贬值1%，通过融资约束的双重作用机制给高融资约束行业带来的出口减少为0.6336%；相反，本币升值1%，通过融资约束的双重作用机制给高融资约束行业带来的出口增加为0.6336%。

综上所述，通过对高融资约束行业样本的实证分析，我们发现汇率变动对高融资约束行业出口的三种作用机制均显著存在，且三种作用机制的作用方向也与第二章理论预期一致。不难发现，高融资约束行业样本回归中汇率变动通过融资约束机制对出口的作用占总效用的67.53%，其中直接效应占61.20%，间接效应占6.33%，因此在高融资约束行业样本中汇率变动通过融资约束机制对出口的作用大于通过生产率机制和价格竞争机制作用之和（32.47%），所以汇率升值会促进高融资约束行业企业的出口，也与第四章基准回归的结果一致。

2. 中融资约束行业样本组检验

表5-10列出了融资约束双重中介效应在中融资约束行业样本组中的检验结果，为说明中介效应模型回归结果的可信性，本书同样采用关键变量替换法依次对式（5-1）至式（5-5）进行了稳健性检验且为便于分析，表5-10中省略了各控制变量和常数项系数，各控制变量和常数项系数详见附表9和附表10。下面我们使用 $\ln rex_{ct}$ 回归结果具体分析三种作用机制在中融资约束行业样本组中的作用方向与大小。

表5-10　　中融资约束行业样本组检验

变量种类		变量名称	式（5-1） 总效应	式（5-2） 价格竞争机制	式（5-3） 生产率机制	式（5-4） 融资约束机制	式（5-5） 直接效应
中融资约束行业样本回归	解释变量	$\ln rex_{ct}$	0.0913*** (15.21)	0.1979*** (439.28)	0.2036*** (27.51)	0.0382*** (19.07)	0.0201*** (10.79)
	中介变量	$RCPI_{ct}$					0.2391** (3.92)
		$Rtfp_{it}$					0.1101*** (10.25)
		CFS_{it}			-0.2712** (-4.92)		-0.0320*** (-7.21)
	R^2-within		0.0728	0.0827	0.0801	0.0721	0.0709
	N		208123	228434	229903	223281	231092

续表

变量种类		变量名称	式（5-1）总效应	式（5-2）价格竞争机制	式（5-3）生产率机制	式（5-4）融资约束机制	式（5-5）直接效应
稳健性检验	解释变量	$lnoex_{ct}$	0. 1093*** （19. 02）	0. 2082*** （628. 05）	0. 2095*** （23. 09）	0. 0561*** （51. 09）	0. 0062*** （18. 02）
	中介变量	$RCPI_{ct}$					0. 2527** （5. 02）
		$Rtfp_{it}$					0. 1719** （18. 02）
		CFS_{it}			-0. 1293** （-8. 32）		-0. 0800*** （-10. 81）
	R^2-within		0. 0803	0. 0752	0. 0690	0. 0732	0. 0801
	N		240643	230564	238543	238643	230843

注：回归结果由 stata12. 0 完成，***、**、*分别表示参数的估计值在 1%、5%、10%的统计水平上显著，括号内数值为 t 统计值。

首先，式（5-2）回归结果中 $lnrex_{ct}$ 系数为 0. 1979，表示本币贬值 1%能够使国外市场上国外产品相对于本国中融资约束行业的企业出口产品价格上升 0. 1979%，式（5-5）中 $RCPI_{ct}$ 的系数为 0. 2391，表示在中融资约束行业中，国外产品相对于本国企业出口产品价格每上升 1%，就会促使本国企业出口增加 0. 2391%。我们可以进一步推算出在中融资约束行业中，汇率变动对企业出口的价格竞争机制作用为 0. 1979×0. 2391 = 0. 0473，表示在中融资约束行业中，本币贬值 1%，能够通过使本国企业出口产品获得价格竞争优势从而增加的出口量为 0. 0473%；相反，本币升值 1%，能够使本国企业出口产品价格相对提高从而减少出口量 0. 0473%。

其次，式（5-3）回归结果中 $lnrex_{ct}$ 系数为 0. 2036，表示本币贬值 1%能够使中融资约束行业的出口企业相对剩余生产率提高 0. 2036%，式（5-5）中 $Rtfp_{it}$ 的系数为 0. 1101，表示出口企业的相对剩余生产率每提高 1%，就会促使中融资约束行业的企业出口增加 0. 1101%。我们可以进一步算出在中融资约束行业中汇率变动对企业出口的生产率机制作用为 0. 2036×0. 1101 = 0. 0224，表示在中融资约束行业本币贬值 1%，能够通过提高出口企业的相对剩余生产率从而带来的出口量的增加为 0. 0224%；

相反，本币升值 1%，能够降低出口企业的相对剩余生产率从而带来的出口量的减少为 0. 0224%。

最后，一方面，式（5-4）回归结果中 $\ln rex_{ct}$ 系数为 0. 0382，表示本币贬值 1%能够使中融资约束行业企业面临的融资约束提高 0. 0382%，式（5-5）中 CFS_{it} 的系数为-0. 0320，表示中融资约束行业企业面临的融资约束每提高 1%，就会使其出口减少 0. 0320%，我们可以进一步算出汇率变动对中融资约束行业企业出口的直接融资约束机制作用为 0. 0382×（-0. 0320）=-0. 0012，表示本币贬值 1%，能够通过提高中融资约束行业企业面临的融资约束从而造成其出口量的减少为 0. 0012%；相反，本币升值 1%，能够通过降低中融资约束企业面临的融资约束从而带来其企业出口量的增加为 0. 0012%。另一方面，式（5-3）中 CFS_{it} 的系数为-0. 2712，表示中融资约束行业企业的融资约束提高 1%，会使其剩余生产率降低 0. 2712%，所以汇率变动对中融资约束行业出口的间接融资约束机制作用为 0. 1101×（-0. 2712）×0. 0382=-0. 0011，表示本币贬值 1%，通过提高中融资约束行业企业面临的融资约束从而降低企业剩余生产率而造成的出口量的减少为 0. 0011%。因此汇率变动通过融资约束的双重中介效应对中融资约束行业出口的作用为-0. 0023。即本币贬值 1%，通过融资约束的双重作用机制给中融资约束行业带来的出口减少为 0. 0023%；相反，本币升值 1%，通过融资约束的双重作用机制给中融资约束行业带来的出口增加为 0. 0023%。

综上所述，通过对中融资约束行业样本的实证分析，我们发现汇率变动对中融资约束行业出口的三种作用机制均显著存在，且三种作用机制的作用方向也与第二章理论预期一致。不难发现，中融资约束行业样本回归中汇率变动通过融资约束机制对出口的作用占总效用的 3. 19%，其中直接效应占 1. 67%，间接效应占 1. 52%，因此在中融资约束行业样本中汇率变动通过融资约束机制对出口的作用远远小于通过生产率机制和价格竞争机制作用之和（96. 81%），所以汇率升值会抑制中融资约束行业企业的出口；相反，贬值会促进中融资行业企业的出口，也与第四章基准回归的结果一致。

3. 低融资约束行业样本组检验

表 5-11 列出了融资约束双重中介效应在低融资约束行业样本组中的检验结果，为说明中介效应模型回归结果的可信性，本书同样采用关键

变量替换法依次对式（5-1）至式（5-5）进行了稳健性检验且为便于分析，表 5-11 中省略了各控制变量和常数项系数，各控制变量和常数项系数详见附表 11 和附表 12。我们使用 $ln\mathrm{rex}_{ct}$ 回归结果具体分析三种作用机制在低融资约束行业样本组中的作用方向与大小。

表 5-11　　　　低融资约束行业样本组检验

变量种类		变量名称	式（5-1） 总效应	式（5-2） 价格竞争机制	式（5-3） 生产率机制	式（5-4） 融资约束机制	式（5-5） 直接效应
中融资约束行业样本回归	解释变量	$\ln rex_{ct}$	0.1162*** (17.79)	0.2024*** (411.09)	0.1938*** (25.16)	0.0290*** (10.13)	0.0190*** (9.02)
	中介变量	$RCPI_{ct}$					0.2579** (4.09)
		$Rtfp_{it}$					0.1372*** (15.21)
		CFS_{it}			-0.1091*** (-9.42)		-0.0278*** (-5.09)
	R^2-within		0.0728	0.0827	0.0801	0.0721	0.0709
	N		208123	228434	229903	223281	231092
稳健性检验	解释变量	$\ln oex_{ct}$	0.2976*** (21.90)	0.2447*** (463.05)	0.1802*** (27.08)	0.0304*** (13.62)	0.0013*** (2.01)
	中介变量	$RCPI_{ct}$					0.2429** (3.89)
		$Rtfp_{it}$					0.1492*** (16.03)
		CFS_{it}			-0.1273*** (-9.21)		-0.0321*** (-8.03)
	R^2-within		0.0817	0.0873	0.0814	0.0816	0.0852
	N		153276	143278	147779	142690	149462

注：回归结果由 stata12.0 完成，***、**、*分别表示参数的估计值在 1%、5%、10%的统计水平上显著，括号内数值为 t 统计值。

首先，式（5-2）回归结果中 $\ln rex_{ct}$ 系数为 0.2024，表示本币贬值 1%能够使国外市场上国外产品相对于本国低融资约束行业的企业出口产品价格上升 0.2024%；式（5-5）中 $RCPI_{ct}$ 的系数为 0.2579，表示在低融资约束行业中，国外产品相对于本国企业出口产品价格每上升 1%，就会促使本国企业出口增加 0.2579%。我们可以进一步推算出在低融资约束行业中，汇率变动对企业出口的价格竞争机制作用为 0.2024×0.2579＝0.0522，表示在低融资约束行业中，本币贬值 1%，能够通过使本国企业出口产品获得价格竞争优势从而增加的出口量为 0.0522%；相反，本币升值 1%，能够通过使本国企业出口产品价格相对提高从而减少的出口量为 0.0522%。

其次，式（5-3）回归结果中 $\ln rex_{ct}$ 系数为 0.1938，表示本币贬值 1%能够使低融资约束行业的出口企业相对剩余生产率提高 0.1938%；式（5-5）中 $Rtfp_{it}$ 的系数为 0.1372，表示出口企业的相对剩余生产率每提高 1%，就会促使低融资约束行业的企业出口增加 0.1372%。我们可以进一步算出在低融资约束行业中汇率变动对企业出口的生产率机制作用为 0.1938×0.1372＝0.0266，表示在低融资约束行业本币贬值 1%，能够通过提高出口企业的相对剩余生产率从而带来的出口量的增加为 0.0266%；相反，本币升值 1%，能够降低出口企业的相对剩余生产率从而带来的出口量的减少为 0.0266%。

最后，一方面，式（5-4）回归结果中 $\ln rex_{ct}$ 系数为 0.0290，表示本币升值 1%能够使低融资约束行业的出口企业面临的融资约束降低 0.0290%；式（5-5）中 CFS_{it} 的系数为−0.0278，表示在低融资约束行业出口企业面临的融资约束每降低 1%，就会使出口增加 0.0278%。我们可以进一步推算出在低融资约束行业，汇率变动对企业出口的直接融资约束机制作用为 0.0290×（−0.0278）＝−0.0008，表示在低融资约束行业本币升值 1%，能够通过减少本国出口企业面临的融资约束从而带来出口量的增加为 0.0008%；相反，本币贬值 1%，能够通过提高本国出口企业面临的融资约束从而带来出口量的减少为 0.0008%。另一方面，式（5-3）中 CFS_{it} 的系数为−0.1091，表示低融资约束行业企业的融资约束提高 1%，会使其剩余生产率降低 0.1091%，所以汇率变动对低融资约束行业出口的间接融资约束机制作用为 0.1372×（−0.1091）×0.0290＝−0.0004，表示本币贬值 1%，通过提高低融资约束行业企业面临的融资约束从而降低企业剩余生产率而造成的出口量的减少为 0.0004%。因此汇率变动通过融资约束的双重中介效应对低融资约束行业出口的作用为

-0.0012。即本币贬值1%，通过融资约束的双重作用机制给低融资约束行业带来的出口减少为0.0012%；相反，本币升值1%，通过融资约束的双重作用机制给低融资约束行业带来的出口增加为0.0012%。

综上所述，通过对低融资约束行业样本的实证分析，我们发现汇率变动对低融资约束行业出口的三种作用机制均显著存在，且三种作用机制的作用方向也与第二章理论预期一致。不难发现，低融资约束行业样本回归中汇率变动通过融资约束机制对出口的作用占总效用的1.50%，其中直接效应占1.00%，间接效应占0.50%，因此在低融资约束行业样本中汇率变动通过融资约束机制对出口的作用也远远小于通过生产率机制和价格竞争机制作用之和（98.50%），所以汇率升值会抑制低融资约束行业企业的出口；相反，贬值会促进中融资行业企业的出口，也与第四章基准回归的结果一致。

4. 不同融资约束程度行业分组的横向比较

延续不同股权性质分组的实证思路，为进一步分析融资约束双重作用机制在不同融资约束程度行业中的作用大小和实现意义，我们有必要将三个行业样本组的中介作用机制大小也进行横向比较。表5-12中总结了各中介变量作用机制在高、中、低三种融资约束行业样本组中的作用。

表5-12　　　不同融资约束程度行业的中介效应检验结果

中介效应		高融资约束行业		中融资约束行业		低融资约束行业	
		式（5-2，5-3，5-4）中 $lnrex_{ct}$ 系数	式（5-5）中介变量系数	式（5-2，5-3，5-4）中 $lnrex_{ct}$ 系数	式（5-5）中介变量系数	式（5-2，5-3，5-4）中 $lnrex_{ct}$ 系数	式（5-5）中介变量系数
直接	价格竞争	0.2013***	0.2147***	0.1979***	0.2391***	0.2024***	0.2579***
		$\lambda_2\beta_1=0.0432$		$\lambda_2\beta_1=0.0473$		$\lambda_2\beta_1=0.0522$	
	生产率	0.4912***	0.5321***	0.2036***	0.1101***	0.1938***	0.1372***
		$\lambda_3\gamma_1=0.2614$		$\lambda_3\gamma_1=0.0224$		$\lambda_3\gamma_1=0.0266$	
	融资约束	1.0215***	-0.5621***	0.0382***	-0.0320***	0.0290***	-0.0278***
		$\lambda_4\eta_1=-0.5742$		$\lambda_4\eta_1=-0.0012$		$\lambda_4\eta_1=-0.0008$	
间接	融资约束	γ_2		γ_2		γ_2	
		-0.1093***		-0.2712***		-0.1091***	
		$\lambda_3\gamma_2\eta_1=-0.0594$		$\lambda_3\gamma_2\eta_1=-0.0011$		$\lambda_3\gamma_2\eta_1=-0.0004$	

注：回归结果由stata12.0完成，***、**、*分别表示参数的估计值在1%、5%、10%的统计水平上显著，括号内数值为t统计值。

从横向看融资约束机制作用以高融资约束行业最大，占 67.53%，其中直接作用占比较大，为 61.20%；在中、低融资约束行业中，融资约束的直接作用和间接作用均较低，导致融资约束机制在总效应中的占比也较低，分别为 3.19%和 1.50%。

究其原因，一方面，在融资约束较高的行业中制约出口的主要因素是企业无法满足出口的固定成本，而非出口产品的相对价格达不到出口条件，因此本币贬值带来的出口产品的相对价格降低在融资约束较高的行业并不能非常有效地促进出口的增加，因此在融资约束较高的行业中，汇率变动对出口的价格竞争机制作用较弱；另一方面，对高融资约束行业的企业来说，进入出口市场往往要有比中、低融资约束行业的企业具有更高的生产率，因此在高融资约束行业存在大量生产率高而融资约束也较高的企业，本币升值能够使得这部分企业在国内市场销售获得的流动性积累相对于以外币计价的出口固定成本提高，满足融资约束条件而进入出口市场，所以在高融资约束行业，汇率变动对出口融资约束机制作用较高。

第三节　本章小结

本章通过建立中介效应模型分三个部分检验了融资约束在汇率变动对中国制造业企业出口的双重作用机制：总样本、所有权性质分组和行业分组三个部分。得到如下结论。

第一，总样本回归中我们发现：汇率变动会通过价格竞争、生产率、融资约束三种机制作用于出口，三种作用机制的作用方向与第二章理论预期相符，即当本币升值时，汇率会通过价格竞争机制和生产率机制对出口产生负效应，通过融资约束机制对出口产生正效应。并且，融资约束在汇率变动对出口的影响中具有双重效应，一方面，汇率变动通过直接影响企业的融资约束从而对出口产生影响；另一方面，汇率变动通过融资约束影响企业出口的生产率条件，从而对出口产生间接影响。总样本回归中汇率变动通过融资约束机制对出口的作用占总效用的 13.12%，其中直接效应占 12.38%，间接效应占 0.74%，因此，在总样本中，汇率变动通过融资约束机制对出口的作用小于通过生产率机制和价格竞争机制作用之和，所以汇率升值会在整体上抑制中国制造业企业的出口。

第二，在所有权性质分组回归中我们发现：汇率变动对国有、外商和私营企业出口的三种作用机制均显著存在，且作用方向也与理论预期一致。首先，国有企业样本组中，汇率变动通过融资约束机制对出口的作用占总效用的 83.54%，其中直接效应占 82.28%，间接效应占 1.26%，因此汇率变动通过融资约束机制对出口的作用大于通过生产率机制和价格竞争机制作用之和，所以汇率升值会促进国有制造业企业的出口；其次，在外商投资企业样本组中，汇率变动通过融资约束机制对出口的作用占总效用的 3.47%，其中直接效应占 1.41%，间接效应占 2.06%，因此汇率变动通过融资约束的间接作用机制对出口的作用较直接作用大，但融资约束双重中介效应均较小，远小于通过生产率机制和价格竞争机制作用之和，所以汇率升值会抑制外商投资制造业企业的出口；最后，在私营企业样本组中，汇率变动通过融资约束机制对出口的作用占总效用的 74.21%，其中直接效应占 57.72%，间接效应占 16.49%，因此汇率变动通过融资约束机制对出口的作用大于通过生产率机制和价格竞争机制作用之和，所以汇率升值会促进私营制造业企业的出口。

第三，在行业分组回归中我们发现：汇率变动对高、中、低融资约束行业企业出口的三种作用机制均显著存在，且作用方向也与理论预期一致。首先，高融资约束行业样本组中，汇率变动通过融资约束机制对出口的作用占总效用的 67.53%，直接效应占 61.20%，间接效应占 6.33%，因此，汇率变动通过融资约束机制对出口的作用大于通过生产率机制和价格竞争机制作用之和，所以汇率升值会促进高融资约束行业企业的出口；其次，中融资约束行业样本组中，汇率变动通过融资约束机制对出口的作用占总效用的 3.19%，直接效应占 1.67%，间接效应占 1.52%，因此，汇率变动通过融资约束机制对出口的作用远远小于通过生产率机制和价格竞争机制作用之和，所以汇率升值会抑制中融资约束行业企业的出口；最后，低融资约束行业样本组中，汇率变动通过融资约束机制对出口的作用占总效用的 1.50%，直接效应占 1.00%，间接效应占 0.50%，因此，汇率变动通过融资约束机制对出口的作用也远远小于通过生产率机制和价格竞争机制作用之和，所以汇率升值会抑制低融资约束行业企业的出口。

第六章　融资约束条件下汇率变动对制造业企业出口动态选择的影响

从第一章文献综述中对相关研究的梳理我们发现，新新贸易理论出现之后，国外学者开始使用其理论从微观视角分析研究汇率变动对贸易的影响，但综观国内学者从建立在新新贸易理论框架下的研究，主要使用了企业微观层面的数据检验了汇率变动对出口量或出口值的静态影响，其研究内容并没有从研究贸易量扩展到微观企业出口的动态选择，而企业主体基于自身规模、生产率、融资约束等异质性对出口市场的动态选择恰是新新贸易理论的核心内容。从第三章典型化事实描述中我们发现2000—2009 年十年样本期中，中国企业经历了 2004 年全面开放进出口经营权后井喷式进入、2008 年国际金融危机后出口量急剧下降和大量出口企业退出市场的情况。因此，研究融资约束条件下汇率变动对出口企业动态选择的影响具有较强的理论和现实意义。本章在中介效应模型的基础上重点关注当汇率变动时，企业基于自身规模、生产率、融资约束等异质性对出口市场的动态选择问题。具体来说，我们在第五章实证检验的基础上，运用 Probit 和 Logit 模型检验了汇率变动时未出口企业是否进入出口市场、已出口的企业是否退出出口市场和未退出企业增加或减少出口量的选择进行了检验，进一步分析了融资约束机制在汇率变动对企业在出口市场动态选择中的作用，以期能够更好地解释汇率变动对中国制造业企业出口决策的影响。

第一节　模型设定和变量说明

一　模型设定

本章旨在考察汇率变动在制造业企业出口决策的作用，以企业是否进入目的国市场为例，在此样本组中企业只面临两种选择，要么进入目的地市场，要么不进入。在个体仅有两种选择的情况下，最为适宜的实证分析方法为二值选择（Binary Choice Model）模型，模型设定如下：

$$P(Enter_{ict}=1 \mid x)=F(x,\ \beta)$$
$$P(Enter_{ict}=0 \mid x)=1-F(x,\ \beta) \tag{6-1}$$

其中，被解释变量 $Enter_{ict}$ 取值为 1 或 0；x 为解释变量；$F(x,\ \beta)$ 为连续函数，表示被解释变量取值为 1 时的分布情况，当该函数服从标准正态积累分布即 $P(Enter_{ict}=1 \mid x)=F(x,\ \beta)=\Phi(x'\beta)\equiv\int_{-\infty}^{x'\beta}\varphi(t)dt$ 时，该模型被称为“Probit”；当该函数服从逻辑分布即 $P(Enter_{ict}=1 \mid x)=F(x,\ \beta)=\Lambda(x'\beta)\equiv\frac{\exp(x'\beta)}{1+\exp(x'\beta)}$ 时，该模型被称为“Logit”。需要注意的是，与线性回归不同，在二值选择模型中，估计量 $\hat{\beta}$ 并非边际效应，不能直接衡量解释变量对被解释变量的影响大小，以 Probit 为例，各变量对被解释变量的边际影响为：

$$\frac{\partial P(Enter_{ict}=1 \mid x)}{\partial x_k}=\frac{\partial P(Enter_{ict}=1 \mid x)}{\partial (x'\beta)}.\ \frac{\partial (x'\beta)}{\partial x_k}F(x,\ \beta)=\varphi(x'\beta).\beta_k \tag{6-2}$$

在第五章第一节的基础上构建如下逐步回归模型，检验汇率变动对企业出口动态决策的作用机制：

$$F(x,\ \beta)=\alpha_0+\alpha_1\ln rex_{ct}+\sum\alpha_{2\cdots n}Controls+\varepsilon_{ict} \tag{6-3}$$

$$Q(x,\ \beta)=\lambda_0+\lambda_1\ln rex_{ct}+\lambda_2 RCPI_{ct}+\lambda_3 Rtfp_{it}+\lambda_4 CFS_{it}+\sum\lambda_{5\cdots n}Controls+\varepsilon_{ict} \tag{6-4}$$

其中，式（6-3）中 $\ln rex_{ct}$ 的边际效应表示汇率变动对企业动态选择（是否进入、是否退出、增加或减少出口量）的总效应，式（6-4）中 $\ln rex_{ct}$ 的边际效应表示汇率变动对出口的直接效应。我们将式（5-2）、式（5-3）、式（5-4）代入式（6-4）中得到如下表达式：

$$\begin{aligned}Q(x,\ \beta)=&(\lambda_0+\lambda_2\beta_0+\lambda_3\gamma_0+\lambda_4\eta_0+\lambda_3\gamma_2\eta_0)+(\lambda_1+\lambda_2\beta_1+\lambda_3\gamma_1+\\&\lambda_4\eta_1+\lambda_3\gamma_2\eta_1)\ln rex_{ct}+\sum\zeta_{1\cdots n}Controls+\varepsilon_{ict}\end{aligned} \tag{6-5}$$

同样，$\lambda_2\beta_1$、$\lambda_3\gamma_1$、$\lambda_4\eta_1+\lambda_3\gamma_2\eta_1$ 分别表示汇率变动通过价格竞争、生产率和融资约束三种机制对企业动态选择的作用，其中融资约束具有双重中介效应，$\lambda_4\eta_1$ 为直接效应，$\lambda_3\gamma_2\eta_1$ 为间接效应。

二　变量说明

本书运用二值选择模型来考察汇率变动对企业是否进入、是否退出和增加还是减少出口量的动态影响，因此在被解释变量选择上，本书选取了三个被解释变量：

$Enter_{ict}$ 表示 i 企业在 t 期是否进入出口目的地 c 市场，若进入，则 $Enter_{ict}=1$，反之则 $Enter_{ict}=0$。

$Exit_{ict}$ 表示 i 企业在 t 期是否退出出口目的地 c 市场，若退出，则 $Exit_{ict}=1$；反之，则 $Exit_{ict}=0$。

$Increase_{ict}$ 表示 i 企业在 t 期对出口目的地 c 市场的出口量增加或减少，若增加，则 $Increase_{ict}=1$，若减少，则 $Increase_{ict}=0$。

同时，解释变量均与第五章一致。

三　统计性描述

本书将新增加离散型被解释变量的统计性描述如表 6-1 所示。

表 6-1　　离散型被解释变量的统计性描述

变量名称	平均值	标准差	观测值	最小值	最大值
$Enter_{ict}$	0.5217	0.4916	3021266	0	1
$Exit_{ict}$	0.4164	0.4929	2644811	0	1
$Increase_{ict}$	0.5471	0.4978	1543683	0	1

注：由 stata12.0 软件计算得出。

为更加具体地刻画制造业企业动态选择样本的特征，我们将样本区间内进入、不进入、退出、不退出、增加出口量、减少出口量的企业特征整理如表 6-2。

表 6-2　　动态分组企业变量均值

变量	分组					
	进入	不进入	退出	不退出	增加	减少
CFS_{it}	1.0404	1.5673	1.4312	1.4140	1.3727	1.4265
$Rtfp_{it}$	0.4202	0.3077	0.3401	0.4219	0.3767	0.3781
$\ln tasset_{it}$	11.7851	10.2113	9.0231	13.0212	13.0231	13.0921
$share_{it}$	0.0065	0.0053	0.0053	0.0052	0.0053	0.0053

注：由 stata12.0 软件计算得出。

由表6-2我们发现，在动态选择样本中存在以下三点特征：第一，进入与不进入样本组中，选择进入出口市场的企业面临的融资约束要明显优于选择不进入的企业，而对于已进入出口市场的企业选择退出市场和不退出市场的两种企业的融资约束指标差别并不大；第二，企业相对剩余生产率与生产规模两项指标在进入与不退出企业中的均值要明显优于不进入和退出企业，但在增加还是减少企业样本组中并没有太大区别；第三，选择进入出口市场的企业的市场占有率指标要明显优于选择不进入出口市场的企业，但在是否退出、增加还是减少出口量样本组中差别不大。因此我们猜想，在选择是否进入出口市场决策中，融资约束起到关键性作用，而在是否退出和增加还是减少出口量的决策中，生产率发挥的作用相对较大。

第二节 融资约束条件下汇率变动对企业出口动态选择影响的总样本检验

本节分三个部分检验汇率变动对制造业企业出口决策的影响：首先，利用108775个进入出口市场的标的企业和106344个不进入出口市场的标的企业的3021266条样本数据检验融资约束机制在汇率变动对企业是否进入出口市场决策的影响；其次，利用100107个退出出口市场的标的企业和81974个不退出出口市场的标的企业的2644811条样本数据检验融资约束机制在汇率变动对企业是否退出出口市场决策的影响；最后，利用81974个企业的1543683条样本组数据检验汇率变动的融资约束机制在企业增加还是减少对出口目的国出口量决策中的作用。

一 企业是否进入出口市场的总样本检验

表6-3给出了汇率变动对制造业企业是否进入目的地市场决策影响的实证检验。其中，式（5-2）、式（5-3）、式（5-4）的估计方法和经济学解释与第五章一致，此处我们仅列出式（5-2）、式（5-3）、式（5-4）中介变量作为被解释变量的 $lnrex_{ct}$ 系数（第一列系数），为了得到更为稳健的结果，我们分别用Probit和Logit模型对式（6-3）和式（6-4）进行回归，并列出了Logit模型回归的边际效应。从结果来看，不论是变量符号还是显著性水平，Probit和Logit模型回归结果都具有相似性。对

表 6-3　　融资约束机制在制造业企业是否进入目的地市场决策中的作用

变量种类	变量名称	中介效应 $\ln rex_{ct}$ 系数	式（5-3）CFS 系数	式（6-3）			式（6-4）		
				Probit	Logit	$\frac{dy}{dx=1}$	Probit	Logit	$\frac{dy}{dx=1}$
解释变量	$\ln rex_{ct}$			-0. 0452 *** (-42. 33)	-0. 0745 *** (-42. 32)	-0. 0145	-0. 0046 *** (-11. 96)	-0. 0083 *** (-11. 97)	-0. 0009
中介变量	$RCPI_{ct}$	0. 2079 *** (406. 78)					0. 0105 *** (2. 53)	0. 0189 *** (2. 43)	0. 0067
	$Rtfp_{it}$	0. 0397 *** (7. 42)	-0. 3913 *** (-6. 24)				0. 0217 *** (5. 22)	0. 0369 *** (5. 20)	0. 0123
	CFS_{it}	0. 5381 *** (50. 26)					-0. 0223 *** (-9. 94)	-0. 0929 *** (-9. 80)	-0. 0228
控制变量	$\ln tasset_{it}$			0. 0097 *** (4. 86)	0. 0161 *** (4. 92)	0. 0014	0. 0196 *** (14. 28)	0. 0315 *** (14. 28)	0. 0076
	$share_{it}$			0. 3198 *** (5. 90)	0. 5279 *** (5. 86)	0. 1185	0. 1832 *** (2. 20)	0. 2936 ** (2. 20)	0. 0711
	$\ln gdpp_{ct}$			0. 0554 *** (38. 15)	0. 0903 *** (38. 23)	0. 0203	0. 0457 *** (19. 43)	0. 0733 *** (19. 45)	0. 0178
	$tarifflines_{ct}$			-0. 0005 *** (-4. 26)	-0. 0008 *** (-4. 13)	-0. 0002	-0. 0018 *** (-9. 93)	-0. 0030 *** (-9. 93)	0. 0007

续表

变量种类	变量名称	中介效应 $\ln rex_{ct}$ 系数	式（5-3）*CFS* 系数	式（6-3）			式（6-4）		
				Probit	Logit	$\frac{dy}{dx=1}$	Probit	Logit	$\frac{dy}{dx=1}$
	$\ln vcost_{ict}$			-0.0629*** (-24.50)	-0.1020*** (-24.32)	-0.0229	-0.0441*** (-10.32)	-0.0708*** (-10.32)	-0.0172
控制变量	*year*			YES	YES		YES	YES	
	country			YES	YES		YES	YES	
	industry			YES	YES		YES	YES	
常数项	_cons			0.4121*** (4.69)	0.6570*** (14.37)	/	-0.1180** (-2.49)	-0.1911** (-2.51)	/
Pseudo R^2				0.3001	0.3012		0.3017	0.3017	
likelihood				-791260.97	-791258.91		-293291.2	-293291.61	
Wald				4821.98	4826.09		918.27	977.45	
N		1234492	1234492	1234492			1234492		

注：回归结果由 stata12.0 完成，***、**、* 分别表示参数的估计值在 1%、5%、10%的统计水平上显著，括号内数值为 z 统计值；“YES” 表示模型中加入了该控制变量，“NO” 表示模型中未加入该控制变量。

回归结果的分析还应当建立在各变量对被解释变量的边际效应上，本书以 Logit 回归的边际效应为例对检验结果进行分析。

式（6-3）和式（6-4）的 $\ln rex_{ct}$ 系数均显著为负，说明从总体来看，本币相对于目的国市场货币贬值对企业进入出口目的国市场的影响无论是直接还是间接都显著为负，即本币相对于出口目的国市场货币贬值会使得制造业企业进入出口目的国市场的概率降低，相反，本币相对于出口目的国市场货币升值会使得制造业企业进入出口目的国的概率提高。

式（5-2）、式（5-3）、式（5-4）中 $\ln rex_{ct}$ 的系数与显著性水平与第五章总样本回归基本一致，此处的经济学解释也与其相同。为进一步分析融资约束在汇率变动对制造业企业是否进入出口市场决策中的作用，我们重点关注中介变量在式（6-4）中的边际效应符号和与中介效应系数的乘机大小：

首先，$RCPI_{ct}$ 的边际效应为 0.0067，$RCPI_{ct}$ 作为中介变量时 $\ln rex_{ct}$ 的系数为 0.2079，因此，我们可以算出本币贬值通过价格竞争机制对企业进入出口市场的影响为 0.2079×0.0067＝0.0014，即本币贬值 1%，因本币相对于出口目的地市场货币贬值（以下简称为本币贬值）带来的出口产品的价格优势会使得制造业企业进入出口目的地市场的概率提高 0.14%；相反，本币升值 1%，会通过价格竞争机制使得制造业企业进入出口目的地市场的概率降低 0.14%。

其次，$Rtfp_{it}$ 的边际效应为 0.0123，$Rtfp_{it}$ 作为中介变量时 $\ln rex_{ct}$ 的系数为 0.397，因此，我们可以算出本币贬值通过生产率机制对企业进入出口市场的影响为 0.0397×0.0123＝0.0005，即本币贬值 1%，因本币贬值带来的制造业企业的相对剩余生产率的提高会使得制造业企业进入出口目的地市场的概率提高 0.05%；相反，本币升值 1%，会通过生产率机制使得制造业企业进入出口目的地市场的概率降低 0.05%。

最后，一方面，CFS_{it} 的边际效应为−0.0228，CFS_{it} 作为中介变量时 $\ln rex_{ct}$ 的系数为 0.5381，因此，我们可以算出本币贬值通过融资约束的直接作用机制对企业进入出口市场的影响为 0.5381×（−0.2283）＝−0.0123，即本币贬值 1%，因本币贬值直接带来的制造业企业融资约束提高会使得制造业企业进入出口市场的概率降低 1.23%；相反，本币升值 1%，会通过融资约束直接作用机制使得制造业企业进入出口目的地市场的概率提高 1.23%。另一方面，式（5-3）中 CFS_{it} 的系数为-0.3913，表示出口企业的融资约束提高 1%，会使其剩余生产率降低 0.3913%，所以汇率变动对企业是否进入出口市场的间接融资约束机制作用为 0.0123×(-0.3913)×0.5381=-0.0026，表示本币贬值 1%，通过提高本国出口企业面临的融资约束从而降低企业剩余生产率而使得企业进入出口市场的概率下降 0.26%。因此，汇率变动通过融资约束的双重中介效应对企业是否进入出口市场的作用为-0.0149。即本币贬值 1%，通过融资约束的双重作用机制造成企业进入出口市场概率下降 0.0149%；相反，本币升值 1%，通过融资约束的双重作用机制带来的企业进入出口市场概率上升 0.0149%。

由此可见，价格竞争和生产率的中介效应为正，占总效应的 11.31%，融资约束的直接和间接中介效应均为负，占总效应的 88.69%，其中，73.21%为直接效应，15.48%为间接效应，这表明汇率升值通过融资约束机制对企业进入出口市场产生的促进作用，大于通过价格竞争和生产率机制对进入出口市场产生的抑制作用，这与我们本章第一节中对融资约束在企业是否进入出口市场决策中起关键性作用的猜想基本吻合。因此，本币升值有利于企业对出口市场的进入，这与基准回归中结论相同。究其原因，由于我国企业普遍面临着较大的融资约束，市场上存在较多因无法满足出口融资约束条件而无法进行出口的企业，本币升值能够使这部分企业的融资约束降低，使较多企业进入出口市场。

二　企业是否退出出口市场的总样本检验

同表 6-3 估计方法一致，表 6-4 给出了汇率变动对制造业企业是否退出目的国市场决策影响的检验结果。式（6-3）和式（6-4）的 $\ln rex_{ct}$ 系数均显著为负，说明从总体来看，本币相对于目的地市场货币贬值对企业退出出口目的地市场的影响无论是直接还是间接都显著为负，即本币贬值会使得制造业企业退出出口目的地市场的概率降低；相反，本币升值会使得制造业企业退出出口目的地的概率提高。

同样，为进一步分析融资约束在汇率变动对企业是否退出出口市场决策的作用，我们重点关注中介变量在式（6-4）中的边际效应符号和中介效应系数的乘机大小。

表 6-4　融资约束机制在制造业企业是否退出目的地市场决策中的作用

变量种类	变量名称	中介效应 $\ln rex_{ct}$ 系数	式（5-3） *CFS* 系数	式（6-3） Probit	式（6-3） Logit	式（6-3） $\frac{dy}{dx=1}$	式（6-4） Probit	式（6-4） Logit	式（6-4） $\frac{dy}{dx=1}$
解释变量	$\ln rex_{ct}$			-0. 0323 *** (-32. 95)	-0. 0532 *** (-32. 46)	-0. 0103	-0. 0038 *** (-4. 29)	-0. 0057 *** (-4. 01)	-0. 0001
中介变量	$RCPI_{ct}$	0. 2018 *** (350. 06)					-0. 1153 ** (17. 53)	-0. 1892 *** (14. 39)	-0. 0388
	$Rtfp_{it}$	0. 0294 *** (14. 30)	-0. 1753 *** (-9. 92)				-0. 0057 *** (-7. 82)	-0. 0100 *** (-7. 79)	-0. 0128
	CFS_{it}	0. 7078 *** (122. 26)					0. 0012 (0. 41)	0. 0024 (0. 46)	0. 0004
控制变量	$\ln tasset_{it}$			-0. 0410 *** (-56. 82)	-0. 0752 *** (-55. 51)	-0. 0146	-0. 0450 *** (-34. 08)	-0. 0766 *** (-33. 63)	-0. 0144
	$share_{it}$			-2. 1310 *** (-24. 55)	-3. 5185 *** (-24. 53)	-0. 6814	-1. 3832 *** (-15. 51)	-2. 7223 ** (-15. 38)	-0. 5136
	$\ln gdpp_{ct}$			-0. 1745 *** (-114. 62)	-0. 2892 *** (-115. 47)	-0. 0560	-0. 1708 *** (-71. 43)	-0. 2840 *** (-72. 10)	-0. 0536
	$tarifflines_{ct}$			0. 0037 *** (29. 47)	0. 0060 *** (29. 01)	0. 0012	0. 0031 *** (15. 51)	0. 0050 *** (15. 25)	0. 0009

续表

变量种类	变量名称	中介效应 $lnrex_{ct}$ 系数	式（5-3）*CFS* 系数	式（6-3）			式（6-4）		
				Probit	Logit	$\frac{dy}{dx=1}$	Probit	Logit	$\frac{dy}{dx=1}$
	$lnvcost_{ict}$			0.1308*** （29.47）	0.2191*** （53.87）	0.0424	0.1602*** （43.59）	0.2683*** （43.41）	0.0506
控制变量	*year*			YES	YES		YES	YES	
	country			YES	YES		YES	YES	
	industry			YES	YES		YES	YES	
常数项	*_cons*			0.5081*** （18.29）	0.8462*** （18.40）	/	0.2454*** （5.62）	0.4336** （5.95）	/
Pseudo R^2				0.3169	0.3169		0.3182	0.3182	
likelihood				-774378.01	-774339.19		-318803.55	-318789.67	
Wald				26618.51	26696.15		11820.36	11848.12	
N		1347757	1347757	1347757			1347757		

注：回归结果由 stata12.0 完成，***、**、*分别表示参数的估计值在 1%、5%、10%的统计水平上显著，括号内数值为 z 统计值；“YES”表示模型中加入了该控制变量，“NO”表示模型中未加入该控制变量。

首先，$RCPI_{ct}$ 的边际效应为-0.0388，$RCPI_{ct}$ 作为中介变量时 $\ln rex_{ct}$ 的系数为0.2018，因此，我们可以算出本币贬值通过价格竞争机制对企业退出出口市场的影响为0.2018×（-0.0388）=-0.0078，即本币贬值1%，因本币相对于出口目的地市场货币贬值（以下简称为本币贬值）带来的出口产品的价格优势会使得制造业企业退出出口目的地市场的概率降低0.78%；相反，本币升值1%，会通过价格竞争机制使得已出口制造业企业退出出口目的地市场的概率提高0.78%。

其次，$Rtfp_{it}$ 的边际效应为-0.0128，$Rtfp_{it}$ 作为中介变量时 $\ln rex_{ct}$ 的系数为0.0294，因此，我们可以算出本币贬值通过生产率机制对已出口企业退出出口市场的影响为0.0294×（-0.0128）=-0.0004，即本币贬值1%，因本币贬值带来的制造业企业的相对剩余生产率的提高会使得已出口制造业企业退出出口目的地市场的概率降低0.04%；相反，本币升值1%，会通过生产率机制使得制造业企业退出出口目的地市场的概率提高0.04%。

最后，一方面，CFS_{it} 的边际效应为0.0004但并不显著，CFS_{it} 作为中介变量时 $\ln rex_{ct}$ 的系数却显著为0.7078，这说明虽然本币贬值能够提高已出口企业面临的融资约束，但对已出口企业来说，融资约束的提高并不直接会影响到企业对已出口市场的退出；另一方面，式（5-3）中 CFS_{it} 的系数为-0.1753，表示出口企业的融资约束提高1%，会使其剩余生产率降低0.1753%，所以汇率变动对企业是否退出出口市场的间接融资约束机制作用为-0.0128×（-0.1753）×0.7078=0.0016，表示本币贬值1%，通过提高本国出口企业面临的融资约束从而降低企业剩余生产率，使得已出口企业退出出口市场的概率上升0.16%。因此，在已出口企业是否退出市场选择中，汇率变动仅通过融资约束间接作用机制起作用。

由此可见，是否退出样本组中，融资约束的直接中介效应不存在而间接中介效应为正，价格竞争和生产率的中介效应为负且占总效应的比重之和为83.67%，这表明人民币汇率升值虽然能够通过融资约束机制间接缓解已出口企业的退出，但却因价格竞争和生产率机制对已出口企业造成的冲击较大，上述作用显得微不足道，这与基准回归中结论一致。究其原因，对已进入出口市场的企业来说，前期的流动性积累已满足出口的融资约束条件，所以后期汇率变动对融资约束的影响并不会直接造成企业退出出口市场，但本币升值造成的出口产品相对价格上升会大大削弱产品竞争力，从而提高企业退出出口市场的概率。而现实中，融资约束的存在本身是因为企业的流动性无法满足出口的固定成本，而一旦企业满足了出口的固定成本而进入出口市场，那么后续因汇率变动造成的融资约束的增加并不能影响到企业的退出，因此在企业对出口市场的动态选择中融资约束条件具有“单边性”。

三　企业增减出口量的总样本检验

同表 6-3 和表 6-4 估计方法一致，表 6-5 给出了汇率变动对制造业企业增加还是减少出口量决策影响的检验结果。

式（6-3）和式（6-4）的 $\ln rex_{ct}$ 系数均显著为正，说明从总体来看，本币相对于目的地市场货币贬值对企业增加对其出口量的影响无论是直接还是间接都显著为正，即本币贬值会使得制造业企业更倾向于增加对目的地的出口；相反，本币升值会使得制造业企业更倾向于减少对目的地的出口。为进一步分析汇率的三种作用机制在制造业企业增加还是减少出口量决策中的作用，我们重点关注三个中介变量在式（6-4）中的边际效应符号和与中介效应系数的乘积大小。

首先，$RCPI_{ct}$ 的边际效应为 0.0680，$RCPI_{ct}$ 作为中介变量时 $\ln rex_{ct}$ 的系数为 0.2349，因此，我们可以算出本币贬值通过价格竞争机制对企业增加出口量的影响为 0.2349×0.0680＝0.0160，即本币贬值 1%，带来的出口产品的价格优势会使得制造业企业对出口目的地市场出口量增加的概率提高 1.60%；相反，本币升值 1%，会通过价格竞争机制使得制造业企业对出口目的地增加出口量的概率降低 1.60%。

其次，$Rtfp_{it}$ 的边际效应为 0.1901，$Rtfp_{it}$ 作为中介变量时 $\ln rex_{ct}$ 的系数为 0.0209，因此，我们可以算出本币贬值通过生产率机制对企业增加出口量的影响为 0.0228×0.1901＝0.0040，即本币贬值 1%，因本币贬值带来的制造业企业的相对剩余生产率的提高会使得制造业企业增加出口量的概率提高 0.40%；相反，本币升值 1%，会通过生产率机制使得制造业企业对出口目的国增加出口量的概率降低 0.40%。

最后，一方面，CFS_{it} 的边际效应为−0.0067，CFS_{it} 作为中介变量时 $\ln rex_{ct}$ 的系数为 0.6947，因此，我们可以算出本币贬值通过融资约束机制对企业对出口市场增加出口量的影响为 0.6947×（−0.0067）＝−0.0047，即本币贬值 1%，因本币贬值带来的制造业企业的融资约束的提高会直接

表 6-5　融资约束机制在制造业企业增加还是减少出口量决策中的作用

变量种类	变量名称	中介效应 $\ln rex_{ct}$ 系数	式（5-3）*CFS* 系数	式（6-3）			式（6-4）		
				Probit	Logit	$\frac{dy}{dx=1}$	Probit	Logit	$\frac{dy}{dx=1}$
解释变量	$\ln rex_{ct}$			0.0632*** (58.90)	0.1013*** (58.81)	0.0250	0.0117*** (7.58)	0.0188*** (7.58)	0.0046
中介变量	$RCPI_{ct}$	0.2349*** (453.81)					0.1701*** (4.89)	0.2819*** (4.98)	0.0680
	$Rtfp_{it}$	0.0209*** (9.26)	−0.0531*** (−6.20)				0.2913*** (10.86)	0.4820*** (10.20)	0.1901
	CFS_{it}	0.6947*** (110.18)					−0.0166*** (−5.05)	−0.0273*** (−5.03)	−0.0067
控制变量	$\ln tasset_{it}$			0.0019** (2.28)	0.0033** (2.43)	0.0008	0.0225*** (16.04)	0.0362*** (16.04)	0.0088
	$share_{it}$			0.8151*** (13.33)	1.3493*** (13.21)	0.3331	0.0183*** (0.24)	0.0315** (0.25)	0.0077
	$\ln gdpp_{ct}$			0.0074*** (4.13)	0.0119*** (4.17)	0.0029	0.0080*** (2.85)	0.0128*** (2.85)	0.0031
	$tarifflines_{ct}$			−0.0035*** (−23.17)	−0.0057*** (23.25)	−0.0014	−0.0000*** (−0.99)	−0.0000** (−0.02)	−0.0000

续表

变量种类	变量名称	中介效应 $\ln rex_{ct}$ 系数	式（5-3） *CFS* 系数	式（6-3）			式（6-4）		
				Probit	Logit	$\frac{dy}{dx=1}$	Probit	Logit	$\frac{dy}{dx=1}$
控制变量	$\ln vcost_{ict}$			-0.0080** (-3.19)	-0.0127*** (-3.17)	-0.0031	-0.0495*** (-13.23)	-0.0794*** (-13.25)	-0.0194
	year			YES	YES		YES	YES	
	country			YES	YES		YES	YES	
	industry			YES	YES		YES	YES	
常数项	_ *cons*			-0.0753** (-2.45)	-0.1196*** (-2.43)	/	-0.4990** (-10.44)	-0.8044** (-10.49)	/
Pseudo R^2				0.3029	0.3029		0.3012	0.3012	
likelihood				-674856.66	-674853.12		-285162.24	-285161	
Wald				3903.48	3910.55		706.42	708.90	
N		982570	982570	982570			982570		

注：回归结果由 stata12.0 完成，***、**、* 分别表示参数的估计值在 1%、5%、10%的统计水平上显著，括号内数值为 z 统计值；“YES” 表示模型中加入了该控制变量，“NO” 表示模型中未加入该控制变量。

使得制造业企业增加对出口目的地市场出口量的概率降低 0.47%；相反，本币升值 1%，会通过融资约束机制使得制造业企业对出口目的地增加出口量的概率提高 0.47%。另一方面，式（5-3）中 CFS_{it} 的系数为 -0.0531 表示出口企业的融资约束提高 1%，会使其剩余生产率降低 0.0531%，所以汇率变动对企业增加出口量的间接融资约束机制作用为 0.1901×(-0.0531)×0.6947=-0.0070，表示本币贬值 1%，通过提高本国出口企业面临的融资约束从而降低企业剩余生产率而使得企业增加出口量的概率下降 0.07%。

由此可见，增减出口量样本组中，三种中介变量的作用方向与是否进入样本组一致，但融资约束的中介效应并不是最主要的，仅占总效应的 36.91%，其中 14.83%为直接效应，22.08%为间接效应。这说明，人民币升值虽然能通过融资约束机制增加出口企业对目的地的出口量，但并不能抵消其通过价格竞争和生产率机制导致的出口量减少，这与基准回归中的结论一致。究其原因，一方面，本币升值会造成出口产品相对价格的上升，导致出口产品在目的地市场的需求量减少，从客观上导致出口企业对目的地出口量的减少；另一方面，本币相对于目的地货币的升值会减少该目的地出口的收汇利润，出口企业更愿意出口到那些相对利润更高的目的国，从主观上导致出口企业对目的地出口量的减少。

第三节　融资约束条件下汇率变动对企业出口动态选择影响的分组检验

在第五章的实证检验中我们发现不同所有制、不同行业的企业由于其面临的融资约束程度和获得外源融资的难易程度不同，汇率变动对其出口的融资约束机制作用也存在着较大差异，正是由于这种差异的存在导致汇率变动对不同所有制、不同行业企业出口的影响方向不同。因此，本小节我们将延续第五章的研究思路，将企业对出口市场的动态选择按照不同所有制、不同行业进行分组，研究汇率变化对不同所有制、不同行业企业出口决策影响的差异，并在此基础上进一步分析融资约束机制在其中的作用方向和大小，更深层的剖析汇率变动对不同所有制、不同行业企业出口决策影响存在差异的原因。

一　企业是否进入出口市场的分组检验

1. 不同所有制企业分组检验

表 6-6 列出了融资约束机制在不同股权性质企业是否进入目的地市场决策中的分组检验结果。为重点关注融资约束机制在不同股权性质企业组中的作用，此处省略模型中各控制变量的系数，仅列出了中介效应回归中 $\ln rex_{ct}$ 系数与式（6-4）中介变量的边际效应。下面我们具体分析融资约束机制在不同股权性质企业是否进入出口市场决策中的作用。

首先，在国有企业样本组回归中，本币贬值通过价格竞争机制对国有企业进入出口市场的影响为 0.0078×0.2034＝0.0016，通过生产率机制对国有企业进入出口市场的影响为 0.0156×0.0339＝0.0005，通过融资约束的直接作用机制对国有企业进入出口市场的影响为－0.0165×0.5787＝－0.0095，通过融资约束的间接作用机制对国有企业进入出口市场的影响为 0.0156×（－0.3218）×0.5787＝－0.0029。进一步，我们可以计算出在国有企业样本组中融资约束的双重中介效应为－0.0095＋（－0.0029）＝－0.0124，占总效应的 85.52%，其中直接效应占 65.52%，间接效应占 20%。这说明在国有企业样本组中，本币贬值会通过融资约束双重机制降低企业进入出口市场的概率，通过价格竞争和生产率机制提高企业进入出口市场的概率，并且融资约束机制起主导作用，因此，本币贬值会抑制国有企业对出口市场的进入，相反，本币升值会促进国有企业进入出口市场。

其次，在外商投资企业样本组回归中，本币贬值通过价格竞争机制对外商投资企业进入出口市场的影响为 0.0341×0.2065＝0.0071，通过生产率机制对外商投资企业进入出口市场的影响为 0.0174×0.0276＝0.0005，通过融资约束的直接作用机制对外商投资企业进入出口市场的影响为－0.0088×0.2913＝－0.0026，通过融资约束的间接作用机制对外商投资企业进入出口市场的影响为 0.0174×（－0.2171）×0.2913＝－0.0011。进一步，我们可以计算出在外商投资企业样本组中融资约束的双重中介效应为－0.0026＋（－0.0011）＝－0.0037，占总效应的 32.74%，其中直接效应占 23.01%，间接效应占 9.73%。说明在外商投资企业样本组中，本币贬值同样会通过融资约束双重机制降低企业进入出口市场的概率，通过价格竞争和生产率机制提高企业进入出口市场的概率，但与国有企业样本组相反，融资约束的双重效应远小于价格竞争和生产率机制作用，因此，本币贬值会促进外商投资企业对出口市场的进入；相反，本币升值会抑制外商投资企业进入出口市场。

最后，在私营企业样本组回归中，本币贬值通过价格竞争机制对私营企业进入出口市场的影响为 0.0244×0.2087 = 0.0051，通过生产率机制对私营企业进入出口市场的影响为 0.0490×0.0474 = 0.0023，通过融资约束的直接作用机制对私营企业进入出口市场的影响为−0.0281×0.6716 = −0.0190，通过融资约束的间接作用机制对私营企业进入出口市场的影响为 0.0490×（−0.0985）×0.6716 = −0.0032。进一步，我们可以计算出在私营企业样本组中融资约束的双重中介效应为−0.0190+（−0.0032）= −0.0222，占总效应的 75.00%，其中直接效应占 64.19%，间接效应占 10.81%。说明在私营企业样本组中，本币贬值通过融资约束双重机制、价格竞争和生产率机制对企业进入出口市场的影响方向与国有和外商投资企业一致，并且融资约束的双重效应大于价格竞争和生产率机制作用，因此，本币贬值会抑制私营企业对出口市场的进入；相反，本币升值会促进私营企业对出口市场的进入。

表 6−6　融资约束机制在不同股权性质企业是否进入目的地市场决策中的作用

中介效应		国有		外商		私营	
		式（5−2，5−3，5−4）中 $\ln rex_{ct}$ 系数	式（6−4）中介变量系数	式（5−2，5−3，5−4）中 $\ln rex_{ct}$ 系数	式（6−4）中介变量系数	式（5−2，5−3，5−4）中 $\ln rex_{ct}$ 系数	式（6−4）中介变量系数
直接	价格竞争	0.2034 ***	0.0078 ***	0.2065 ***	0.0341 ***	0.2087 ***	0.0244 ***
		$\lambda_2\beta_1$ = 0.0016		$\lambda_2\beta_1$ = 0.0071		$\lambda_2\beta_1$ = 0.0051	
	生产率	0.0339 ***	0.0156 ***	0.0276 ***	0.0174 ***	0.0474 ***	0.0490 ***
		$\lambda_3\gamma_1$ = 0.0005		$\lambda_3\gamma_1$ = 0.0005		$\lambda_3\gamma_1$ = 0.0023	
	融资约束	0.5787 ***	−0.0165 ***	0.2913 ***	−0.0088 ***	0.6716 ***	−0.0281 ***
		$\lambda_4\eta_1$ = −0.0095		$\lambda_4\eta_1$ = −0.0026		$\lambda_4\eta_1$ = −0.0190	
间接	融资约束	γ_2		γ_2		γ_2	
		−0.3218 ***		−0.2171 ***		−0.0985 ***	
		$\lambda_3\gamma_2\eta_1$ = −0.0029		$\lambda_3\gamma_2\eta_1$ = −0.0011		$\lambda_3\gamma_2\eta_1$ = −0.0032]	

注：回归结果由 stata12.0 完成，***、**、* 分别表示参数的估计值在 1%、5%、10%的统计水平上显著。

经过以上分析，我们发现，无论是国有、外商投资还是私营企业，本币升值均会通过融资约束的双重作用机制提高其对出口市场进入的概率，同时会通过价格竞争和生产率机制降低其对出口市场进入的概率，而由于不同所有制企业中融资约束双重机制的作用大小不同，才导致了本币升值对不同所有制企业是否进入出口市场影响的方向不同。具体地，在国有和私营企业企业组中，融资约束双重作用的占比较大，使得本币贬值会抑制其对出口市场的进入，本币升值会促进国有和私营企业对出口市场的进入；相反，在外商投资企业样本组中，融资约束双重作用的占比较小，使得本币贬值会促进其对出口市场的进入，本币升值会抑制其对出口市场的进入。究其原因，在国有和外资企业样本中，面临着较为严重的融资约束，本币升值能够降低其面临的融资约束，从而使得汇率变动通过融资约束机制对进入市场的促进作用大于通过价格竞争机制和生产率机制对进入市场的阻碍作用，从而提高国有企业和私营企业进入出口市场的概率；而外商投资企业由于其具有低融资约束特征，本币升值对其降低融资约束的作用并不大，从而使得本币升值通过价格竞争机制和生产率机制对进入市场产生的阻碍作用大通过融资约束机制产生的促进作用，本币升值反而会降低外商投资企业进入出口市场的概率。

2. 不同行业分组检验

表 6-7 列出了融资约束机制在不同融资约束行业是否进入出口市场决策中的分组检验结果。为重点关注融资约束机制在不同融资约束程度行业组中的作用，此处同样省略模型中各控制变量的系数，仅列出了中介效应回归中 $\ln rex_{ct}$ 系数与式（6-4）中介变量的边际效应。下面我们具体分析融资约束机制在不同行业企业是否进入出口市场决策中的作用。

首先，在高融资约束行业样本组回归中，本币贬值通过价格竞争机制对其是否进入出口市场的影响为 0. 0178×0. 2019＝0. 0036，通过生产率机制对其是否进入出口市场的影响为 0. 0417×0. 0521＝0. 0022，通过融资约束的直接作用机制对其是否进入出口市场的影响为－0. 0301×0. 6993＝－0. 0210，通过融资约束的间接作用机制对其是否进入出口市场的影响为 0. 0417×（－0. 1130）×0. 6993＝－0. 0033，进一步，我们可以计算融资约束的双重效应为－0. 0243，占总效应的 80. 73%，其中直接效应占 69. 77%，间接效应占 10. 96%。这说明在高融资约束行业组中，本币贬值会通过融资约束双重机制降低其对出口市场进入的概率，同时会通过价格

表 6-7　融资约束机制在不同平均融资约束行业是否进入出口市场决策中的作用

<table>
<tr><td colspan="2" rowspan="2">中介效应</td><td colspan="2">高融资约束行业</td><td colspan="2">中融资约束行业</td><td colspan="2">低融资约束行业</td></tr>
<tr><td>式（5-2, 5-3, 5-4）中 $lnrex_{ct}$ 系数</td><td>式（6-4）中介变量系数</td><td>式（5-2, 5-3, 5-4）中 $lnrex_{ct}$ 系数</td><td>式（6-4）中介变量系数</td><td>式（5-2, 5-3, 5-4）中 $lnrex_{ct}$ 系数</td><td>式（6-4）中介变量系数</td></tr>
<tr><td rowspan="6">直接</td><td rowspan="2">价格竞争</td><td>0.2019***</td><td>0.0178***</td><td>0.2013***</td><td>0.0297***</td><td>0.1901***</td><td>0.0412***</td></tr>
<tr><td colspan="2">$\lambda_2\beta_1=0.0036$</td><td colspan="2">$\lambda_2\beta_1=0.0060$</td><td colspan="2">$\lambda_2\beta_1=0.0078$</td></tr>
<tr><td rowspan="2">生产率</td><td>0.0521***</td><td>0.0417***</td><td>0.0242***</td><td>0.0112***</td><td>0.0491***</td><td>0.0519***</td></tr>
<tr><td colspan="2">$\lambda_3\gamma_1=0.0022$</td><td colspan="2">$\lambda_3\gamma_1=0.0003$</td><td colspan="2">$\lambda_3\gamma_1=0.0025$</td></tr>
<tr><td rowspan="2">融资约束</td><td>0.6993***</td><td>-0.0301***</td><td>0.3172***</td><td>-0.0175***</td><td>0.1418***</td><td>-0.0051***</td></tr>
<tr><td colspan="2">$\lambda_4\eta_1=-0.0210$</td><td colspan="2">$\lambda_4\eta_1=-0.0056$</td><td colspan="2">$\lambda_4\eta_1=-0.0007$</td></tr>
<tr><td rowspan="3">间接</td><td rowspan="3">融资约束</td><td colspan="2">γ_2</td><td colspan="2">γ_2</td><td colspan="2">γ_2</td></tr>
<tr><td colspan="2">-0.1130***</td><td colspan="2">-0.2082***</td><td colspan="2">-0.0992***</td></tr>
<tr><td colspan="2">$\lambda_3\gamma_2\eta_1=-0.0033$</td><td colspan="2">$\lambda_3\gamma_2\eta_1=-0.0007$</td><td colspan="2">$\lambda_3\gamma_2\eta_1=-0.0007$</td></tr>
</table>

注：回归结果由 stata12.0 完成，***、**、* 分别表示参数的估计值在 1%、5%、10%的统计水平上显著。

竞争和生产率机制提高其对出口市场进入的概率，并且融资约束的双重作用机制占主导作用。因此，本币贬值会抑制高融资约束行业的企业进入出口市场；相反，本币升值会促进其对出口市场的进入。

其次，在中融资约束行业样本组回归中，本币贬值通过价格竞争机制对其是否进入出口市场的影响为 0.0297×0.2013＝0.0060，通过生产率机制对其是否进入出口市场的影响为 0.0112×0.0242＝0.0003，通过融资约束的直接作用机制对其是否进入出口市场的影响为−0.0175×0.3172＝−0.0056，通过融资约束的间接作用机制对其是否进入出口市场的影响为 0.0112×（−0.2080）×0.3172＝−0.0007，进一步，我们可以计算融资约束的双重效应为−0.0063，占总效应的 50.00%，其中直接效应占 44.44%，间接效应占 5.56%。这说明在中融资约束行业组中，本币贬值同样会通过融资约束双重机制降低其对出口市场进入的概率，同时通过价格竞争和生产率机制提高其对出口市场进入的概率，但融资约束的双重机制作用恰好与价格竞争和生产率机制作用相互抵消，因此，本币贬值既不会促进中融资约束行业企业进入出口市场，也不会抑制其对出口市场的进入，在中融资约束行业中，汇率变动对其是否进入出口市场的选择是中性的。

最后，在低融资约束行业样本组回归中，本币贬值通过价格竞争机制对其是否进入出口市场的影响为 0.0412×0.1901＝0.0078，通过生产率机制对其是否进入出口市场的影响为 0.0519×0.0491＝0.0025，通过融资约束的直接作用机制对其是否进入出口市场的影响为－0.0051×0.1418＝－0.0007，通过融资约束的间接作用机制对其是否进入出口市场的影响为 0.0519×（－0.0992）×0.1418＝－0.0007，进一步，我们可以计算融资约束的双重效应为－0.0014，占总效应的 11.86%，其中直接效应和间接效应各占 5.93%。这说明在低融资约束行业组中，本币贬值同样会通过融资约束双重机制降低其对出口市场进入的概率，同时通过价格竞争和生产率机制提高其对出口市场进入的概率，但融资约束的双重作用机制较小。因此，本币贬值会促进低融资约束行业的企业进入出口市场；相反，本币升值会抑制其对出口市场的进入。

经过以上分析，我们发现无论是高、中还是低融资约束行业，本币贬值均会通过融资约束的双重作用机制降低其对出口市场进入的概率，同时会通过价格竞争和生产率机制提高其对出口市场进入的概率，而由于不同行业中融资约束双重机制的作用大小不同，才导致了本币贬值对不同行业企业是否进入出口市场影响的方向不同。具体来说，在高融资约束行业组中，融资约束双重作用的占比较大，使得本币贬值会抑制其对出口市场的进入，本币升值会促进其对出口市场的进入；相反，在低融资约束行业组中，融资约束双重作用的占比较小，使得本币贬值会促进其对出口市场的进入，本币升值会抑制其对出口市场的进入；更有意思的是，在中融资约束行业组中，融资约束双重作用机制恰好与价格竞争和生产率作用机制相互抵消，使得汇率变动对其是否进入出口市场的影响变成了中性。究其原因，高融资约束行业样本中，因大部分企业都面临着较为严重的融资约束，本币升值能够使汇率变动通过融资约束机制对进入市场的促进作用大于通过价格竞争机制和生产率机制对进入市场阻碍作用，从而提高国有企业和私营企业进入出口市场的概率；而低融资约束行业中，本币升值通过价格竞争和生产率机制对企业进入出口市场的阻碍作用相对较大，所以，在低融资约束行业中，本币升值会使企业进入出口市场的概率降低。

二　企业是否退出出口市场的分组检验

1. 不同所有制企业分组检验

表6-8列出了融资约束机制在不同所有制企业是否退出出口市场决策中的分组检验结果。为重点关注融资约束机制在不同所有制企业组中的作用，此处同样省略模型中各控制变量的系数，仅列出了中介效应回归中 $\ln rex_{ct}$ 系数与式（6-4）中介变量的边际效应。下面我们具体分析融资约束机制在不同所有制企业是否退出出口市场决策中的作用。

表6-8　融资约束机制在不同股权性质企业是否退出出口市场决策中的作用

中介效应		国有		外商		私营	
		式（5-2，5-3，5-4）中 $\ln rex_{ct}$ 系数	式（6-4）中介变量系数	式（5-2，5-3，5-4）中 $\ln rex_{ct}$ 系数	式（6-4）中介变量系数	式（5-2，5-3，5-4）中 $\ln rex_{ct}$ 系数	式（6-4）中介变量系数
直接	价格竞争	0.2003***	-0.0111***	0.2123***	-0.0141***	0.2011***	-0.0529***
		$\lambda_2\beta_1=-0.0022$		$\lambda_2\beta_1=-0.0030$		$\lambda_2\beta_1=-0.0106$	
	生产率	0.0311***	-0.0139***	0.0716***	-0.0297***	0.0671***	-0.0389***
		$\lambda_3\gamma_1=-0.0004$		$\lambda_3\gamma_1=-0.0021$		$\lambda_3\gamma_1=-0.0026$	
	融资约束	0.6727***	0.0002	0.1203***	0.0054	0.5166***	0.0081***
		$\lambda_4\eta_1=0.0001$		$\lambda_4\eta_1=0.0007$		$\lambda_4\eta_1=0.0042$	
间接	融资约束	γ_2		γ_2		γ_2	
		-0.0263***		-0.1824***		-0.1017***	
		$\lambda_3\gamma_2\eta_1=0.0002$		$\lambda_3\gamma_2\eta_1=0.0007$		$\lambda_3\gamma_2\eta_1=0.0020$	

注：回归结果由stata12.0完成，***、**、*分别表示参数的估计值在1%、5%、10%的统计水平上显著。

首先，在国有企业样本组回归中，本币贬值通过价格竞争机制对已出口企业是否退出市场的影响为0.2003×（-0.0111）=-0.0022，通过生产率机制对其影响为0.0311×（-0.0139）=-0.0004，通过融资约束的直接作用对其影响并不显著，间接作用为-0.0139×（-0.0263）×0.6727=0.0002，说明对国有出口企业来说，汇率变动仅通过融资约束的间接作用机制影响企业退出市场决策，且融资约束的间接作用机制在总效应中仅占7.14%，远远小于价格竞争和生产率机制作用之和。这说明在国有企业样本组中，本币贬值会通过融资约束间接作用机制提高企业退出出口市场的概率，通过价格竞争和生产率机制降低企业退出市场的概率，融资约束直接作用机制不起作用，并且融资约束机制的间接作用较小，远低于价格竞争和生产率机制作用之和。因此，本币贬值会缓解国有企业对出口市场的退出；相反，本币升值会导致国有企业退出出口市场的概率增加。

其次，在外商投资企业样本组回归中，本币贬值通过价格竞争机制对已出口企业是否退出的影响为0.2123×（-0.0141）=-0.0030，通过生产率机制对其影响为0.0716×（-0.0297）=-0.0021，与国有企业样本组和总样本回归一样，本币贬值通过融资约束直接作用机制对外商投资企业是否退出的影响并不显著，通过融资约束的间接作用机制对其影响为-0.0297×（-0.1824）×0.1203=0.0007，表明对外商投资出口企业来说，汇率变动也仅通过融资约束的间接作用机制影响企业退出市场决策，且融资约束的间接作用机制在总效应中占12.07%，远小于价格竞争和生产率机制作用之和。因此，在外商投资企业样本组中，本币贬值虽然会通过融资约束间接作用机制提高企业退出出口市场的概率，但其作用较小，远小于其通过价格竞争和生产率机制对企业退出市场概率的降低作用，因此，本币贬值会缓解外商投资企业对出口市场的退出；相反，本币升值会导致外商投资企业退出出口市场的概率增加。

最后，在私营企业样本组回归中，本币贬值通过价格竞争机制对已出口企业是否退出的影响为0.2011×（-0.0529）=-0.0106，通过生产率机制对其影响为0.0671×（-0.0389）=-0.0026，通过融资约束的直接作用机制对其影响为0.5166×0.0081=0.0042，通过融资约束的间接作用机制对其影响为0.0389×（-0.1017）×0.5166=0.0020，进一步，我们可以计算融资约束的双重效应为0.0062，占总效应的31.96%，其中直接效应占21.65%，间接效应占10.31%。这说明本币贬值会通过融资约束双重机制提高私营出口企业退出市场的概率，但这种提高作用小于通过价格竞争和生产率机制对私营出口企业退出市场概率的降低，因此，本币贬值也会缓解私营企业对出口市场的退出。

综上所述，对于不同所有制的出口企业来说，本币贬值均会通过融资约束机制提高其退出市场的概率，同时会通过价格竞争和生产率机制降低其退出市场的概率，虽然不同所有制融资约束机制的作用形式和大小不同（国有和外商投资企业融资约束通过间接作用机制发挥效应，私营企业中融资约束的双重效应均存在），但其均小于价格竞争与生产率机制作用之和，这说明无论是国有、外商投资还是私营企业，本币相对于目的地市场货币贬值都会使已出口企业退出出口目的地市场的概率降低；相反，本币升值会使得已出口企业退出市场的概率升高。究其原因，本币升值虽能够降低企业面临的融资约束，但对于已进入出口市场的大多数企业来说，融资约束的直接效应并不显著，间接效应又较小。所以由于本币升值带来的产品价格劣势显得反而会较为突出，因此给企业造成的退出压力也较为严峻，这种压力在私营企业中极为明显，本币升值通过价格竞争机制对私营企业退出市场造成的压力是国有和外资企业的3—5倍。

2. 不同行业分组检验

表6-9列出了融资约束机制在不同融资约束程度行业是否退出出口市场决策中的分组检验结果。为重点关注融资约束机制在不同行业组中的作用，此处同样省略模型中各控制变量的系数，仅列出了中介效应回归中 $\ln rex_{ct}$ 系数与式（6-4）中介变量的边际效应。下面我们具体分析融资约束机制在不同行业企业是否退出市场决策中的作用。

表6-9 融资约束机制在不同行业企业是否退出出口市场决策中的作用

<table>
<tr><td colspan="2" rowspan="2">中介效应</td><td colspan="2">高融资约束行业</td><td colspan="2">中融资约束行业</td><td colspan="2">低融资约束行业</td></tr>
<tr><td>式（5-2，5-3，5-4）中 $\ln rex_{ct}$ 系数</td><td>式（6-4）中介变量系数</td><td>式（5-2，5-3，5-4）中 $\ln rex_{ct}$ 系数</td><td>式（6-4）中介变量系数</td><td>式（5-2，5-3，5-4）中 $\ln rex_{ct}$ 系数</td><td>式（6-4）中介变量系数</td></tr>
<tr><td rowspan="6">直接</td><td rowspan="2">价格竞争</td><td>0.2219***</td><td>-0.0613***</td><td>0.2107***</td><td>-0.0129***</td><td>0.2001***</td><td>-0.0087***</td></tr>
<tr><td colspan="2">$\lambda_2\beta_1=-0.0136$</td><td colspan="2">$\lambda_2\beta_1=-0.0027$</td><td colspan="2">$\lambda_2\beta_1=-0.0017$</td></tr>
<tr><td rowspan="2">生产率</td><td>0.0701***</td><td>-0.0369***</td><td>0.0669***</td><td>-0.0192***</td><td>0.0592***</td><td>-0.0320***</td></tr>
<tr><td colspan="2">$\lambda_3\gamma_1=-0.0026$</td><td colspan="2">$\lambda_3\gamma_1=-0.0013$</td><td colspan="2">$\lambda_3\gamma_1=-0.0019$</td></tr>
<tr><td rowspan="2">融资约束</td><td>0.6011**</td><td>0.0079***</td><td>0.1718***</td><td>0.0070</td><td>0.1213**</td><td>0.0046</td></tr>
<tr><td colspan="2">$\lambda_4\eta_1=0.0047$</td><td colspan="2">$\lambda_4\eta_1=0.0012$</td><td colspan="2">$\lambda_4\eta_1=0.0006$</td></tr>
<tr><td rowspan="3">间接</td><td rowspan="3">融资约束</td><td colspan="2">γ_2</td><td colspan="2">γ_2</td><td colspan="2">γ_2</td></tr>
<tr><td colspan="2">-0.3286***</td><td colspan="2">-0.1797***</td><td colspan="2">-0.0778***</td></tr>
<tr><td colspan="2">$\lambda_3\gamma_2\eta_1=0.0073$</td><td colspan="2">$\lambda_3\gamma_2\eta_1=0.0006$</td><td colspan="2">$\lambda_3\gamma_2\eta_1=0.0003$</td></tr>
</table>

注：回归结果由stata12.0完成，***、**、*分别表示参数的估计值在1%、5%、10%的统计水平上显著。

首先，在高融资约束行业样本组回归中，本币贬值通过价格竞争机制对已出口企业是否退出市场的影响为 0.2219×（−0.0613）= −0.0136，通过生产率机制对其影响为 0.0701×（−0.0369）= −0.0026，通过融资约束的直接作用机制对其影响为 0.6011×0.0079 = 0.0047，间接作用机制对其影响为−0.0369×（−0.3286）×0.6011 = 0.0073。进一步可以计算出融资约束机制的双重效应为−0.0120，占总效用的 42.55%，其中直接效应占 16.67%，间接效应占 25.89%。这表明在高融资约束行业，融资约束的双重作用机制均显著，但其作用之和仍小于价格竞争和生产率机制的效应之和，因此，本币相对于目的国市场货币贬值会使已出口企业退出出口目的国市场的概率降低；相反，本币升值会使得高融资约束行业中已出口企业退出市场的概率升高。

其次，在中融资约束行业样本组回归中，本币贬值通过价格竞争机制对已出口企业是否退出市场的影响为 0.2107×（−0.0129）= −0.0027，通过生产率机制对其影响为 0.0669×（−0.0192）= −0.0013，通过融资约束的直接作用机制对其影响并不显著，通过间接作用机制对其影响显著且为−0.0192×（−0.1797）×0.1718 = 0.0006，占总效应的 13.04%，远小于价格竞争和生产率机制作用之和。所以，与高融资约束行业一样，在中融资约束行业，本币相对于目的国市场货币贬值会使已出口企业退出市场的概率降低；相反，本币升值会使得已出口企业退出的概率升高。

最后，在低融资约束行业样本组回归中，本币贬值通过价格竞争机制对已出口企业是否退出市场的影响为 0.2001×（−0.0087）= −0.0017，通过生产率机制对其影响为 0.0592×（−0.0320）= −0.0019，通过融资约束的直接作用机制对其影响并不显著，通过间接作用机制对其影响为−0.0320×（−0.0778）×0.1213 = 0.0003，占总效应的 7.96%，也远远小于价格竞争和生产率机制作用之和。所以，与高、中融资约束行业一样，因在中融资约束行业，本币相对于目的地市场货币贬值会使已出口企业退出市场的概率降低；相反，本币升值会使得已出口企业退出的概率升高。

综上所述，对于不同融资约束行业的出口企业来说，本币贬值均会通过融资约束机制提高其退出市场的概率，同时会通过价格竞争和生产率机制降低其退出市场的概率，虽然只有在高融资约束行业中，才存在融资约束的双重作用，在中、低融资约束行业，仅通过间接作用机制发挥作用，但总体来说，融资约束的作用均小于价格竞争与生产率机制作用之和，这表明，本币相对于目的地市场货币贬值会使已出口企业退出市场的概率降低；相反，本币升值会使得已出口企业退出的概率升高，这与企业面临融资约束程度无关。这也进一步说明了融资约束条件在企业出口市场动态选择时具有“单边性”，即在企业克服了融资约束条件进入出口市场以后，本币贬值虽然能够提高其面临的融资约束，但这种融资约束的改变在大多数企业中并不会直接导致其退出出口市场。

三　企业增减出口量的分组检验

1. 不同所有制企业分组检验

表 6-10 列出了融资约束机制在不同所有制企业增减出口量决策中的分组检验结果。为重点关注融资约束机制在不同所有制企业组中的作用，此处同样省略模型中各控制变量的系数，仅列出了中介效应回归中 $\ln rex_{ct}$ 的系数与式（6-4）中介变量的边际效应。下面我们具体分析融资约束机制在不同所有制企业增减出口量决策中的作用。

表 6-10　融资约束机制在不同股权性质企业增减出口量决策中的作用

<table>
<tr><td colspan="2" rowspan="2">中介效应</td><td colspan="2">国有</td><td colspan="2">外商</td><td colspan="2">私营</td></tr>
<tr><td>式（5-2，5-3，5-4）中 $\ln rex_{ct}$ 系数</td><td>式（6-4）中介变量系数</td><td>式（5-2，5-3，5-4）中 $\ln rex_{ct}$ 系数</td><td>式（6-4）中介变量系数</td><td>式（5-2，5-3，5-4）中 $\ln rex_{ct}$ 系数</td><td>式（6-4）中介变量系数</td></tr>
<tr><td rowspan="6">直接</td><td rowspan="2">价格竞争</td><td>0.2239***</td><td>0.0490***</td><td>0.2278***</td><td>0.0519***</td><td>0.2319***</td><td>0.0798***</td></tr>
<tr><td colspan="2">$\lambda_2\beta_1=0.0110$</td><td colspan="2">$\lambda_2\beta_1=0.0118$</td><td colspan="2">$\lambda_2\beta_1=0.0185$</td></tr>
<tr><td rowspan="2">生产率</td><td>0.0258***</td><td>0.0467***</td><td>0.0389***</td><td>0.0792***</td><td>0.0439***</td><td>0.0801***</td></tr>
<tr><td colspan="2">$\lambda_3\gamma_1=0.0001$</td><td colspan="2">$\lambda_3\gamma_1=0.0031$</td><td colspan="2">$\lambda_3\gamma_1=0.0035$</td></tr>
<tr><td rowspan="2">融资约束</td><td>0.4361***</td><td>-0.0087***</td><td>0.2171***</td><td>-0.0075***</td><td>0.5617***</td><td>-0.0299***</td></tr>
<tr><td colspan="2">$\lambda_4\eta_1=-0.0038$</td><td colspan="2">$\lambda_4\eta_1=-0.0016$</td><td colspan="2">$\lambda_4\eta_1=-0.0168$</td></tr>
<tr><td rowspan="3">间接</td><td rowspan="3">融资约束</td><td colspan="2">γ_2</td><td colspan="2">γ_2</td><td colspan="2">γ_2</td></tr>
<tr><td colspan="2">-0.2145***</td><td colspan="2">-0.2259***</td><td colspan="2">-0.7908***</td></tr>
<tr><td colspan="2">$\lambda_3\gamma_2\eta_1=-0.0044$</td><td colspan="2">$\lambda_3\gamma_2\eta_1=-0.0039$</td><td colspan="2">$\lambda_3\gamma_2\eta_1=-0.0356$</td></tr>
</table>

注：回归结果由 stata12.0 完成，***、**、* 分别表示参数的估计值在 1%、5%、10%的统计水平上显著。

首先，在国有企业样本组中，本币贬值通过价格竞争机制对未退出市场企业增减出口量的影响为 0.2239×0.0490=0.0110，通过生产率机制对其影响为 0. 0258×0. 0467 = 0. 0001，通过融资约束的直接作用机制对其影响为 0. 4361×（-0. 0087）= -0. 0038，间接作用机制影响为 0. 0467×（-0. 2145）×0. 4361 = -0. 0044。进一步地，我们可以计算出在国有企业样本组中本币贬值的双重融资约束机制作用为-0. 0082，占总效应的 42. 49%，其中直接效应占 19. 69%，间接效应占 22. 80%。这说明融资约束的双重作用机制小于价格竞争和生产率作用之和，因此，本币相对于出口目的地市场货币贬值会使得国有企业增加出口量的概率提高，即本币贬值会使国有企业更倾向于增加出口量。

其次，在外商投资企业样本组中，本币贬值通过价格竞争机制对未退出市场企业增减出口量的影响为 0. 2278×0. 0519 = 0. 0118，通过生产率机制对其影响为 0. 0389×0. 0792 = 0. 0031，通过融资约束的直接作用机制对其影响为 0. 2171×（-0. 0075）= -0. 0016，间接机制影响为 0. 0792×（-0. 2259）×0. 2171 = -0. 0039。进一步地，我们可以计算出在外商投资企业样本组中本币贬值的双重融资约束效应为-0. 0055，占总效应的 26. 96%，其中直接效应占 7. 84%，间接效应占 19. 12%。这说明在外商投资企业中，融资约束的双重作用也小于价格竞争和生产率作用之和，因此，本币相对于出口目的地市场货币贬值会使得外商投资企业增加出口量的概率提高，即本币贬值会使外商投资企业更倾向于增加出口量。

最后，在私营企业样本组中，本币贬值通过价格竞争机制对未退出市场企业增减出口量的影响为 0. 2319×0. 0798 = 0. 0185，通过生产率机制对其影响为 0. 0439×0. 0801 = 0. 0035，通过融资约束的直接作用机制对其影响为 0. 5617×（-0. 0299）= -0. 0168，间接作用机制对其影响为 0. 0801×（-0. 7908）×0. 5617 = -0. 0356。进一步地，我们可以计算出在私营企业样本组中本币贬值的双重融资约束效应为-0. 0524，占总效应的 70. 43%，其中直接效应占 22. 58%，间接效应占 47. 85%。这说明，在私营企业中，融资约束的双重效应要大于价格竞争和生产率作用之和，因此，与国有和外商投资企业不同，本币贬值会使得私营企业增加出口量的概率降低，即本币贬值会使私营企业更倾向于减少出口量，而本币升值会使私营企业更倾向于增加出口量。

综上所述，我们发现无论是国有、外商投资还是私营企业，本币贬值均会通过融资约束的双重作用机制降低其增加出口量的概率，同时会通过价格竞争和生产率机制提高其增加出口量的概率，而由于不同所有制企业中融资约束双重机制的作用大小不同，才导致了本币贬值对不同所有制企业增减出口量影响方向的不同。具体地，在国有和外商投资企业组中，融资约束双重效应的占比较小，本币贬值使国有和外商投资企业更倾向于增加出口量，本币升值会使其更倾向于减少出口量；在私营企业样本组中，融资约束双重效应的占比较大，本币贬值会使其更倾向于减少出口量，本币升值会使其更倾向于增加出口量。究其原因，私营企业面临着较为严重的融资约束，当本币升值时，能够缓解其面临的融资约束，使其在海外的销售网络扩张更快，销售量增加，这恰好印证了第五章中的结论。

2. 不同行业分组检验

表 6-11 列出了融资约束机制在不同融资约束行业的企业增减出口量决策中的分组检验结果。为重点关注融资约束机制在不同行业中的作用，此处同样省略模型中各控制变量的系数，仅列出了中介效应回归中 $\ln rex_{ct}$ 的系数与式（6-4）中介变量的边际效应。下面我们具体分析融资约束机制在不同行业增减出口量决策中的作用。

表 6-11　　融资约束机制在不同融资约束程度行业增减出口量中的作用

中介效应		高融资约束行业		中融资约束行业		低融资约束行业	
		式（5-2，5-3，5-4）中 $\ln rex_{ct}$ 系数	式（6-4）中介变量系数	式（5-2，5-3，5-4）中 $\ln rex_{ct}$ 系数	式（6-4）中介变量系数	式（5-2，5-3，5-4）中 $\ln rex_{ct}$ 系数	式（6-4）中介变量系数
直接	价格竞争	0.2392***	0.0891***	0.2109***	0.0232***	0.2103***	0.0179***
		$\lambda_2\beta_1=0.0213$		$\lambda_2\beta_1=0.0050$		$\lambda_2\beta_1=0.0038$	
	生产率	0.0537***	0.0716***	0.0319***	0.0604***	0.0304***	0.0719***
		$\lambda_3\gamma_1=0.0038$		$\lambda_3\gamma_1=0.0019$		$\lambda_3\gamma_1=0.0022$	
	融资约束	0.6018***	-0.0232***	0.3007***	-0.0101***	0.0114***	-0.0210***
		$\lambda_4\eta_1=-0.0140$		$\lambda_4\eta_1=-0.0030$		$\lambda_4\eta_1=-0.0002$	
间接	融资约束	γ_2		γ_2		γ_2	
		-0.7413***		-0.1730***		-0.1528***	
		$\lambda_3\gamma_2\eta_1=-0.0319$		$\lambda_3\gamma_2\eta_1=-0.0031$		$\lambda_3\gamma_2\eta_1=-0.0001$	

注：回归结果由 stata12.0 完成，***、**、*分别表示参数的估计值在 1%、5%、10%的统计水平上显著。

首先，在高融资约束行业样本组中，本币贬值通过价格竞争机制对未退出市场的企业增减出口量的影响为 0.2392×0.0891＝0.0213，通过生产率机制对其影响为 0.0537×0.0716＝0.0038，通过融资约束的直接作用机制对其影响为 0.6018×（−0.0232）＝−0.0140，间接作用机制影响为 0.0716×（−0.07413）×0.6018＝−0.0319。进一步地，我们可以计算融资约束双重效应为−0.0459，占总效应的 64.65%，其中直接效应为 19.72%，间接效应为 44.93%。这说明，在高融资约束行业，融资约束的双重效应起主导作用，因此，本币贬值会使得高融资约束行业的企业更倾向于减少出口量，而本币升值会使其更倾向于增加出口量。

其次，在中融资约束行业样本组中，本币贬值通过价格竞争机制对未退出市场企业增减出口量的影响为 0.2109×0.0232＝0.0050，通过生产率机制对其影响为 0.0319×0.0604＝0.0019，通过融资约束的直接作用机制对其影响为 0.3007×（−0.0101）＝−0.0030，间接作用的影响为 0.0604×（−0.1730）×0.3007＝−0.0031。进一步地，我们可以计算出融资约束的双重效应为−0.0061，占总效应的 46.92%，其中直接效应占 23.08%，间接效应占 23.84%。这说明，在中融资约束行业，融资约束的双重作用小于价格竞争和生产率作用之和，因此，本币贬值会使其增加出口量的概率提高，即本币贬值会使其更倾向于增加出口量。

最后，在低融资约束行业样本组中，本币贬值通过价格竞争机制对未退出市场企业增减出口量的影响为 0.2103×0.0179＝0.0038，通过生产率机制对其影响为 0.0304×0.0719＝0.0022，通过融资约束的直接作用机制对其影响为 0.0114×（−0.0210）＝−0.0002，间接作用机制影响为 0.0719×（−0.1528）×0.0114＝−0.0001。进一步地，我们可以计算出融资约束的双重效应为−0.0003，占总效应的 4.76%，其中直接效应占 3.17%，间接效应占 1.59%。这说明，在低融资约束行业，融资约束的双重作用相对价格竞争和生产率作用来说微不足道，因此，本币相对于出口目的国市场货币贬值会使其增加出口量的概率提高，即本币贬值会使其更倾向于增加出口量。

综上所述，我们发现无论是出口企业处于何种行业，本币贬值均会通过融资约束的双重作用机制降低其增加出口量的概率，同时会通过价格竞争和生产率机制提高其增加出口量的概率，而由于不同行业融资约束双重机制发挥的作用大小不同，才导致了本币贬值对不同行业企业增减出口量影响方向的不同。具体地，在高融资约束行业中，融资约束的双重效应起主导作用，本币贬值会使其更倾向于减少出口量，本币升值会使其更倾向于增加出口量；在中、低融资约束行业中，融资约束双重效应的占比较小，本币贬值会使其更倾向于增加出口量，本币升值会使其更倾向于减少出口量。究其原因，与私营企业一样，在高融资约束行业中，融资约束是企业对外扩张销售网络最重要的制约因素，当本币升值时，能够缓解这些企业面临的融资约束，使其在海外的销售网络扩张更快，从而带来销售量的增加。

第四节　本章小结

本章在中介效应模型的基础上，运用 Probit 和 Logit 模型检验了汇率变动对企业出口动态选择的影响以及融资约束机制在其中的作用，更进一步，检验了在不同所有制、不同行业分组中，融资约束机制作用的差异，具体概括为以下几点。

其一，从总体上看，在未出口企业对是否进入出口市场进行选择时，汇率升值通过融资约束双重机制对企业进入出口市场产生的促进作用大于通过价格竞争和生产率机制对进入出口市场产生的抑制作用，所以，本币升值有利于未出口企业对出口市场的进入；在已出口企业对是否退出市场进行选择时，汇率升值仅通过融资约束的间接作用缓解其对出口市场的退出，且其效应较小，远小于价格竞争和生产率机制对其退出市场造成的压力，所以，汇率升值会从整体上造成已出口企业对市场的退出；在未退出市场企业对增减出口量进行选择时，三种中介变量的作用方向与是否进入样本组一致，但汇率升值通过融资约束双重中介效应对增加出口量的促进作用并不能抵消其通过价格竞争和生产率机制导致的出口量减少，所以，从整体上看汇率升值会导致企业更倾向于减少出口量。

其二，从不同所有制企业来看，在未出口企业对是否进入出口市场进行选择时，本币升值通过融资约束的双重作用机制对国有和私营企业进入市场的促进作用较大，通过价格竞争和生产率作用机制对外商投资企业进入市场的抑制作用较大，所以，本币升值会提高国有和私营企业进入出口市场的概率，降低外商投资企业进入出口市场的概率；在已出口企业对是否退出市场进行选择时，本币升值会通过融资约束双重效应来缓解私营企业对出口市场的退出，通过融资约束间接作用来缓解国有和外商投资企业的退出，但这种缓解作用均较小，抵不过通过价格竞争和生产率机制给企业退出市场造成的压力，所以无论企业的所有权性质如何，本币升值均会使得已出口企业退出市场的概率升高；在未退出市场企业对增减出口量进行选择时，本币贬值通过价格竞争和生产率机制对国有和外商投资企业增加出口量的影响较大，而本币升值通过融资约束机制对私营企业增加出口量的影响较大，所以，在未退出市场企业对增减出口量进行选择时，本币贬值会使国有和外商投资企业增加出口量，而本币升值会使私营企业增加出口量。

其三，从不同行业来看，在未出口企业对是否进入出口市场进行选择时，本币升值通过融资约束双重效应对高融资约束行业企业进入市场的促进作用较大，通过价格竞争和生产率机制对低融资约束行业企业进入市场的抑制作用较大，而对中融资约束行业企业来说促进和抑制作用相互抵消，所以，本币升值会促进高融资约束行业的企业进入出口市场，抑制低融资约束行业的企业进入市场，对中融资约束行业企业是否进入市场呈现中性作用；在已出口企业对是否退出市场进行选择时，融资约束机制在高融资约束行业具有双重效应，而在中、低融资约束行业仅通过间接作用机制发挥作用，并且三种行业的出口企业融资约束机制作用均较小，所以，无论已出口企业面临的融资约束程度如何，本币贬值都会使已出口企业退出市场的概率降低；相反，本币升值会使得已出口企业退出出口目的地市场的概率升高。在未退出市场企业对增减出口量进行选择时，本币升值通过融资约束双重效应对高融资约束行业企业增加出口量的正向作用较大，通过价格竞争和生产率机制效应对中、低融资约束行业企业增加出口量的负向作用较大，所以，本币升值会促进高融资约束行业的企业出口量增加，抑制中、低融资约束行业企业出口量增加。

第七章　结论、政策建议与研究展望

本书在以往研究的基础上，考虑了中国出口企业融资特性，放宽了以往研究对企业出口融资不能从外部获得资金的假设，建立了一个与当前生产率不完全相关的融资约束出口模型，并在此基础上推导出汇率变动对企业出口的影响方向和具体作用机制，发现当本币升值时，汇率会通过价格竞争机制和生产率机制对出口产生负效应，通过融资约束机制对出口产生正效应，并且融资约束机制具有双重效应，一方面，汇率升值通过降低出口企业的融资约束直接促进出口；另一方面，汇率升值会通过融资约束降低企业的出口生产率条件，从而间接促进出口。因此，汇率变动的融资约束双重效应大小至关重要，当汇率通过融资约束对出口产生的正效应大于通过价格竞争机制和生产率机制对出口的负效应之和时，本币升值就会促进出口，从而找到解释“中国汇率调整之谜”的微观理论基础。基于此，本书利用《中国海关数据库》和《中国工业企业数据库》的海量匹配数据，对中国2000—2009年的制造业企业面临的融资约束进行了详细测算，并在此基础上对制造业企业出口与汇率的关系情况进行多角度、全方位描述，并对理论模型和典型化事实进行了深入的实证检验。基于以上研究，本章首先揭示本书的主要研究结论。其次对症下药，分别从微观和宏观层面为我国完善人民币汇率形成机制、改善民营企业融资环境、规避出口企业汇率风险提出了相关的政策建议。最后指出下一步研究可能的扩展方向。

第一节　主要结论

通过前几章的理论分析与实证检验，我们可以从中得出以下结论。

一　汇率变动对企业出口的影响

第一，人民币汇率贬值虽然会从整体上改善中国工业企业的出口，但对不同企业的影响方向却与企业面临的融资约束有关。企业面临的融资约束程度越高，汇率贬值对出口的促进作用越小；相反，汇率升值越有可能促进企业出口。经测算私营企业和国有企业的融资约束较大，而外资企业融资约束较小。实证分析发现，汇率升值会抑制外商企业出口，却会促进私营企业和国有企业的出口。对不同融资约束程度行业分组进行的实证检验也证实了这一点，即人民币汇率升值会抑制中、低融资约束行业企业出口，但却会促进高融资约束行业企业出口。

第二，企业微观因素和出口目的地宏观条件的改善对企业出口具有积极作用，但对不同企业出口的影响程度不尽相同。从整体上看，企业生产率越高、规模越大、市场占有率越高则出口越多，目的地的居民消费能力越高，关税水平和到中国的距离越近则出口越多。但微观或宏观因素的改变对不同企业出口的影响程度却不同。生产率是决定私营企业出口增长的重要因素，但对国有企业来说企业规模和市场占有率更为重要。对低融资约束行业的企业出口来说，生产率影响最为重要，但对高融资约束行业来说，市场占有率影响较大。出口目的地关税水平和东道国距离的增加会严重抑制国有、私营企业的出口，而对外资企业的影响不大。目的地消费水平的提高会对高、中融资约束行业出口增长有较大的促进作用，但对低融资约束行业作用不明显。

第三，人民币汇率变动对中国制造业企业出口的影响还与行业竞争程度有关。行业竞争越温和，企业市场占有率越大，本币升值对出口的抑制作用越小。当市场占有率增大到一定程度时，本币贬值会抑制出口，本币升值促进出口。但仅有少数行业能够满足行业竞争程度的反转条件，如与天然资源有关的采矿业、石油、天然气、水生产及供应等行业，或者具有显著品牌效应的酒、饮料、茶制造业的部分细分产业。

二　汇率变动对出口影响的作用机制

第一，融资约束是汇率变动对出口影响的作用机制之一，其大小决定了汇率变动对企业出口的影响方向。汇率变动会通过价格竞争、生产率、融资约束三种机制作用于出口，其中融资约束存在双重效应。一方面，汇率变动通过直接影响企业的融资约束从而对出口产生影响；另一方面，汇率变动通过融资约束影响企业出口的生产率条件，从而对出口产生间接影响。当本币升值时，汇率会通过价格竞争机制和生产率机制对出口产生负效应，通过融资约束机制对出口产生正效应，因此，融资约束的双重效应大小决定了汇率变动对企业出口的作用方向。总样本回归中汇率变动通过融资约束机制对出口的双重效应较小，小于通过生产率机制和价格竞争机制作用之和，所以汇率升值会在整体上抑制中国制造业企业的出口。

第二，融资约束双重效应在国有和私营企业中较大，导致汇率升值能够促进国有和私营企业的出口。在国有企业和私营企业样本组中，融资约束机制的双重效应远远大于生产率机制和价格竞争机制作用之和，汇率变动通过融资约束机制对出口的双重效用在总效用中占主导地位，因此汇率升值会促进国有和私营制造业企业的出口。在外商投资企业样本组中，汇率变动通过融资约束机制对出口的双重效应在总效用中微不足道，远小于通过生产率机制和价格竞争机制作用之和，所以汇率升值会抑制外商投资制造业企业的出口。

第三，融资约束双重效应在高融资约束行业中较大，导致汇率升值能够促进高融资约束行业的出口。在高融资约束行业样本组中，汇率变动通过融资约束机制对出口的双重效用在总效用中占主导地位，大于通过生产率机制和价格竞争机制作用之和，所以汇率升值会促进高融资约束行业企业的出口。在中、低融资约束行业样本组中，汇率变动通过融资约束机制对出口的双重效应在总效用中占比较低，远小于通过生产率机制和价格竞争机制作用之和，所以汇率升值会抑制中、低融资约束行业企业的出口。

三　汇率变动对出口动态选择的影响

第一，融资约束在汇率升值促进总样本企业对出口市场的进入和其出口量的增加中起关键作用。从总体上看，融资约束双重效应在未出口企业对是否进入出口市场选择时较大，汇率升值通过融资约束双重机制对企业进入出口市场产生的促进作用大于通过价格竞争和生产率机制对进入出口市场产生的抑制作用，所以，本币升值有利于未出口企业对出口市场的进入。在已出口企业对是否退出市场进行选择时，汇率升值仅通过融资约束的间接作用缓解其对出口市场的退出，其效应远小于价格竞争和生产率机制对其退出市场造成的压力，所以，汇率升值会从整体上造成已出口企业对市场的退出。在未退出市场企业对增减出口量进行选择时，汇率升值通过融资约束双重中介效应对增加出口量的促进作用并不能抵消其通过价格竞争和生产率机制导致的出口量减少，所以，从整体上看，汇率升值会导致企业更倾向于减少出口量。

第二，融资约束在汇率升值促进国有、私营企业对出口市场的进入和提高私营企业出口量中至关重要。因为融资约束双重效应在国有、私营企业对是否进入市场和私营企业对增减出口量选择中较大，导致了本币升值能够有效地促进国有、私营企业对出口市场的进入和私营企业出口量的增加。更有意思的是，实证中发现无论是国有企业、外商投资企业还是私营企业，融资约束的直接效应并不显著，间接效应又较小，因此对已出口企业来说本币升值的融资约束作用很小，反而给企业带来的产品价格劣势更为突出，给企业造成的退出压力也较为严峻，这种压力在私营企业中极为明显，本币升值通过价格竞争机制对私营企业退出市场造成的压力是国有和外资企业的3—5倍。

第三，融资约束在汇率升值促进高融资约束行业企业进入出口市场和提高出口量中发挥的作用较大。在融资约束行业企业对是否进入出口市场和增减出口量选择中，汇率变动的融资约束双重效应占据主导地位，所以汇率升值能够促进高融资约束行业企业进入出口市场和增加出口量。在已出口企业对是否退出市场进行选择时，融资约束机制仅在高融资约束行业具有双重效应，而在中、低融资约束行业只通过间接作用机制发挥作用，并且三种行业融资约束机制作用都很小，所以，无论已出口企业面临的融资约束程度如何，本币升值会均使其退出出口市场的概率提高。而且与所有权分组检验结论相似，当企业进入了出口市场，汇率变动造成的企业融资约束变化并不会直接造成企业对出口市场的退出。

第二节　政策建议

一　宏观方面

1. 多措并举，加快推进人民币国际化

人民币国际化是指人民币作为国际货币广泛地应用于国际贸易和投资，这对于我国出口贸易具有重大意义，能够使出口企业更好地规避汇率风险。2008年国际金融危机爆发以来，为了降低对美元的过度依赖，我国周边国家对人民币的使用需求大幅增加，我国逐步开展了跨境贸易人民币结算试点和境外直接投资人民币结算试点，自此拉开了人民币国际化的序幕。随着我国经济发展水平、综合国力、国际地位的提升，2015 年 12 月 1 日国际货币基金组织（IMF）宣布人民币作为继美元、欧元、英镑和日元后加入特别提款权（SDR）货币篮子的第五种货币，人民币国际化走上了一个新的台阶。

首先，应借力“一带一路”建设，扩大人民币在境外流通范围。第三章的研究结论表明我出口贸易市场虽然遍布全球，但仍以美国、日本、欧盟等为主体，随着“一带一路”建设的纵深发展，我国的出口市场也会呈现多元化发展的趋势，尤其是对新兴经济体的出口将会不断扩大，2020 年 9 月商务部的数据显示，东盟已经成为中国第一大贸易伙伴。“一带一路”沿线国家和地区大多属于新兴市场经济体，市场空间广阔、发展潜力巨大，在加强与沿线国家和地区的经贸往来与合作的基础上，利用出口市场的多元化，发展区域贸易、双边贸易平台，并在此基础上大力推进人民币国际贸易结算，推动人民币贸易结算份额继续提高。

其次，以自贸区建设为契机，逐步提高人民币资本项目可兑换程度，拓宽境外人民币回流途径。鼓励金融机构在资本项目开放的条件下，依托自贸区跨境投融资政策，借助监管机构的创新监管试验平台，发行更多以人民币计价的金融创新产品，如自贸区跨境人民币债券、自贸区企业资产证券化等产品，丰富境外人民币的投资产品。并鼓励区内金融机构研发推广如内保自贷、自贸联合融资、跨境并购贷款等适应自贸账户需求的投融资产品，并通过外保内债、境外发债等方式，为“引进来”和“走出去”客户提供多元化跨境投融资服务，把人民币国际化由“贸易结算化”逐步推向“金融投资化”。

最后，鼓励商业银行国际化发展，加强人民币离岸中心建设，为人民币国际化提供更多更全面的金融支持。离岸人民币中心的发达程度和国际金融、清算机构持有兑换人民币的额度大小，是决定人民币能否成为储备货币的关键，也是实现人民币国际化三步走最后一步“货币储备化”的关键。目前，较为成熟的人民币离岸中心有中国香港、新加坡、伦敦等。但除了中国香港以外，其他离岸中心都存在参与机构较少、人民币衍生产品种类单一的缺陷，而国内商业银行，尤其是全国股份制商业银行的灵活性较强，对金融衍生品创新程度较高，应适当对其国际化提供政策支持，鼓励其参与人民币离岸中心建设，夯实人民币离岸市场基础，丰富离岸人民币金融产品种类。

2. 深化改革，保持人民币汇率在合理水平上基本稳定

首先，应深化人民币汇率形成机制市场化改革。2015 年“8・11”汇改之后，人民币汇率中间价定价机制更加市场化，人民币汇率的弹性显著增强，目前人民币中间汇率是由中国外汇交易中心每日开盘前向各坐市商询价产生的，但对各坐市商对于篮子货币的选取、各坐市商的报价权重等都未公布，因此人民币汇率中间价形成机制有进一步优化的空间，通过提高人民币汇率形成机制的透明度，也可以有效地引导市场对人民币汇率波动的预期，保持人民币汇率的灵活和主动。

其次，要保持人民币汇率在合理水平上基本稳定。维持人民币汇率的总体稳健性对出口企业乃至对我国的金融市场稳定来说十分重要，由于人民币汇率的变化除了反映市场供求和国际利差，也极易受到国际流动资金及非理性预期的影响。因此，针对外汇市场的顺周期行为，货币当局应积极采取宏观审慎政策等措施稳定外汇市场预期，灵活地运用逆周期调节因子等政策工具，根据形势变化采取必要的、有针对性的措施来稳定人民币汇率市场预期。

最后，发展汇率衍生品，加强“汇率风险中性”宣导。政府或货币当局应当加大金融衍生产品尤其是汇率衍生品的宣导力度，引导出口企业树立“风险中性”的汇率风险管理意识，改变企业以往押注升值或贬值的单边方向、用主观的市场判断替代风险管理、不愿意花成本锁定汇率风险的状态，引导银行加强对企业进行汇率市场风险宣传和教育，引导企业合理地运用衍生产品规避汇率风险，健全企业汇率风险管理水平，提高企业对汇率市场的风险承受能力，优化汇率形成机制改革环境。

3. 协同合作，改善私营企业融资环境

实证研究结论表明，私营企业受到融资约束最大，即存在大量的私营企业因融资约束问题不能进入出口市场，而有些企业虽曾克服融资约束进入了出口市场，也会因融资约束问题在汇率升值的时候迅速退出市场或大幅缩减出口量，因此，私营企业的高融资约束对我国出口的稳定极为不利，缓解私营企业融资难问题成为稳定我国出口的重要举措，主要包括：

一是发挥债券市场的引领作用，拓宽企业融资渠道。推动实施私营

企业债券融资支持工具，通过市场化的方式做好信用增进服务，如信用风险缓释工具，为部分债券发行遇到困难的民营企业提供增信支持，稳定和促进私营企业的债券融资，带动私营企业整体融资氛围的改善，进一步促进私营企业产品和金融服务创新发展。

二是稳定银行信贷支持，保持流动性合理充裕。一方面，货币当局应出台相应的定向信贷支持政策，在经济疲软时期，应持续实施定向降准，主要支持小微企业、创新型企业，增加再贷款、再贴现的额度支持金融机构扩大私营和小微企业的信贷投放；另一方面，还应注重商业银行的内部传导，督促银行完善内部制度安排，包括资源配置、绩效考核、绩效考核与员工收入分配的关系，内部资金转移定价、内部经济资本的安排、尽职免责、内部的信贷授权，等等，督促银行落实好再贷款再贴现政策，加大对银行贷款投放的监测考核和督察检查力度，打通政策传导的最后一公里，激发各级行和各级员工服务民营和小微企业的积极性。

三是多部门协作，共同支持私营企业发展。首先，工商、税务、金融服务等部门应统一部署，出台相应的减税降费、融资担保、监测考核、简政放权、支持创新、优化信用体系建设等多项政策措施，支持民营和小微企业的发展。其次，鼓励地方政府积极创新扶持方式，在先进地区树立标杆作用，将先进经验复制推广，支持民营企业和小微企业的发展；同时，政府应鼓励民营企业和小微企业审慎经营、规范经营、依法经营，建立比较规范的财务管理与财务报告制度，提高专业化能力和专业化水平，提高对经营资源的吸附能力。

二　微观方面

1. 树立“汇率风险中性”意识，合理使用金融避险工具

首先，企业应当树立“风险中性”的汇率风险管理意识。随着汇率形成机制改革的推进，人民币汇率将更加市场化，双边波动会更加频繁，这意味着出口企业将面临更大的汇率风险，依照以往出口企业思维惯性，往往押注汇率单边升值或单边贬值、用主观的市场判断替代风险管理，造成外币收入风险敞口过大，影响正常的生产经营，所以企业应当以自身生产经营需求为宗旨管理外币敞口。

其次，企业应合理使用金融工具规避汇率风险。很多出口企业不愿意花成本锁定汇率风险，或者锁汇以后又和市场汇率比较认为方向做错了又进行反向操作，这往往会在汇率调整时引发“羊群效应”，从而使得

汇率市场波动更加剧烈，所以企业应建立避险工具并非盈利工具的坚定信念规避外汇风险；除了选择外汇远期、期权等金融衍生工具外，企业还可以主动调整自身外币资产负债结构来有效规避外汇风险，例如，增配一定比例的外币负债来规避出口延期收汇的汇率风险。

最后，出口企业应加大汇率避险人才培养。通过内培外引等手段，提高出口企业财务人员的外汇风险管理水平，积极学习并掌握各种外汇衍生产品的利弊和使用规则，结合企业自身生产经营资金需求，合理使用外汇衍生产品或配置外币资产负债，提高企业抵御汇率风险的意识和能力，尽可能降低出口企业风险。

2. 出口企业应努力提高生产率并谨慎选择出口市场

一方面，出口企业应通过提高生产率增加销售利润。通过本书理论分析与实证结论可以看到，企业的生产率提高不仅能够使得产品成本降低从而获得较高的国际竞争力，促进出口，而且生产率的提高能够通过国内市场销售利润的提高，从内源融资上满足企业出口的固定成本，从而使得企业摆脱融资约束，促进企业出口，所以采用先进的生产技术、降低企业生产成本、提高生产率均对企业出口有益。

另一方面，出口企业应根据自身融资情况谨慎选择出口市场。由本书实证结果可以看到，不同所有制性质、不同行业竞争程度的企业因面临的融资约束不同，在面临汇率波动时对出口市场的选择是不同的，企业应当根据自身融资约束情况和出口目的地货币情况谨慎选择出口市场。垄断型国有企业和外商投资企业由于自身的融资约束非常小，在本币贬值时汇率通过融资约束机制对出口的负效应相对较少，以至于本币贬值能够从整体上改善其出口，所以，这类企业选择出口目的地货币为硬通货的市场出口较为有利；而私营企业由于其融资约束较大，且本币贬值时汇率通过融资约束及机制对出口的负效应相对较大，只有行业竞争较为激烈的生产率较高的企业才能够克服贬值的融资约束机制副作用，所以行业竞争激烈的私营企业可以选择出口目的国货币为硬通货的市场，而行业竞争程度较低的生产率较低的私营企业选择出口目的国货币为软通货的市场更为有利。

3. 私营企业应提高获得外源性融资的能力

一方面，私营企业应提高自身经营稳健性。私营企业财务稳健性较差，有的民营企业和小微企业抗风险能力确实非常弱、经营的稳定性也比较差，造成信用风险过高而无法从金融市场获得融资；而有的较好的民营企业因一时融资太容易，缺乏战略性发展布局，导致扩张过快，在经济增速放缓的大环境下造成违约风险上升，从而导致银行等金融机构对私营企业贷款积极性不高，所以私营企业提高自身的经营稳健性是获得外源性融资的关键。

另一方面，私营企业要提高信息透明度。外源性融资最重要的渠道就是债务融资，包括银行贷款和发行企业债两种形式。企业要顺利完成债务融资，必须通过债权人的重重审查，债权人一般要求其除了具有稳健的财务数据，还要对其生产经营情况，尤其是未来的发展情况有详尽的披露，所以提高民营企业信息透明度也是获得外源性融资的重要方面。

第三节　研究展望

本书首次运用融资约束下的异质性企业模型研究人民币汇率与中国制造业企业出口问题，在前人研究的基础上考虑了中国出口企业的个体融资约束，建立了一个与当前生产率不完全相关的融资约束出口模型，并在此模型基础上推导出汇率变动对企业出口的影响及作用机制。但囿于理论和技术分析能力有限，本书的研究内容还有待进一步的挖掘和拓展。正是这些理论和实证分析中的难点和不足，构成了未来研究的重要方向。

企业个体融资约束视角下，汇率变动对 OFDI 的影响研究。Helpman 等（2004）、Antrans 和 Helpman（2004）在新新贸易理论领域最大的贡献就是分别将水平 FDI 和垂直 FDI 引入 Melitz（2003）模型，将异质性企业模型扩展到解释跨国企业经营是选择出口还是直接投资两个方面。随着“走出去”战略不断深化，越来越多的出口企业选择以 OFDI 的形式参与国际经营，2019 年我国对外直接投资流量高达 1369.1 亿美元，排名世界第二。并且企业层面的直接投资数据也随着时间和技术的发展日益丰富起来，如祝继高等（2020）和臧铖等（2021）利用《中国海关数据库》《境外投资企业（机构）名录》和中国上市公司的匹配数据获得了出口企业对外直接投资的国别数据。因此，借鉴 Helpman 等（2004）、Antrans 和 Helpman（2004）的思路，将 OFDI 这一组织形式纳入本书的理论模型中，并采用出口企业对外直接投资数据进行实证检验，研究汇率变动如何通过改变企业个体融资约束对企业跨国经营产生影响，具有重要的理论与现实意义。

企业个体融资约束视角下出口生存率和出口持续时间的研究。本书在分析汇率变动对出口动态选择影响时发现，由于融资约束双重效应在国有、私营、高约束行业企业对是否进入出口选择时较大，导致了汇率升值会促进这些企业对出口市场的进入。但当企业进入了出口市场，汇率变动造成的企业融资约束变化并不会直接造成企业对出口市场的退出，而本币升值给企业带来的产品价格劣势更为突出。综合来看，当汇率升值时，一方面会通过降低企业融资约束使得未出口企业进入出口市场，另一方面会通过价格竞争使得已出口的企业退出出口市场。这从某种程度上解释了中国企业出口生存率低、出口持续时间短的原因。自 Besedes 和 Prusa（2006）首次提出出口持续时间的概念，国内外学者便不断聚焦于出口企业生产率和出口持续时间的理论和实证研究，Nitsch（2009）、Obashi（2010）、Fugazza 和 Molina（2011）、陈勇兵（2012）、许和连等（2019）和金祥义（2019）等分别从产品特征、贸易成本、国家金融发展程度、金融结构等方面分析了影响出口持续时间的因素，而从企业个体融资约束角度分析出口生存率和出口持续时间将会是一个新的方向。

结合中国企业融资特征，进一步放宽融资约束假设。本书放宽了 Chaney（2016）对企业出口的融资不能从外部获得资金的假设，增加了外源融资弥补企业出口投资流动性的方式，这使得理论模型更贴近现实。但本书对外源融资来源仅考虑出口企业在国内的本币融资，却忽视了出口企业境外市场融资。近年来，随着企业融资形式的多样化发展，越来越多的出口企业选择在利率较低的海外市场以境外上市或境外发债的形式融资。这部分融资除了能够弥补国内市场融资不足以外，本身会受到汇率变动的影响，例如，本币升值虽然增加了国内融资部分的相对价值，但却减少了国外融资部分的相对价值，使得本币升值的融资约束机制变得复杂。所以，在以后的研究中，将出口企业融资条件进一步放宽到不仅能够获得境内金融市场融资，还能从境外金融市场获得一定比例外汇融资将会是未来研究的一个重要方向。

实证数据和研究方法有进一步完善的空间。本书选取 2000—2009 年制造业企业的出口数据作为观测样本来源，来分析融资约束下汇率变动对企业出口的影响。一方面，这涵盖了两个完整的人民币汇率变动周期（2001—2005 年的贬值周期和 2005—2009 年的升值周期）；另一方面，融资约束最为严重的私营企业的出口飞跃也在这一时期（从 2004 年全面放开进出口经营权到 2008 年国际金融危机）。虽然数据选取具有一定的合理性，但 2010 年之后，尤其是 2015 年汇率双向波动后的企业出口与汇率变动的关系是否会呈现出新的特征还有待进一步检验。在内生性处理上本书参照 Groves 等（1994）中面板数据常用的工具变量方法，将内生变量的滞后一期作为内生解释变量的工具变量做了面板 GMM 处理，这种方法虽然能够在技术上解决模型内生性问题，但模型内生性的存在原因尚需进一步讨论，寻找有效的遗漏变量纳入模型是值得进一步探索的问题。

附　　录

附表 1　　国有企业样本组检验

变量种类	变量名称	式（5-1）总效应	式（5-2）价格竞争机制	式（5-3）生产率机制	式（5-4）融资约束机制	式（5-5）直接效应
解释变量	$\ln rex_{ct}$	-0.4947*** (-20.77)	0.2033*** (443.38)	0.0013*** (10.12)	1.0735*** (79.93)	0.0001*** (5.09)
中介变量	$RCPI_{ct}$					0.6012*** (3.91)
	$Rtfp_{it}$					0.0316*** (0.29)
	CFS_{it}			-0.2783*** (-12.73)		-0.5691*** (-19.20)
控制变量	$\ln tasset_{it}$	0.7897*** (77.12)	NO	0.1654*** (38.41)	0.1321*** (109.03)	0.8735*** (86.71)
	$share_{it}$	0.0961*** (17.61)	NO	0.1241*** (7.41)	0.3594*** (9.27)	-0.0026 (-0.02)
	$\ln gdpp_{ct}$	4.4450*** (157.18)	0.7807*** (801.51)	NO	NO	4.4673*** (47.35)
	$tarifflines_{ct}$	-0.0094** (-17.55)	-0.0012*** (-96.04)	NO	NO	-0.0079*** (-8.09)
	$\ln vcost_{ict}$	-19.3525*** (-4.82)	-0.6967*** (-5.73)	NO	NO	-36.0125*** (-4.01)
	year	YES	YES	YES	YES	YES
	country	YES	YES	NO	NO	YES
	industry	YES	NO	YES	YES	YES

续表

变量种类	变量名称	式（5-1） 总效应	式（5-2） 价格竞争机制	式（5-3） 生产率机制	式（5-4） 融资约束机制	式（5-5） 直接效应
常数项	_cons	144.1052*** （4.19）	-13.1422*** （-12.35）	0.8650*** （5.62）	1.7436*** （131.75）	211.1939*** （3.01）
F 值		4.07	6.70	5.34	5.30	2.01
P 值		0.0000	0.0000	0.0000	0.0000	0.0000
R^2-within		0.0624	0.0698	0.0742	0.0942	0.0654
N		27811	26378	26376	26791	27197

注：回归结果由 stata12.0 完成，***、**、*分别表示参数的估计值在 1%、5%、10%的统计水平上显著，括号内数值为 t 统计值；“YES”表示模型中加入了该控制变量，“NO”表示模型中未加入该控制变量。

附表 2　　国有企业样本组稳健性检验

变量种类	变量名称	式（5-1） 总效应	式（5-2） 价格竞争机制	式（5-3） 生产率机制	式（5-4） 融资约束机制	式（5-5） 直接效应
解释变量	$\ln oex_{ct}$	-0.5354*** （-22.71）	0.2061*** （401.12）	0.0011*** （12.09）	0.9213*** （7.90）	0.0015*** （10.23）
中介变量	$RCPI_{ct}$					0.7091*** （2.81）
	$Rtfp_{it}$					0.0210*** （0.31）
	CFS_{it}			-0.3217*** （-17.92）		-0.6986*** （-16.23）
控制变量	$\ln tasset_{it}$	0.8189*** （78.91）	NO	0.1921*** （27.72）	1.1001*** （19.01）	0.9991*** （85.11）
	$share_{it}$	0.1209*** （23.69）	NO	0.1972*** （10.92）	0.1310*** （2.21）	-0.0012 （-0.01）
	$\ln gdpp_{ct}$	4.7891*** （121.91）	0.9012*** （700.19）	NO	NO	5.0102** （27.69）
	$tarifflines_{ct}$	-0.0087** （-18.61）	-0.0011*** （-99.91）	NO	NO	-0.0081*** （-7.12）
	$\ln vcost_{ict}$	-17.3629*** （-9.01）	-0.5761*** （-6.71）	NO	NO	-31.9827*** （-1.09）

续表

变量种类	变量名称	式（5-1）总效应	式（5-2）价格竞争机制	式（5-3）生产率机制	式（5-4）融资约束机制	式（5-5）直接效应
控制变量	*year*	YES	YES	YES	YES	YES
	country	YES	YES	NO	NO	YES
	industry	YES	NO	YES	YES	YES
常数项	*_cons*	151.1425*** (4.41)	-13.1427*** (-11.31)	1.9232*** (42.91)	0.2901*** (13.31)	224.1902*** (3.07)
F 值		3.06	5.09	9.02	3.37	3.09
P 值		0.0000	0.0000	0.0000	0.0000	0.0000
R^2-within		0.0721	0.0791	0.0862	0.0932	0.0783
N		28321	25363	26234	27225	28321

注：回归结果由 stata12.0 完成，***、**、*分别表示参数的估计值在 1%、5%、10%的统计水平上显著，括号内数值为 t 统计值；"YES" 表示模型中加入了该控制变量，"NO" 表示模型中未加入该控制变量。

附表 3　　外商投资企业样本组检验

变量种类	变量名称	式（5-1）总效应	式（5-2）价格竞争机制	式（5-3）生产率机制	式（5-4）融资约束机制	式（5-5）直接效应
解释变量	$\ln rex_{ct}$	0.1130*** (20.77)	0.2045*** (443.51)	0.2219*** (30.25)	0.0913*** (12.18)	0.0200*** (32.05)
中介变量	$RCPI_{ct}$					0.2563** (4.10)
	$Rtfp_{it}$					0.1027*** (12.01)
	CFS_{it}			-0.1753*** (-3.92)		-0.0116*** (-3.74)
控制变量	$\ln tasset_{it}$	0.1413*** (72.17)	NO	0.0278*** (20.61)	0.1414*** (151.72)	0.6324*** (89.13)
	$share_{it}$	0.7231*** (3.37)	NO	0.1773*** (5.18)	0.4238*** (10.19)	0.0016* (0.04)
	$\ln gdpp_{ct}$	4.2341*** (125.11)	0.7803*** (823.43)	NO	NO	4.6590*** (53.93)

续表

变量种类	变量名称	式（5-1） 总效应	式（5-2） 价格竞争机制	式（5-3） 生产率机制	式（5-4） 融资约束机制	式（5-5） 直接效应
控制变量	$tarifflines_{ct}$	-0.0057*** (-12.51)	-0.0011*** (-92.03)	NO	NO	-0.0082*** (-8.91)
	$\ln vcost_{ict}$	-12.2985*** (-6.90)	-0.6984*** (-5.67)	NO	NO	-35.7713*** (-4.90)
	year	YES	YES	YES	YES	YES
	country	YES	YES	NO	NO	YES
	industry	YES	NO	YES	YES	YES
常数项	_cons	124.1433*** (3.14)	-12.1279*** (-12.24)	6.2190*** (71.73)	1.3431*** (140.52)	278.9120*** (4.31)
F值		4.37	6.73	9.32	4.19	6.04
P值		0.0000	0.0000	0.0000	0.0000	0.0000
R^2-within		0.0821	0.0926	0.0932	0.0821	0.0820
N		736810	699123	697818	708319	717246

注：回归结果由stata12.0完成，***、**、*分别表示参数的估计值在1%、5%、10%的统计水平上显著，括号内数值为t统计值；“YES”表示模型中加入了该控制变量，“NO”表示模型中未加入该控制变量。

附表4　　外商投资企业样本组稳健性检验

变量种类	变量名称	式（5-1） 总效应	式（5-2） 价格竞争机制	式（5-3） 生产率机制	式（5-4） 融资约束机制	式（5-5） 直接效应
解释变量	$\ln oex_{ct}$	0.0579*** (15.47)	0.1296*** (267.86)	0.0314*** (9.16)	0.1717*** (121.17)	0.0024*** (2.79)
中介变量	$RCPI_{ct}$					0.2129** (1.18)
	$Rtfp_{it}$					0.1815*** (12.16)
	CFS_{it}			-0.1209*** (2.03)		-0.0901*** (-9.24)
控制变量	$\ln tasset_{it}$	0.1317*** (46.32)	NO	0.0226*** (31.43)	0.1205*** (112.31)	0.3781*** (63.29)

续表

变量种类	变量名称	式（5-1） 总效应	式（5-2） 价格竞争机制	式（5-3） 生产率机制	式（5-4） 融资约束机制	式（5-5） 直接效应
控制变量	$share_{it}$	0.8637 *** (6.47)	NO	0.1021 *** (6.79)	0.4537 *** (13.25)	-0.0026 (-0.17)
	$\ln gdpp_{ct}$	3.0209 *** (120.19)	0.6783 *** (825.19)	NO	NO	7.2794 *** (61.26)
	$tarifflines_{ct}$	-0.0070 *** (-11.21)	-0.0014 *** (-82.33)	NO	NO	-0.0169 *** (-9.13)
	$\ln vcost_{ict}$	-12.6714 *** (-2.41)	-0.5900 *** (-5.61)	NO	NO	-28.8921 *** (-2.99)
	year	YES	YES	YES	YES	YES
	country	YES	YES	NO	NO	YES
	industry	YES	NO	YES	YES	YES
常数项	*_cons*	190.1028 *** (2.37)	-13.1801 *** (-13.12)	0.3409 *** (34.71)	1.3567 *** (130.32)	309.1675 *** (2.07)
F 值		2.09	4.30	6.03	6.04	3.02
P 值		0.0000	0.0000	0.0000	0.0000	0.0000
R^2-within		0.0723	0.0803	0.0890	0.0783	0.0779
N		673622	683943	687341	709943	709321

注：回归结果由 stata12.0 完成，***、**、* 分别表示参数的估计值在 1%、5%、10%的统计水平上显著，括号内数值为 t 统计值；“YES” 表示模型中加入了该控制变量，“NO” 表示模型中未加入该控制变量。

附表 5　　私营企业样本组检验

变量种类	变量名称	式（5-1） 总效应	式（5-2） 价格竞争机制	式（5-3） 生产率机制	式（5-4） 融资约束机制	式（5-5） 直接效应
解释变量	$\ln rex_{ct}$	-0.3130 *** (-2.37)	0.2040 *** (441.26)	0.4301 *** (10.72)	1.0014 *** (109.10)	0.0004 *** (33.01)
中介变量	$RCPI_{ct}$					0.2436 ** (1.85)
	$Rtfp_{it}$					0.4380 *** (10.19)
	CFS_{it}			-0.3471 *** (-8.82)		-0.5321 *** (-6.21)

续表

变量种类	变量名称	式（5-1） 总效应	式（5-2） 价格竞争机制	式（5-3） 生产率机制	式（5-4） 融资约束机制	式（5-5） 直接效应
控制变量	$\ln tasset_{it}$	0.1139*** (24.06)	NO	0.0921*** (8.27)	0.0928*** (110.37)	0.7801*** (78.65)
	$share_{it}$	0.6176*** (9.17)	NO	0.0521*** (8.28)	0.4172*** (9.16)	0.3249*** (1.91)
	$\ln gdpp_{ct}$	4.1026*** (145.35)	0.7910*** (855.75)	NO	NO	5.1272*** (70.08)
	$tarifflines_{ct}$	-0.0091*** (-18.06)	-0.0012*** (-93.16)	NO	NO	-0.0092*** (-8.01)
	$\ln vcost_{ict}$	-19.1810*** (-3.09)	-0.6931*** (-5.77)	NO	NO	-29.2977*** (-3.21)
	year	YES	YES	YES	YES	YES
	country	YES	YES	NO	NO	YES
	industry	YES	NO	YES	YES	YES
常数项	_cons	142.1205*** (3.34)	-13.1109*** (-10.17)	2.9431*** (9.36)	1.8997*** (137.60)	278.03*** (3.97)
F 值		3.01	7.72	8.92	4.26	5.01
P 值		0.0000	0.0000	0.0000	0.0000	0.0000
R^2-within		0.0721	0.0826	0.0892	0.0736	0.0734
N		396782	382182	380092	398211	385397

注：回归结果由 stata12.0 完成，***、**、*分别表示参数的估计值在1%、5%、10%的统计水平上显著，括号内数值为 t 统计值；"YES" 表示模型中加入了该控制变量，"NO" 表示模型中未加入该控制变量。

附表 6　　私营企业样本组稳健性检验

变量种类	变量名称	式（5-1） 总效应	式（5-2） 价格竞争机制	式（5-3） 生产率机制	式（5-4） 融资约束机制	式（5-5） 直接效应
解释变量	$\ln oex_{ct}$	-0.3417*** (-4.28)	0.2030*** (402.21)	0.4002*** (11.21)	0.9971*** (8.02)	0.1019*** (2.01)
中介变量	$RCPI_{ct}$					0.2783** (2.09)

续表

变量种类	变量名称	式（5-1） 总效应	式（5-2） 价格竞争机制	式（5-3） 生产率机制	式（5-4） 融资约束机制	式（5-5） 直接效应
中介变量	$Rtfp_{it}$					0.4589 *** (11.90)
	CFS_{it}			-0.2981 *** (-2.93)		-0.6721 *** (-7.11)
控制变量	$\ln tasset_{it}$	0.1091 *** (22.01)	NO	0.0991 *** (34.17)	0.0821 *** (11.09)	0.9851 *** (65.81)
	$share_{it}$	0.5679 *** (9.39)	NO	0.0761 *** (3.96)	0.3527 ** (7.66)	0.3491 *** (2.01)
	$\ln gdpp_{ct}$	5.1201 *** (145.35)	0.8110 *** (802.15)	NO	NO	4.9108 ** (72.01)
	$tarifflines_{ct}$	-0.0082 *** (-17.09)	-0.0011 ** (-90.07)	NO	NO	-0.0089 *** (-1.08)
	$\ln vcost_{ict}$	-18.6162 *** (-3.08)	-0.5789 *** (-6.02)	NO	NO	-25.7882 *** (-3.24)
	year	YES	YES	YES	YES	YES
	country	YES	YES	NO	NO	YES
	industry	YES	NO	YES	YES	YES
常数项	_*cons*	157.9012 *** (4.56)	-11.1209 *** (-9.10)	0.8764 *** (77.18)	1.9920 *** (114.88)	290.01 *** (1.09)
F 值		3.09	6.09	2.06	3.92	3.07
P 值		0.0000	0.0000	0.0000	0.0000	0.0000
R^2-within		0.0718	0.0921	0.0932	0.0831	0.0759
N		387321	370321	390321	394211	383821

注：回归结果由 stata12.0 完成，***、**、*分别表示参数的估计值在 1%、5%、10%的统计水平上显著，括号内数值为 t 统计值；“YES”表示模型中加入了该控制变量，“NO”表示模型中未加入该控制变量。

附表 7 高融资约束行业样本组检验

变量种类	变量名称	式（5-1） 总效应	式（5-2） 价格竞争机制	式（5-3） 生产率机制	式（5-4） 融资约束机制	式（5-5） 直接效应
解释变量	$\ln rex_{ct}$	-0.3029*** (-2.13)	0.2013*** (441.73)	0.4912*** (20.61)	1.0215*** (121.46)	0.0003*** (31.16)
中介变量	$RCPI_{ct}$					0.2147*** (2.31)
	$Rtfp_{it}$					0.5321*** (10.21)
	CFS_{it}			-0.1093*** (14.92)		-0.5621*** (-9.43)
控制变量	$\ln tasset_{it}$	0.1897*** (27.02)	NO	0.1013*** (70.16)	0.0719*** (121.09)	0.7731*** (76.14)
	$share_{it}$	0.9212*** (11.17)	NO	0.0521*** (7.93)	0.3913*** (10.21)	0.2141*** (1.48)
	$\ln gdpp_{ct}$	4.3521*** (162.11)	0.8801*** (879.19)	NO	NO	4.4327*** (71.82)
	$tarifflines_{ct}$	-0.0090** (-17.93)	-0.0011*** (-91.07)	NO	NO	-0.0089*** (-8.02)
	$\ln vcost_{ict}$	-19.1102*** (-3.62)	-0.6949*** (-5.70)	NO	NO	-31.5723*** (-4.05)
	year	YES	YES	YES	YES	YES
	country	YES	YES	NO	NO	YES
	industry	YES	NO	YES	YES	YES
常数项	_cons	141.9711*** (3.10)	-12.1071*** (-10.55)	0.9097*** (81.22)	2.1031*** (139.27)	228.8362*** (3.71)
F 值		3.07	7.91	2.19	4.31	4.97
P 值		0.0000	0.0000	0.0000	0.0000	0.0000
R^2-within		0.0624	0.0698	0.0742	0.0942	0.0654
N		562351	570328	560021	563894	559629

注：回归结果由 stata12.0 完成，***、**、* 分别表示参数的估计值在 1%、5%、10%的统计水平上显著，括号内数值为 t 统计值；“YES” 表示模型中加入了该控制变量，“NO” 表示模型中未加入该控制变量。

附表 8　　　　高融资约束行业样本组稳健性检验

变量种类	变量名称	式（5-1） 总效应	式（5-2） 价格竞争机制	式（5-3） 生产率机制	式（5-4） 融资约束机制	式（5-5） 直接效应
解释变量	$\ln oex_{ct}$	-0.3181*** (-3.42)	0.2219*** (423.07)	0.5321*** (25.21)	1.1376*** (120.38)	0.0009*** (33.09)
中介变量	$RCPI_{ct}$					0.2320*** (2.79)
	$Rtfp_{it}$					0.5732*** (19.65)
	CFS_{it}				-0.2019*** (-2.82)	-0.7532** (-10.63)
控制变量	$\ln tasset_{it}$	0.2109*** (28.19)	NO	0.1221*** (79.53)	0.0801** (138.09)	0.9836*** (7.93)
	$share_{it}$	0.8913*** (14.91)	NO	0.0791*** (10.05)	0.4290*** (12.03)	0.2728*** (1.63)
	$\ln gdpp_{ct}$	7.9120*** (120.15)	0.9865*** (673.02)	NO	NO	4.9204*** (83.82)
	$tarifflines_{ct}$	-0.0010** (-10.71)	-0.0014** (-100.04)	NO	NO	-0.0076*** (-9.03)
	$\ln vcost_{ict}$	-26.9021*** (-3.01)	-0.8016*** (-7.35)	NO	NO	-38.9293** (-7.02)
	year	YES	YES	YES	YES	YES
	country	YES	YES	NO	NO	YES
	industry	YES	NO	YES	YES	YES
常数项	*_cons*	141.9922** (5.32)	-13.91*** (-11.07)	0.7202*** (39.02)	2.3684** (135.03)	289.0113*** (5.02)
F 值		4.06	7.02	3.01	5.53	7.87
P 值		0.0000	0.0000	0.0000	0.0000	0.0000
R^2-within		0.0742	0.0794	0.0803	0.0873	0.0772
N		579211	587219	602201	599832	597321

注：回归结果由 stata12.0 完成，***、**、*分别表示参数的估计值在 1%、5%、10%的统计水平上显著，括号内数值为 t 统计值；“YES”表示模型中加入了该控制变量，“NO”表示模型中未加入该控制变量。

附表 9　　中融资约束行业样本组检验

变量种类	变量名称	式（5-1） 总效应	式（5-2） 价格竞争机制	式（5-3） 生产率机制	式（5-4） 融资约束机制	式（5-5） 直接效应
解释变量	$\ln rex_{ct}$	0.0913*** (15.21)	0.1979*** (439.28)	0.2036*** (27.51)	0.0382*** (19.07)	0.0201*** (10.79)
中介变量	$RCPI_{ct}$					0.2391** (3.92)
	$Rtfp_{it}$					0.1101*** (10.25)
	CFS_{it}			-0.2712** (-4.92)		-0.0320*** (-7.21)
控制变量	$\ln tasset_{it}$	0.1691*** (64.31)	NO	0.4019*** (10.93)	0.1706*** (192.45)	0.5979*** (72.54)
	$share_{it}$	0.6910*** (3.81)	NO	0.6290*** (8.92)	0.4937*** (17.38)	0.0011*** (0.02)
	$\ln gdpp_{ct}$	3.9126*** (109.35)	0.9016*** (920.38)	NO	NO	4.7014*** (63.38)
	$tarifflines_{ct}$	-0.0039*** (-19.38)	-0.0010*** (-89.72)	NO	NO	-0.0069*** (-6.07)
	$\ln vcost_{ict}$	-18.7932*** (-9.21)	-0.9928*** (-9.37)	NO	NO	-37.5201*** (-4.66)
	year	YES	YES	YES	YES	YES
	country	YES	YES	NO	NO	YES
	industry	YES	NO	YES	YES	YES
常数项	_cons	192.3674*** (8.37)	-23.6373*** (-18.29)	0.6719*** (55.20)	1.8291*** (172.27)	291.7822*** (5.90)
F 值		2.01	7.02	8.21	6.29	7.29
P 值		0.0000	0.0000	0.0000	0.0000	0.0000
R^2-within		0.0728	0.0827	0.0801	0.0721	0.0709
N		208123	228434	229903	223281	231092

注：回归结果由 stata12.0 完成，***、**、*分别表示参数的估计值在 1%、5%、10%的统计水平上显著，括号内数值为 t 统计值；“YES”表示模型中加入了该控制变量，“NO”表示模型中未加入该控制变量。

附表 10　　　　中融资约束行业样本组稳健性检验

变量种类	变量名称	式（5-1） 总效应	式（5-2） 价格竞争机制	式（5-3） 生产率机制	式（5-4） 融资约束机制	式（5-5） 直接效应
解释变量	$\ln oex_{ct}$	0.1093*** (19.02)	0.2082*** (628.05)	0.2095*** (23.09)	0.0561*** (51.09)	0.0062*** (18.02)
中介变量	$RCPI_{ct}$					0.2527** (5.02)
	$Rtfp_{it}$					0.1719** (18.02)
	CFS_{it}			-0.1293** (-8.32)		-0.0800*** (-10.81)
控制变量	$\ln tasset_{it}$	0.1892*** (69.03)	NO	0.4178*** (11.93)	0.1569** (328.90)	0.7282*** (80.85)
	$share_{it}$	0.7092*** (7.08)	NO	0.6740*** (9.03)	0.7819*** (19.02)	0.0021** (0.15)
	$\ln gdpp_{ct}$	4.0721*** (132.02)	1.0922*** (708.90)	NO	NO	8.0223*** (109.93)
	$tarifflines_{ct}$	-0.0042** (-17.09)	-0.0011*** (-80.55)	NO	NO	-0.0098*** (-6.90)
	$\ln vcost_{ict}$	-14.0223*** (-4.02)	-0.9747*** (-9.50)	NO	NO	-33.0432*** (-8.02)
	year	YES	YES	YES	YES	YES
	country	YES	YES	NO	NO	YES
	industry	YES	NO	YES	YES	YES
常数项	*_cons*	255.9021*** (2.09)	-22.3863*** (-19.94)	0.5690** (57.95)	1.7620*** (163.02)	728.03 (2.89)
F 值		3.76	6.02	5.93	7.91	7.29
P 值		0.0000	0.0000	0.0000	0.0000	0.0000
R^2-within		0.0803	0.0752	0.0690	0.0732	0.0801
N		240643	230564	238543	238643	230843

注：回归结果由 stata12.0 完成，***、**、*分别表示参数的估计值在 1%、5%、10%的统计水平上显著，括号内数值为 t 统计值；“YES” 表示模型中加入了该控制变量，“NO” 表示模型中未加入该控制变量。

附表 11　低融资约束行业样本组检验

变量种类	变量名称	式（5-1）总效应	式（5-2）价格竞争机制	式（5-3）生产率机制	式（5-4）融资约束机制	式（5-5）直接效应
解释变量	$\ln rex_{ct}$	0.1162*** (17.79)	0.2024*** (411.09)	0.1938*** (25.16)	0.0290*** (10.13)	0.0190*** (9.02)
中介变量	$RCPI_{ct}$					0.2579** (4.09)
	$Rtfp_{it}$					0.1372*** (15.21)
	CFS_{it}			-0.1091*** (-9.42)		-0.0278*** (-5.09)
控制变量	$\ln tasset_{it}$	0.1727*** (92.14)	NO	0.3920*** (12.32)	0.1973*** (128.95)	0.8271*** (77.20)
	$share_{it}$	0.6212*** (4.09)	NO	0.6106*** (7.09)	0.5101*** (15.21)	0.0010*** (0.03)
	$\ln gdpp_{ct}$	2.9021*** (79.02)	0.9901*** (914.71)	NO	NO	4.9271** (69.02)
	$tarifflines_{ct}$	-0.0043*** (-16.72)	-0.0019*** (-81.95)	NO	NO	-0.0054*** (-3.02)
	$\ln vcost_{ict}$	-15.1419*** (-7.01)	-1.0021*** (-10.97)	NO	NO	-33.7824*** (-3.90)
	year	YES	YES	YES	YES	YES
	country	YES	YES	NO	NO	YES
	industry	YES	NO	YES	YES	YES
常数项	_cons	201.1417*** (7.92)	-27.3182*** (-19.72)	0.7122*** (60.01)	1.9016*** (190.72)	271.1234*** (6.07)
F 值		3.09	5.48	6.07	6.77	8.02
P 值		0.0000	0.0000	0.0000	0.0000	0.0000
R^2-within		0.0689	0.0721	0.0743	0.0739	0.0693
N		125321	143216	143790	142577	132462

注：回归结果由 stata12.0 完成，***、**、*分别表示参数的估计值在 1%、5%、10%的统计水平上显著，括号内数值为 t 统计值；“YES”表示模型中加入了该控制变量，“NO”表示模型中未加入该控制变量。

附表 12　　低融资约束行业样本组稳健性检验

变量种类	变量名称	式（5-1）总效应	式（5-2）价格竞争机制	式（5-3）生产率机制	式（5-4）融资约束机制	式（5-5）直接效应
解释变量	$\ln oex_{ct}$	0.2976*** (21.90)	0.2447*** (463.05)	0.1802*** (27.08)	0.0304*** (13.62)	0.0013*** (2.01)
中介变量	$RCPI_{ct}$					0.2429** (3.89)
	$Rtfp_{it}$					0.1492*** (16.03)
	CFS_{it}			-0.1273*** (-9.21)		-0.0321*** (-8.03)
控制变量	$\ln tasset_{it}$	0.1923*** (78.26)	NO	0.2908** (19.04)	0.1673*** (110.63)	0.8901*** (79.71)
	$share_{it}$	0.7213*** (5.01)	NO	0.7291*** (5.08)	0.5225*** (15.52)	0.0012*** (0.02)
	$\ln gdpp_{ct}$	3.0002*** (72.54)	0.7932*** (678.32)	NO	NO	4.0218** (45.02)
	$tarifflines_{ct}$	-0.0038*** (-18.61)	-0.0024*** (-93.27)	NO	NO	-0.0037*** (-2.04)
	$\ln vcost_{ict}$	-15.1419*** (-7.01)	-1.2371*** (-18.74)	NO	NO	-42.0321*** (-4.07)
	year	YES	YES	YES	YES	YES
	country	YES	YES	NO	NO	YES
	industry	YES	NO	YES	YES	YES
常数项	_*cons*	235.0974*** (9.02)	-25.15*** (-17.03)	0.8005*** (49.61)	1.8771*** (129.32)	372.06*** (5.87)
F 值		4.25	7.49	5.66	7.03	5.93
P 值		0.0000	0.0000	0.0000	0.0000	0.0000
R^2-within		0.0817	0.0873	0.0814	0.0816	0.0852
N		153276	143278	147779	142690	149462

注：回归结果由 stata12.0 完成，***、**、*分别表示参数的估计值在 1%、5%、10%的统计水平上显著，括号内数值为 t 统计值；“YES”表示模型中加入了该控制变量，“NO”表示模型中未加入该控制变量。

参考文献

一　中文文献

包群、郝腾、梁贺：《出口经历的价值——来自中国再出口企业的经验证据》，《经济学动态》2021年第11期。

蔡庆丰、陈熠辉、林焜：《信贷资源可得性与企业创新：激励还是抑制？——基于银行网点数据和金融地理结构的微观证据》，《经济研究》2020年第10期。

曹伟、倪克勤：《人民币汇率变动的不完全传递——基于非对称性视角的研究》，《数量经济技术经济研究》2010年第7期。

曹伟、言方荣、鲍曙明：《人民币汇率变动、邻国效应与双边贸易——基于中国与“一带一路”沿线国际空间面板模型的实证研究》，《金融研究》2016年第9期。

陈彪如：《论盯住汇率、弹性汇率和人民币汇率问题》，《南开经济研究》1990年第1期。

陈斌开、万晓莉、傅雄广：《人民币汇率、出口品价格与中国出口竞争力——基于产业层面的数据研究》，《金融研究》2010年第12期。

陈旭、邱斌：《融资约束与出口产品价格竞争力——基于中国制造业企业数据的实证研究》，《当代财经》2015年第3期。

陈旭、邱斌：《数字金融、金融监管与出口扩张——来自中国工业企业的证据》，《国际经贸探索》2021年第9期。

陈婷：《人民币汇率对多产品企业出口的影响》，《经济研究》2015年第1期。

陈维涛、刘健：《融资约束与中小企业出口》，《世界经济研究》2012年第8期。

陈学彬、李世咖、芦东：《中国出口汇率传递率和盯市能力的实证研究》，《经济研究》2007年第12期。

陈勇兵、李燕、周世民：《中国企业出口持续时间及其决定因素》，《经济研究》2012 年第 7 期。

戴金平、袁其刚：《金融压抑对出口企业的影响》，《国际贸易问题》2010 年第 12 期。

韩剑、王静：《中国本土企业为何舍近求远——基于金融信贷约束的解释》，《世界经济》2012 年第 1 期。

何大安：《汇率传递效应与厂商决策行为——基于人民币升值背景下出口产品定价的理论分析》，《学术月刊》2012 年第 4 期。

何暑子、范从来、康志勇：《汇率与出口企业“生产率悖论”》，《世界政治与政治论坛》2022 年第 4 期。

何暑子、华维：《人民币汇率对生产率的影响分析——以江苏为例》，《金融经济》2018 年第 18 期。

黄倩、宋鹏、李雨浓：《人民币汇率、进口中间品投入与企业出口价格传递效应》，《国际经贸探索》2020 年第 12 期。

金祥荣、胡赛：《融资约束、生产率与企业出口：基于中国企业不同贸易方式的分析》，《国际贸易问题》2017 年第 2 期。

金祥义、张文菲：《金融结构与出口持续时间》，《国际金融研究》2019 年第 10 期。

黎日荣：《融资约束、生产率与企业出口竞争力》，《国际经贸探索》2016 年第 5 期。

李春顶：《中国出口企业是否存在“生产率悖论”：基于中国制造业企业数据的检验》，《世界经济》2010 年第 7 期。

李宏彬、马弘、熊艳艳、徐嫄：《人民币汇率对企业进出口贸易的影响——来自中国企业的实证研究》，《金融研究》2011 年第 2 期。

李建伟、余明：《人民币有效汇率的波动及其对中国经济增长的影响》，《世界经济》2003 年第 11 期。

李平、韩彩霞：《人民币汇率变动对企业生产率的影响——基于技术进步与要素配置的双重视角》，《财政金融》2021 年第 3 期。

李文秀、唐荣：《融资约束、产业政策与本土企业出口行为——基于微观视角的理论与实证分析》，《中国软科学》2021 年第 7 期。

李志远、余淼杰：《生产率，信贷约束与企业出口：基于中国企业层面的理论和实证分析》，《经济研究》2013 年第 5 期。

林玲、李江冰、李青原：《金融发展、融资约束与中国本土企业出口绩效——基于省际面板数据的经验研究》，《世界经济研究》2009 年第 4 期。

林毅夫、孙希芳：《银行业机构与经济增长》，《经济研究》2008 年第 9 期。

刘成、向鹏飞：《汇率冲击与企业劳动生产率变动关系研究——基于中国微观企业数据的经验》，《中国物价》2018 年第 10 期。

刘海洋、孔祥贞、宋巧：《融资约束与中国制造业企业出口——基于 Heckman 样本选择模型的经验检验》，《世界经济研究》2013 年第 1 期。

刘明、李雪松、盛如旭：《人民币汇率与工业全要素生产率——基于投入产出关系的"空间"面板模型》，《经济问题探索》2018 年第 1 期。

刘晴、程玲、邵智、陈清萍：《融资约束、出口模式与外贸转型升级》，《经济研究》2017 年第 5 期。

刘慧、綦建红：《以往经验能否促进中国企业出口生存时间的延长？——基于微观数据的证据》，《国际贸易问题》2017 年第 4 期。

陆前进、李治国：《人民币实际有效汇率的分解和马歇尔勒纳条件的修正》，《数量经济技术经济研究》2013 年第 4 期。

卢向前、戴国强：《人民币实际汇率波动对我国进出口的影响：1994—2003》，《经济研究》2005 年第 5 期。

鲁晓东、连玉君：《中国制造业企业全要素生产率估计：1999—2007》，《经济学（季刊）》2012 年第 11 期。

鲁晓东、刘京军、陈芷君：《出口商如何对冲汇率风险：一个价值链整合的视角》，《管理世界》2019 年第 5 期。

逯宇铎、宋倩倩、陈阵：《汇率变动对中国企业全球价值链嵌入程度的影响——基于中国电子及通信设备制造业的实证研究》，《国际经贸探索》2017 年第 6 期。

罗长远、李姝醒：《出口是否有助于缓解企业的融资约束？——基于世界银行中国企业调查数据的实证研究》，《金融研究》2014 年第 9 期。

罗来军、罗雨泽、刘畅、Saileshsingh G.：《基于引力模型重新推导的双边国际贸易检验》，《世界经济》2014 年第 12 期。

吕越、吕云龙、包群：《融资约束与企业增加值贸易——基于全球价值链视角的微观证据》，《金融研究》2017 年第 5 期。

马丹：《人民币实际汇率错位与中国国际竞争力》，《数量经济技术经济研究》2007 年第 5 期。

马述忠、张洪胜：《集群商业信用与企业出口——对中国出口扩张奇迹的一种解释》，《经济研究》2017 年第 1 期。

毛其淋、王澍：《地方金融自由化如何影响中国企业出口——以城市商业银行发展为例》，《世界经济研究》2019 年第 8 期。

毛毅：《融资约束、金融发展与企业出口行为》，《山西财经大学学报》2013 年第 4 期。

宁密密、綦建红：《企业全球价值链位置与“汇率不相关之谜”——机基于汇率传递效应的视角》，《国际金融研究》2021 年第 3 期。

綦建红、尹达、刘慧：《经济不确定性如何影响企业出口决策？——基于出口频率的视角》，《金融研究》2020 年第 5 期。

屈文洲、谢雅璐、叶玉妹：《信息不对称、融资约束与投资——现金流敏感性——基于市场微观结构理论的实证研究》，《经济研究》2011 年第 6 期。

盛丹、刘竹青：《汇率变动、加工贸易与中国企业的成本加成率》，《世界经济》2017 年第 1 期。

宋超、谢一青：《人民币汇率对中国企业出口的影响：加工贸易与一般贸易》，《世界经济》2017 年第 8 期。

孙建波、吴迪：《融资约束、金融发展与企业出口》，《南大商学评论》2012 年第 20 期。

孙灵燕、崔喜君：《FDI、融资约束与民营企业出口——基于中国企业层面数据的经验分析》，《世界经济研究》2011 年第 1 期。

孙灵燕、李荣林：《融资约束限制中国企业出口参与吗?》，《经济学（季刊）》2011 年第 1 期。

孙霄翀、宋逢明：《人民币汇率升值对我国贸易影响的评估》，《国际贸易问题》2008 年第 1 期。

谭小芬、王雅琦、卢冰：《汇率波动、金融市场化与出口》，《金融研究》2016 年第 3 期。

田朔、张伯伟、陈立英：《汇率变动与出口扩展边际——兼论企业异质性行为》，《国际贸易问题》2015 年第 2 期。

佟家栋、许家云、毛其淋：《人民币汇率、企业出口边际与出口动态》，《世界经济研究》2016 年第 3 期。

王建铆：《2011 中国经济大势》，《社会观察》2011 年第 3 期。

王小雪、王艳芳：《人民币汇率变动的直接出口效应与间接收入效应——来自“一带一路”沿线国家面板数据的福利分析》，《国际贸易问题》2018 年第 9 期。

温忠麟、刘红云、侯杰泰：《调节效应和中介效应分析》，北京教育科学出版社 2012 年版。

项后军、许磊：《汇改后的人民币汇率传递、出口商品化格与依市定价（PTM）行为研究》，《金融研究》2013 年第 8 期。

项松林：《融资约束对出口增长二元边际的影响》，《世界经济研究》2015 年第 9 期。

肖文、潘家栋：《人民币汇率变动对出口价格的传递效应——基于供需渠道视角的研究》，《社会科学战线》2017 年第 6 期。

谢建国、陈漓高：《人民币汇率与贸易收支：协整研究与冲击分解》，《世界经济》2002 年第 9 期。

许和连、李娟、王海成：《金融发展影响企业出口持续时间研究》，《山东财经大学学报》2019 年第 3 期。

许家云、佟家栋、毛其淋：《人民币汇率变动、产品排序与多产品企业的出口行为——以中国制造业企业为例》，《管理世界》2015 年第 2 期。

徐丽鹤、李青、周璐：《中国出口企业更融资获得融资吗》，《国际经贸探索》2019 年第 11 期。

徐榕、赵勇：《融资约束如何影响企业的出口决策?》，《经济评论》2015 年第 3 期。

杨继军：《境内运输成本、空间巴拉萨—萨缪尔森效应与中国出口贸易的省际分布》，《国际经贸探索》2016 年第 6 期。

阳佳余：《金融发展与对外贸易：基于省际面板数据的经验研究》，《经济科学》2007 年第 4 期。

阳佳余：《融资约束与企业出口行为：基于制造业企业数据的经验研究》，《经济学（季刊）》2012 年第 4 期。

杨晶晶、应姣姣、周定根：《出口能否缓解异质性企业的融资约束——基于中国工业企业的经验研究》，《财贸经济》2018 年第 2 期。

杨凯文、臧日宏：《人民币汇率波动对我国国际贸易的传导效应》，《财经问题研究》2015 年第 2 期。

杨丽莹：《基于人民币汇率变动的马歇尔—勒纳条件模型修正与运用》，《统计与决策》2019 年第 3 期。

杨文溥：《汇率波动、融资约束对企业全要素生产率的影响》，《国际商务——对外经济贸易大学学报》2019 年第 5 期。

叶明确、杨亚娟：《主成分综合评价法的误区识别及其改进》，《数量经济技术经济研究》2016 年第 10 期。

易靖韬、刘昕彤、蒙双：《中国出口企业的人民币汇率传递效应研究》，《财贸经济》2019 年第 5 期。

印梅、张艳艳：《汇率变动对出口贸易影响弱化的另一个解释：全球价值链视角》，《国际经贸探索》2018 年第 7 期。

印梅、张艳艳：《全球价值链、汇率变动与出口贸易——基于双边视角的分析》，《国际商务（对外经济贸易大学学报）》2019 年第 4 期。

于洪霞、龚六堂、陈玉宇：《出口固定成本融资约束与企业出口行为》，《经济研究》2011 年第 4 期。

余静文：《汇率冲击与企业生产率——基于市场竞争传导机制的分析》，《统计研究》2018 年第 2 期。

臧铖、初晓、景光正：《汇率变动与企业跨国经营——基于中国出口企业的对外直接投资效应分析》，《国际商务——对外经济贸易大学学报》2021 年第 1 期。

曾利飞：《企业最优定价策略与汇率传递效应研究》，《财经研究》2008 年第 11 期。

赵伟、赵金亮、韩媛媛：《异质性、沉没成本与中国企业出口决定：来自中国微观企业的经验证据》，《世界经济》2011 年第 4 期。

赵玮璇、马骁、卢昱周：《可持续发展背景下中国资源型城市的双重结构转型》，《生态经济》2021 年第 4 期。

赵勇、雷达：《金融发展、出口边际与汇率不相关之谜》，《世界经济》2013 年第 10 期。

张会清、翟孝强：《全球价值链、汇率传递与出口贸易弹性》，《世界经济研究》2019 年第 2 期。

张杰、李勇、刘志彪：《出口与中国本土企业生产率——基于江苏制造业的实证分析》,《管理世界》2008 年第 11 期。

张杰、杨连星:《中国金融压制体制的形成、困境与改革逻辑》,《人文杂志》2015 年第 12 期。

张杰、周晓艳、郑文平、芦哲:《要素市场扭曲是否激发了中国企业出口》,《世界经济》2011 年第 8 期。

张天顶、吕金秋:《汇率贬值是否影响了我国上市公司出口》,《世界经济研究》2018 年第 8 期。

张天顶、唐夙:《汇率变动、全球价值链与出口贸易竞争力》,《国际商务——对外经贸大学学报》2018 年第 1 期。

张微微:《财政压力、金融抑制与经济增长方式转型》,《财经问题研究》2017 年第 4 期。

张左敏、孔庆峰:《融资约束对企业出口决策的影响——基于银行信用风险的视角》,《山东大学学报》(哲学社会科学版)2017 年第 1 期。

周世民、孙瑾、陈勇兵:《中国企业出口生存率估计:2000—2005》,《财贸经济》2013 年第 2 期。

周世民、王书飞、陈勇兵:《出口能缓解民营企业融资约束吗——基于匹配的倍差法之经验非息》,《南开经济研究》2013 年第 3 期。

祝继高、梁晓琴、王春飞:《信息透明度如何影响“一带一路”倡议下中国企业对外直接投资区位选择》,《国际商务——对外经济贸易大学学报》2020 年第 6 期。

邹宏元、崔冉:《实际汇率和关税税率变动对中国进出口的影响》,《数量经济技术经济研究》2020 年第 2 期。

邹薇、李浩然:《融资约束对中国出口二元边际的影响——基于贸易方式分类的实证分析》,《中国地质大学学报》(社会科学版)2016 年第 1 期。

二　外文文献

Abdul R, Shahid M W, “Exchange Rate Fluctuations, Firm Size, and Export Behavior: An Empirical Investigation”, *Small Business Economics*, No. 3, 2017.

Aghion P, Bacchettab P, Ranciec R, Rogoff K, “Exchange Rate Volatility And Productivity Growth: The Role Of Financial Development”, *Journal of Monetary Economics*, Vol. 56, No. 4, 2009.

Alexander C, "Balance of Payments Adjustment 1945 to 1986: the IMF Experience", *Journal of Public Policy*, Vol. 7, No. 4, 1987.

Alexander S S, "Effects of a Devaluation on a Trade Balance", *Staff Papers International Monetary Fund*, No. 4, 1952.

Amiti M, Itskhoki O, Konings J, "Importers, Exporters and Exchange Rate Disconnect", *American Economic Review*, Vol. 104, No. 7, 2014.

Angelucci M, "Migration and Financial Constraints: Evidence from Mexico", *Review Of Economics And Statistics*, Vol. 97, No. 1, 2017.

Antras P, Helpman E, "Global Sourcing", *Journal of Political Economy*, Vol. 112, No. 3, 2004.

Asteriou D, Masatci K, Pilbeam K, "Exchange Rate Volatility and International Trade: International Evidence from the MINT Countries", *Ecomonic Modelling*, Vol. 58, No. 11, 2016.

Atkeson A, Burstein A, "Trade Costs, Pricing to Market and International Relative Prices", *The American Economic Review*, Vol. 98, No. 5, 2008.

Aw B Y, Chen X M, Roberts M J, "Firm-level Evidence on Productivity Differentials and Turnover in Taiwan residents Manufacturing", *Journal of Development Economics*, Vol. 66, No. 1, 2001.

Aw B Y, Chung S, Roberts M J, "Productivity and Turnover in The Export Market: Micro-level Evidence From the Republic of Korea and Taiwan (China)", *The World Bank Economic Review*, Vol. 14, No. 1, 2000.

Baggs J, Beaulieu E, Fung L, "Firm Survival, Performance, and the Exchange Rate Shocks", *Canadian Journal of Economics*, Vol. 42, No. 2,2009.

Bahmani-Oskooee M, Gelan A, "Exchange-Rate Volatility And International Trade Performance: Evidence From 12 African Countries", *Economic Analysis and Policy*, Vol. 58, NO. 6, 2018.

Baron R M, Kenny D A, "The Moderator-mediator Variable Distinction in Social Psychological Research: Conceptual, Strategic and Statistical Considerations", *Journal of Personality and Social Psychology*, Vol. 51, No. 6, 1986.

Bellone F, Musso P, Nesta L, Quere M, "The U-shaped Productivity Dynamics of French exporters", *Docunments deTravail*, Paris: DEOFCE, 2007-01.

Bellone F, Musso P, Nesta L, Schiavo S, "Financial Constraints and Firm Export Behaviour", *The World Economy*, Vol. 33, No. 3, 2010.

Berger A N, Bouwman C, Kim D, "Small Bank Comparative Advantages in Alleviating Financial Constraints and Providing Liquidity Insurance Over Time", *Review of Financial Studies*, Vol. 30, No. 10, 2017.

Bergsten F, "Correcting the Chinese Exchange Rate: an Action Plan, The US - Sino Currency Dispute: NewInsight from Economics, Politics and Law", *Edited by Evenett, A Vox EU, org Publication*, 2010.

Berman N, Hericourt J, "Financial Factors and the Margins of Trade: Evidence from Cross-country Firm-level Data", *Journal of Development Economics*, Vol. 93, No. 2, 2010.

Berman N, Martin P, Mayer T, "How Do Different Exporters React to Exchange Rate Changes?" *Quarterly Journal of Economics*, Vol. 127, No. 1,2012.

Bernard A B, Jensen J. B, "Exceptional Exporter Performance: Cause, Effect, or Both?", *Journal of International Economics*, Vol. 47, No. 1,1999.

Bernard A B, Jensen J B, Redding S J, "Firms in International Trade", *The Journal of Economic Perspectives*, Vol. 21, No. 3, 2007.

Bernard A B, Jensen J B, "Why Some Firms Exports", *Review of Economics and Statistics*, Vol. 86, No. 2, 2004.

Bernard A B, Wagner J, "Eeport Entry and Exit by German Firms", *Review of World Economics*, Vol. 137, No. 1, 2001.

Berman N, Hericourt J, "Financial Factors and the Margins of Trade: Evidence from Cross-country Firm-level Data", *Journal of Development Economics*, Vol. 93, No. 2, 2010.

Berman N, Martin P, Mayer T, "How Do Different Exporters React To Exchange Rate Changes?" *The Quarterly Journal of Economics*, Vol. 127, No. 1, 2012.

Besedes T, Prusa T, "Ins, Outs and The Duration of Trade", *Canadian Journal of Economics*, Vol. 39, 2006.

Boyd D, "Real Exchange Rate Erects on the Balance of Trade", *International Journal of Finance and Economics*, No. 2, 2001.

Bugamelli M, Infante L, "Sunk Costs to Exports", *Bank of Italy Re-*

search Papers, No. 469, 2002.

Caggese A, Cunat V, "Financing Constraints, Firm Dynamics, Export Decisions and Aggregate Productivity", *Review of Economic Dynamics*, Vol. 16, No. 1, 2013.

Campa J, Goldberg L S, "Investment in Manufacturing, Exchange Rates and External Exposure", *Journal of International Economics*, Vol. 38, No. 3, 1995.

Campa J, Goldberg L S, "Investment, Pass-Through, and Exchange Rates: A Cross-Country Comparison", *International Economic Review*, Vol. 40, No. 2, 1999.

Campa J M, Goldberg L S, "Exchange Rate Pass-through Into Import Prices", *Review of Economics and Statistics*, Vol. 87, No. 4, 2005.

Campa J M, Shaver J M, "Exporting and Capital Investment: On the Strategic Behavior of Exporters", *IESE Business Schoo*, *IESE Research Papers*, No. 469, 2002.

Chaney T, "Distorted Gravity: The Intensive and Extensive Margins Of International Trade", *The American Economic Review*, Vol. 98, No. 4, 2008.

Chaney T, "Liquidity Constrained Exporters", *Journal of Economic Dynamics and Control*, Vol. 72: 2016.

Chaney T, "The Dynamic Impact of Tniclc Opening: Productivity Overshooting with Heterogeneous Firms", *University of Chicago*, *Unpublished*, 2005.

Chatterjee A, Dix Carneiro R, Vichyanond J, "Multi-Product Firms and Exchange Rate Fluctuations", *American Economic Journal: Economic Policy*, No. 2, 2013.

Cheng K C, Hong G H, Seneviratne D, Elkan R V, "Rethinking the Exchange Rate Impact on Trade in a World with Global Value Chains", *International Economic Journal*, No. 2, 2016.

Chen N, Juvenal L, "Quality, Trade, And Exchange Rate Pass-Through", *Journal Of International Economics*, Vol. 11, 2016.

Cho K R, Padmanabhan P, "Revisiting The Role of Cultural Distance in MNC's Foreign Ownership Mode Choice: The Moderating Effect of Experience

Attributes", *International Business Review*, Vol. 14, No. 3, 2005.

Cleary S, "The Relationship between Firm Investment and Financial Status", *The Journal of Finance*, Vol. 54, No. 2, 1999.

Clerides S K, Lach S, Tybout J R, "Is Learning by Exporting Important Micro-dynamic Evidence from Colombia, Mexico, and Morocco", *The Quarterly Journal of Economics*, Vol. 113, No. 3, 1998.

Corsetti G, Pesenti P, "International Dimensions of Optimal Monetary Policy", *Journal of Monetary Economics*, Vol. 52, No. 2, 2005.

Damijan J P, Kostevc C, Polanec S, "From Innovation to exporting or vice versa?" The World Economy, Vol. 33, NO. 3, 2010.

Degirmen S, Gundogdu Y, "Financial Strategies of the Exporting Firm in Turkey", *Business and Economics Research*, Vol. 1, No. 4, 2010.

Demir F, "Growth under Exchange Rate Volatility: Does Access to Foreign or Domestic Equity Markets Matter", *Journal of Development Economics*, Vol. 100, No. 1, 2013.

Dohner R S, "Export Pricing, Flexible Exchange Rates and Divergence in the Prices of Traded Goods", *Journal of International Economics*, Vol. 16, No. 2, 1984.

Dornbusch R, "Exchange Rate and Price", *The American Economic Review*, Vol. 77, No. 1, 1987.

Eckaus R S, "Should China Appreciate the Yuan", MIT Department of Economics Working Paper, 04-16, 2004.

Eck K, Eengmann M, Schnitzer M, "How Trade Credits Foster Exporting", *Review of World Economics*, Vol. 151, No. 1, 2015.

Egger P, Kesina M, "Financial Constraints and Exports: Evidence from Chinese Firms", *CESifo Economic Studies*, Vol. 59, No. 4, 2013.

Egger P, Wolfgang E, Christian K, Winner H, "Corporate Taxation, Debt Financial and Foreign-Plant Ownership", *European Economic Review*, Vol. 54, No. 1, 2010.

Eichengreen B, Tong H, "Effects of Renminbi Appreciation on Foreign Firms: The Role of Processing Exports", *Journal of Development Economics*, Vol. 116, No. 9, 2015.

Fauceglia D, "Credit Constrains, Firm Exports and Financial Development: Evidence from Developing Countries", *Quatterly Review of Economics and Finance*, Vol. 55, No. 2, 2015.

Fauceglia D, Lassmann A, Shingal A, Wermelinger M, "Backward Participation in Global Value Chains and Exchange Rate Driven Adjustments of Swiss Exports", *Review of World Economics*, Vol. 154, No. 2, 2018.

Fazzari S M, Hubbard R G, Petersen B C, "Financial Constraints And Corporate Investment", *Brooking Papers on Economic Activity*, Vol. 198, No. 1, 1988.

Feenstra R C, Li Z, Yu M, "Exports and Credit Constraints under Incompletein Formation: Theory and evidence from China", *The Review of Economics and Statistics*, Vol. 96, No. 4, 2013.

Foster L, Haltiwanger J C, Krizan C J, "Aggregate Productivity Growth: Lessons from Micro - economic Evidence", NBER Working Papers, No. 6803, 2001.

Fugazza M, Molina A C, "On the Determinants of Exports Survival", *Policy Issues in International Trade and Commodities*, Vol. 46, 2011.

Fung L, "Large Real Exchange Rate Movements, Firm Dynamics and Productivity Growth", *Canadian Journal of Economics*, Vol. 41, No. 2,2008.

Gorodnichenko Y, Schnitzer M, "Financial Constraints and Innovation: Why Poor Countries Don't Catch Up", *Journal of the European Economic Association*, Vol. 11, No. 5, 2010.

Greenaway D, Guariglia A, Kneller R, "Financial Factors and Exporting Decisions", *Journal of International Economics*, Vol. 73, No. 2, 2007.

Greenaway D, Kneller R, "Exporting and Productivity in the United Kingdom", *Oxford Review of Economic Policy*, Vol. 20, No. 3, 2004.

Greenwald B, Stigliz J E, Weiss A, "Informational Imperfections in the Capital Market and Macro - economic Fluctuations", *The American Economic Review*, Vol. 74, No. 2, 1984.

Groenewold N, He L, "The US-China Trade Imbalance: Will Revaluing The RMB Help (Much)?" *Economics Letters*, Vol. 96, No. 1, 2007.

Groves T, Yongmiao H, John M, Barry N, "Autonomy and Incentives in Chinese State Enterprises", *Quarterly Journal of Economics*, Vol. 109, 1994.

Guariglia A, Xiaoxuan L, Lina S, "Internal Finance and Growth: Microeconometric Evidence on Chinese Firms", *Journal of Development Economics*, Vol. 96, 2011.

Hacker R S, Abdulnasser H J, "Is the J-curve Effect Observable for Small North European Economies?" *Open Economies Review*, Vol. 14, 2003.

Harberger A C, "Currency Depreciation, Income, and the Balance of Trade", *Journal of Political Economy*, Vol. 58, 1950.

Harrison A, McMillan M, "Does Direct Foreign Investment Affect Domestic Credit Constraints?" *Journal of International Economics*, Vol. 61, No. 1, 2003.

Harris R, "Is There a Case for Exchange Rate Induced Productivity Changes?" *Canadian Institute for Advanced Research Working Paper*, No. 164, 2001.

Helpman E, Melitz M J, Rubinstein Y, "Estimating Trade Flows: Trading Partners and Trading Volumes", *The Quarterly Journal of Economics*, Vol. 123, No. 2, 2008.

Helpman E, Melitz M J, Yeaple S R, "Export Versus FDI with Heterogeneous Firms", *The American Economic Review*, Vol. 94, No. 1, 2004.

Hericourt J, Poncet S, "FDI and Credit Constraints: Firm-Level Evidence from China", *Economic Systems*, Vol. 33, No. 1, 2009.

Hongbin L, Hong M, Yuan X, "How Do Exchange Rate Movements Affect Chinese Exports? A Firm-Level Investigation", *Journal Of International Economics*, Vol. 97, 2015.

Hovakimian G, "Determinants of Investment Cash Flow Sensitivity", *Financial Management*, Vol. 38, 2009.

Jeanneney S G, Hua P, "How Does Real Exchange Rate Influence Labour Productivity in China?" *China Economic Review*, Vol. 22, No. 4, 2011.

Jianhong Q, Zhaoyong Z, Hui L, "Credit Constraints and Firm Market Entry Decision: Firm-Level Evidence from Internationalizing Chinese Multinationals", *North American Journal of Economics and Finance*, Vol. 46, No. 11,

2018.

Kandilov A T, Leblebiciouglu A, "The Impact of Exchange Rate Volatility on Plant-level Investment: Evidence from Colombia", *Journal of Development Economics*, Vol. 94, No. 2, 2011.

King R, Levine R, "Finance and Growth: Schumpeter Might Be Right", *Quartcrly Journal of Economics*, Vol. 108, No. 3, 1993.

Krugman R P, "Increasing Returns, Monopolistic Competition, and International Trade", *Journal of International Economics*, Vol. 9, No. 4, 1979.

Krugman P, Baldwin R, "Persistent Trade Effects of Large Exchange Rate Shocks", *Quarterly Journal of Economics*, Vol. 104, No. 4, 1986.

Krugman P, "Taking on China", *New York Times*, March15, 2010.

Lafrance R, Schembri L, "The Exchange Rate, Productivity, and the Standard of Living", *International Economic Review*, Vol. 40, No. 4, 2000.

Landon S, Smith C E, "Government Debt Spillovers In a Monetary Union the North American", *Journal of Economics and Finance*, Vol. 18, No. 2, 2007.

Leung D, Yuen T, "Do Exchange Rates Affect the Capital-Labour Ratio? Panel Evidence from Canadian Manufacturing Industries", Bank of Canada Working Papers, No. 12, 2005.

Levine R, "Bank-Based or Market-Based Financial Systems: Which is better?" NBER Working Papers, No. 9138, 2002.

Levine R, "Finance and Growth: Theory and Evidence", NBER Working Papers, No. 10766, 2004.

Liu J T, "The Impact of Real Exchange Rate Movements on Firm Performance: A Case Study of Taiwan residents Manufacturing Firms", *Japan and the World Economy*, Vol. 21, No. , 2009.

Magee S P, "Currency Contracts, Pass Through and Devaluation" *Brookings Papers on Economic Activity*, Vol. 1, 1973.

Manova K, "Credit Constraints, Equity Market Liberalizations and International Trade", *Journal of International Economics*, Vol. 76, No. 1, 2008.

Marquez J, Schindler J, "Exchange-Rate Effects on China's Trade", *Review of International Economics*, Vol. 15, No. 5, 2007.

Marshall A, "Money, Credit and Commerce", *London: Macmillan*, 1923.

Matthew A C, Robert J R, Elliot T, Supreeya V, "Firm Heterogeneity, Origin of Ownership and Export Participation", *The World Economy*, Vol. 10, 2010.

McCallum B T, "Issues in the Dessign of Monetary Policy Rules", *Handbook of Macroeconomics*, Vol. 1, Part C, 1999.

Melitz M J, Ottaviano G P, "Market Size, Trade, and Productivity", NBER Working Papers, NO. 11393, 2005.

Melitz M J, "The Impact of Trade on Intra-Industry Reallocations and Aggregate Industry Productivity", *Econometrica*, Vol. 71, No. 6, 2003.

Metzler L A, "Therory of International Trade", Philadelphia: Bladiston, 1948, 27-54.

Minetti R, Zhu S C, "Credit Constraints and Firm Export: Micro-economic Evidence from Italy", *Journal of International Economics*, Vol. 65, No. 2, 2011.

Modigliani F, Miller M, "The Cost of Capital, Corporation Finance and the Theory of Investment", *The American Economic Review*, Vol. 48, No. 3, 1958.

Mohammed B Y, Hossain A S, "The Effects of Exchange Rate Volatility on ASEAN - China Bilateral Export", *Journal of Economics, Bussiness and Management*, Vol. 3, No. 5, 2015.

Mundell R, "A Theory of Optimal Currency Areas", *The* American Economic Review, Vol. 51, No. 8, 1961.

Muuls M, "Exporters and Credit Constraints: A Firm-level Approach", National Bank of Belgium Working Papers, No. 139, 2008.

Myers S C, Majluf N S, "Corporate Financial and Investment Decisions When Firms Have Information That Investors Do Not Have", *Social Science Electronic Publishing*, Vol. 13, No. 2, 1984.

Nagaraj P, "Financial Constrains and Export Participation in India", *International Economics*, Vol. 140, 2014.

Nishiyama H, "The Effect of Exchange Rate Fluctuation on Intra-Industry

Rreallocation in A Firm Heterogeneity Model with Trade and Foreign Direct Investment", *The Quarterly Review of Economics and Finance*, Vol. 64, 2017.

Nitsch V, "Die Another Day: Duration in German Import Trade", *Review of World Economics*, Vol. 145, No. 1, 2009.

Obashi A, "Stability of Production Networks in East Asia: Duration and Survival of Trade", *Japan and the World Economy*, Vol. 22, No. 1, 2010.

Olley S, Pakes A, "The Dynamics of Productivity in The Telecommunications Equipment Industry", *Econometrica*, Vol. 64, No. 6, 1996.

Paravisini D, Rappoport V, Schnabl P, Wolfenzon D, "Dissecting the Effect of Credit Supply on Trade: Evidence from Matched Credit-Export Data", *The Review of Economic Studies*, Vol. 82, No. 1, 2015.

Pyun J H, Choi B Y, "Does Real Exchange Rate Depreciation Increase Productivity? Analysis Using Korean Firm-level Data", *The World Economy*, Vol. 41, No. 2, 2018.

Roach S, "China's Looming Transition-From Manufacturing to Consumption", *Procedia-Social and Behavioral Sciences*, Vol. 2, 2010.

Roberts M J, Tybout J R, "The Decision to Export in Colombia: An Empirical Model of Entry with Sunk Costs", *The American Economic Review*, Vol. 87, No. 4, 1997.

Robinson J, "The Foreign Exchanges", *Oxford: Basil Blackwell*, 33-58, 1937.

Saang J B, "The Bilateral Real Exchange Rates and Trade Between Chia and The U. S. ", *China Economic Review*, Vol. 19, 2008.

Silva A, "Financial Constraints and Exports: Evidence from Portuguese Manufacturing Firms", *International Journal of Economic Sciences and Applied Research*, Vol. 4, No. 3, 2011.

Song Z, Storesletten K, Zilibotti F, "Growing Like China", *The American Economic Review*, No. 101, No. 1, 2011.

Stefania G, "Firms Heterogeneity, Incomplete Information and Pass-through", *Journal of International Economics*, Vol. 101, 2016.

Stiebale J, "Do Financial Constraints Matter for Foreign Market Entry? A Firm-level Examination", *The World Economy*, Vol. 34, No. 1, 2011.

Stiglitz J E, "Robust Growth Or Anemic Recovery in the U. S. and the Global Economy", *Journal of Policy Modeling*, Vol. 32, No. 5, 2010.

Thorbecke W, "How Would an Appreciation of The Renminbi Affect the US Trade Deficit with China?" *Journal of Macroeconomics*, Vol. 6, No. 3, 2006.

Tomlin B, "Exchange Rate Fluctuations, Plant Turnover and Productivity", Bank of Canada Working Paper, No. 18, 2010.

Tomlin B, Fung L, "Exchange Rate Movements and the Distribution of Production", *Review of International Economics*, Vol. 23, No. 4, 2015.

Yu M, "Processing Trade, Firm's Productivity and Tariff Reduction: Evidence from Chinese Products", CCER Working Papers, No. 007, 2010.

Zhiyuan L, Miaojie Y, "Exports, Productivity and Credit Constraints: A Firm-Level Empirical Investigation of China", Global COE Hi-Stat Discussion Paper Series from Institute of Economic Research, Hitotsubashi University, 2009.